LE KAMA-SUTRA DES DEMOISELLES

MARC GIRAUD

Photos de Vincent Munier et de Marc Giraud

LE KAMA-SUTRA
DES DEMOISELLES

La vie extraordinaire des animaux
qui nous entourent

ROBERT LAFFONT

SOMMAIRE

Et dire qu'il y a des gens qui s'ennuient à la campagne...

AVANT-PROPOS

La passion a un parfum. Pour moi, ce pourrait être l'odeur de l'étui de ma première paire de jumelles. Une odeur associée à des moments intenses de contact avec le sauvage, le beau, le vivant. Pour le petit Parisien que j'étais, observer un animal en liberté, que ce soit un chevreuil, une mésange ou une libellule, était toujours un événement. C'est encore, et ce sera à jamais un événement. À travers mes métiers de peintre animalier, de journaliste, d'écoguide ou de chroniqueur télé, j'aime communiquer cette curiosité, cet appétit de vie. Parce que nous sommes entourés d'une nature passionnante, et nous ne le soupçonnons pas. Il suffit pourtant d'ouvrir l'œil : alors, des animaux aux mœurs incroyables se révèlent à nous. Leur histoire est souvent savoureuse. À travers cet ouvrage, je vous propose une sorte de visite guidée pour découvrir ensemble la vie extraordinaire qui côtoie discrètement notre quotidien.

En promenade, nous avons plus de chance de rencontrer une « banale » mouche domestique qu'un ours brun. Certes, l'ours est un animal mythique, un élément phare de notre patrimoine naturel, et de nombreux livres ou films lui sont consacrés[1]. Mais l'ours ne sait *même pas* marcher au plafond. Il ne sait pas non plus goûter ses aliments avec les pieds, s'accoupler même si on l'a privé de sa tête, ou voler dans la lumière étincelante pour éblouir sa compagne. La

---

1. Cependant, le fait que Cannelle, notre dernière ourse de souche pyrénéenne, ait pu se faire tuer par un chasseur, le 1ᵉʳ novembre 2004, en dit

mouche, oui. Cet insecte familier mène une vie quasiment surréaliste. Il est donc très instructif, et même conseillé, de regarder voler les mouches !

Trop de livres naturalistes sélectionnent d'emblée des animaux « prestigieux » (encore faudrait-il discuter du bien-fondé d'une telle hiérarchie), mais impossibles à rencontrer. Avec cet ouvrage, je voudrais vous éviter les déceptions habituelles : vous pourrez voir facilement les animaux décrits dans les pages qui suivent. En nous appuyant sur ces observations concrètes, nous en profiterons pour constater quelques grandes lois générales du fonctionnement de la nature, à la lumière des découvertes les plus récentes, notamment en éthologie, l'étude du comportement. L'observation des animaux est une activité millénaire, puisqu'elle était vitale pour nos ancêtres préhistoriques. Elle est certainement restée vivante en nous. En tant que science, elle est jeune et en plein essor, attestant que la connaissance continue son perpétuel mouvement. Chacun devrait y avoir accès. Je reproche quelquefois à certains spécialistes (pas tous !) de s'enorgueillir d'un vocabulaire hermétique, incompréhensible, décourageant, comme s'ils voulaient garder le monopole du savoir. Mais les mots compliqués n'ont rien d'obligatoire, et nous nous en passerons ici : soyez bien persuadés que la nature, comme l'art, comme tout ce qui touche à la vie, n'est pas réservée aux professionnels. Promenons-nous sans complexe, pour le plaisir de sentir, de voir et de savoir...

Les animaux domestiques, du chien au chat en passant par la vache, la poule et le cheval rencontrés en chemin, méritent comme les autres un coup d'œil attentif. Leur comportement, si proche de celui de leurs cousins sauvages, est une occasion unique de découvertes. Le chat domestique reste le seul félin facile à observer, et il nous en apprend

_____

long sur la manière dont nous traitons notre propre nature. C'est une perte irrémédiable, impardonnable. Tout le monde aime les ours, et la France s'en est émue. Rappelons néanmoins que la mort du dernier bouquetin des Pyrénées, en 2000, était passée complètement inaperçue...

beaucoup sur ses homologues des forêts, tandis que le chien nous révèle le loup qui sommeille en lui... Nous verrons d'autre part que les animaux, familiers ou sauvages, nous font beaucoup de bien, tant au plan physique que moral. Loin de nos villes bruyantes, la fréquentation de la nature est une véritable thérapie antistress, un réveil des sens, un bénéfique retour aux sources.

Un livre naturaliste, comme celui-ci, sera donc forcément bon pour votre santé...

QUELQUES MOTS
SUR L'HOMME ET L'ANIMAL

L'animal humain

On a l'habitude de distinguer, bien que les choses soient plus nuancées[1], trois grands règnes : le minéral, le végétal et l'animal. Comme nous ne sommes ni des cailloux ni des salades, nous sommes bien, biologiquement, des bêtes comme les autres. L'idée a du mal à passer ! Charles Darwin avait attendu *vingt et un ans* avant d'oser publier, en 1859, son fameux ouvrage *De l'origine des espèces par voie de sélection naturelle*, car il pressentait le scandale que celui-ci allait provoquer. Il prit garde de ne pas y aborder directement la parenté entre l'homme et le singe, mais l'idée était devenue évidente, et l'on connaît les caricatures d'époque représentant le scientifique en primate velu. Si Darwin s'est résolu à affronter la haine de ses contemporains, c'est parce qu'un certain Alfred Russel Wallace venait d'arriver à des conclusions similaires, et allait diffuser sa théorie avant lui. Wallace eut la noblesse de reconnaître la primeur et l'ampleur du travail de Darwin ; il lui « céda la vedette ». Et c'est Darwin qui finit ses jours déprimé...

Un siècle plus tard, le code en vigueur à Hollywood exigeait que l'on rase la poitrine de Tarzan pour des motifs de décence... Les poils, les odeurs corporelles, les fonctions biologiques nous rappellent une origine naturelle que nous

---

1. Notamment à cause des champignons, voir pages 188 à 190.

nous obstinons à considérer comme honteuse. Aujourd'hui encore, la théorie de l'évolution est officiellement dénigrée, voire *censurée*, dans certains établissements scolaires aux États-Unis[1], et elle pose problème un peu partout ailleurs, jusque dans certains de nos collèges et lycées.

Nombreux sont ceux qui tentent toujours désespérément de définir une frontière entre l'homme et l'animal, en choisissant d'office des critères qui les différencient. Le problème, c'est que les découvertes sur les grands singes nous obligent constamment à reculer ces critères idéologiques, à effacer les limites (l'utilisation d'outils, de phrases, l'empathie, le tabou de l'inceste, la notion de culture, la guerre, etc., comptent parmi ces frontières anéanties). Ce qui peut distinguer l'homme de l'animal n'est pas une différence de nature, mais de degré. Oui, nous avons de fortes affinités avec les animaux, et pour cause !

Un mot sur l'anthropomorphisme

L'anthropomorphisme, c'est-à-dire le fait de prêter aux animaux des caractéristiques ou des sentiments humains, est une tendance inévitable, normale. Bien sûr, il a ses excès : souhaiter l'anniversaire de son chien ne signifie rien pour l'animal, et même si cela fait plaisir à son maître, celui-ci ne devrait pas l'oublier. Mais cela ne doit pas occulter la réalité : nous avons des différences *et* des points communs avec les autres espèces.

Pour de nombreux scientifiques, le mot anthropomorphisme est encore un reproche, un discrédit, presque une insulte

---

1. Dans les livres scolaires de nombreux lycées américains, la théorie de l'évolution est obligatoirement entourée de suspicion, présentée comme une théorie parmi d'autres. Dans le Maryland, on veut carrément éliminer les manuels qui « militent en faveur de l'évolution ». En novembre 2004, le district scolaire de la Dover Area High School fut le premier des États-Unis à *ordonner* l'enseignement de la « création intelligente » à ses professeurs de biologie, opposant des convictions religieuses aux avancées scientifiques, et occultant ces dernières (D'après un article d'Anna Badklen dans le *San Francisco Chronicle*, repris dans *Le Courrier international* n° 736, du 9 au 15 décembre 2004). On peut bien sûr remettre Darwin en question, ou croire en Dieu, mais certainement pas en se fermant à la connaissance.

envers les « simples d'esprit » qui s'y fourvoieraient. Ces scientifiques-là restent aveugles (ou font semblant de l'être) à ce que les bergers, les éleveurs ou les propriétaires d'animaux vivent et constatent tous les jours, et depuis des millénaires : la faim, la peur, le bien-être, le plaisir, la douleur, les émotions et même l'intelligence ne sont pas étrangers aux bêtes. Les animaux domestiques peuvent se montrer jaloux, honteux ou vexés. Par exemple, ils détestent que l'on se moque d'eux, ce que tout un chacun a constaté chez les chats, les chiens et même des chevaux. En Asie, des éleveurs l'ont observé chez des éléphants, qui ont arrosé des humains trop moqueurs !

Des études sans émotion

Le hic, c'est que les domaines de la sensation, de l'émotion ou du sentiment échappent à l'étude scientifique, parce qu'ils sont difficiles, pour ne pas dire impossibles à quantifier. Ces bombes de subjectivité se refusent aux tests, et sont donc évacuées : ce qui ne se mesure pas *n'existe pas* ! Mais si l'on voulait être vraiment rigoureux, il faudrait d'abord apporter la preuve qu'un animal ne connaît pas d'émotions, ce qui n'a évidemment jamais été réalisé. Heureusement, les mentalités évoluent depuis quelques années, et l'on admet de plus en plus l'existence et l'importance du psychisme animal. Malgré tout, l'exclusion de tout anthropomorphisme (rejet que le primatologue Frans De Waal appelle l'anthropophobie) persiste dans les mentalités. Je rencontre encore souvent des non-spécialistes qui affichent d'emblée ce refus catégorique, sans doute par conformisme, comme si cette démarche devait rassurer l'interlocuteur et donner à leur discours un haut crédit scientifique.

Allez, un deuxième mot : le zoomorphisme

Exactement comme nous, les bêtes voient les autres espèces – humains compris – à leur image : ils font du « zoomorphisme ». Le chat qui nous ramène fièrement une souris nous prête certainement des sentiments que nous n'avons pas, de même le chien qui défend farouchement son vieil os gluant de salive et plein de terre, comme si nous voulions le lui voler ! L'identification marche encore plus facilement entre espèces proches : dans *Les Confessions d'un primate*[1], l'éthologue Pierre Jouventin raconte comment les guenons dont il s'occupait étaient littéralement amoureuses de lui. Elles étaient jalouses des femmes qu'il côtoyait au point de les terroriser et de leur arracher les cheveux…

Nous n'avons pas les mêmes valeurs…

« … l'ennui avec les humains, c'est qu'ils voient l'univers avec leurs idées, bien plus qu'avec leurs yeux », nous rappelle Boris Cyrulnik[2]. Nous demandons aux animaux qui nous entourent d'agir d'une manière qui leur est totalement étrangère. Pourtant, nous nous glorifions assez d'être les plus intelligents de la bande. C'est donc plutôt à nous de réfléchir et de changer nos comportements vis-à-vis d'eux. Un chiot qui a fait ses besoins sur le tapis *ne peut pas* comprendre pourquoi on lui met le nez dedans, car il n'y voit rien de sale ou « d'immoral ». Ne pas éteindre la lumière ou la télé quand on laisse son animal seul peut autant le perturber que lui « tenir compagnie ». Vouloir attirer les oiseaux sauvages avec un joli nichoir en forme de maison et des couleurs vives peut autant les effrayer que leur apporter ce dont ils ont réellement besoin…

C'est l'éthologie qui nous a ouvert les yeux sur ce que sont réellement les animaux, et qui nous pousse de plus en plus à les considérer pour ce qu'ils sont, et non pour ce que nous voulons voir en eux. C'est ce que nous nous efforcerons de faire dans cet ouvrage.

---

1. Tous les titres cités sont rassemblés dans la bibliographie en fin d'ouvrage.
2. Citation tirée de *Si les lions pouvaient parler*.

Les animaux vivent dans un autre monde

Soyons humbles : ce qui se passe autour de nous nous échappe presque totalement. Nos organes des sens sont bien limités en regard du matériel haut de gamme que la nature a « installé » sur d'autres espèces. Les souris, les chats et les chiens perçoivent des ultrasons que nous n'entendons pas. L'abeille voit les ultraviolets, des insectes discernent des couleurs qui nous sont inaccessibles. De même, chez des oiseaux comme les mésanges bleues, les mâles et les femelles nous semblent de la même couleur, alors qu'ils se distinguent parfaitement entre eux grâce aux ultraviolets (la mésange mâle les réfléchit plus vivement). Les pigeons se servent de sens dont nous sommes dépourvus, comme la sensibilité au magnétisme terrestre ou à la lumière polarisée. Les vautours ont dans les yeux des jumelles grossissantes incorporées. Si la blatte a du poil aux pattes, c'est pour percevoir les vibrations avec une précision que nos appareils les plus perfectionnés n'atteignent pas. Les poissons bénéficient d'un « toucher à distance » le long du corps ; les requins détectent l'électricité ; la mouche distingue des mouvements bien plus rapides que ce que nous voyons, l'alouette entend « plus vite » que nous ; les insectes respirent sans nez, et certains uniquement par le derrière ! C'est à marcher sur la tête. Comment imaginer la vie avec des antennes sur la tête, des vibrisses sur tout le corps, des yeux à trente mille facettes ou des récepteurs électriques ? Ne perdons donc pas de vue que les animaux vivent dans un monde bien différent du nôtre… Faute de pouvoir nous mettre à leur place, nous devons essayer de comprendre comment ils fonctionnent.

À chacun son rythme

La perception du temps qui passe est très différente selon les espèces, et même selon les âges d'un individu. Pour un enfant, une semaine semble un laps de temps très long, alors que des adultes ne verront pas passer une année.

oreillard

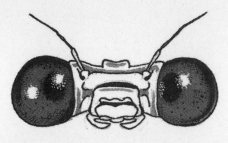

demoiselle

grenouille

chien

hibou moyen-duc

araignée saltique

Les petits animaux hyperactifs, comme les musaraignes, grillent toute leur énergie en un an, alors qu'une vache va paisiblement ruminer pendant une vingtaine d'années. Pourtant, chaque être a probablement la sensation de vivre une vie pleine et entière, la sienne. On a calculé que tous les mammifères respiraient à peu près le même nombre de fois au cours de leur vie. Simplement, les plus petits respirent plus vite que les gros.

L'impatience semble étrangère à la bête sauvage. Celle-ci pourra se terrer des heures, voire des jours, pour se dissimuler d'un prédateur. Sa vie est à ce prix. Celle du prédateur aussi, capable de rester à l'affût aussi longtemps pour chasser et se nourrir. Les photographes animaliers, qui doivent non seulement approcher les animaux, mais les regarder vivre sans les déranger, sont également des gens extrêmement patients, adaptés aux sens et aux rythmes des animaux. Un hérisson se met rapidement en boule si vous le dérangez. Mais pour l'observer en train de se « dérouler », puis marcher de nouveau, il vous faudra attendre un temps qui vous paraîtra extrêmement long...

Une étrange communication chimique

Les animaux se comprennent entre eux par des moyens de communication que nous ne faisons que découvrir. Parmi ceux-ci, il y a les fameuses phéromones (du grec *pherein*, transférer, et *hormon*, exciter), identifiées à la fin des années 1950 chez les insectes. Les phéromones sont des signaux chimiques, des sortes d'odeurs, capables de modifier le comportement ou la physiologie d'un individu de la même espèce que l'animal émetteur[1]. Par le jeu de cette chimie, la

---

1. Il existe des phéromones de piste (utilisées par les fourmis et les termites), des phéromones sexuelles (très en vogue chez les papillons, les tritons, les chiens, etc.), des phéromones d'alarme (observées chez des poissons et des cerfs), des phéromones de groupe (chez les abeilles) et des phéromones d'espacement (pour marquer un territoire), qui déclenchent toutes des comportements précis.

présence d'un bélier synchronise les ovulations des brebis. L'urine d'une souris mâle étrangère peut suffire à faire avorter une femelle. Les substances volatiles émises par la reine des abeilles maintiennent les femelles stériles, celles du couple de loups dominants calment les ardeurs des autres membres de la meute. Les phéromones sont captées principalement par les antennes chez les insectes, et, chez les mammifères ou les reptiles, par un récepteur situé sous le palais : l'organe voméronasal, ou organe de Jacobson (il a été découvert par Jacobson en 1811). Les molécules composant les phéromones se ressemblent étonnamment d'une espèce à l'autre, notamment chez les femelles allaitantes. La femme qui vient d'avoir un bébé sécrète une phéromone, au niveau de l'aréole du sein, quasiment semblable à celle qui est produite entre les mamelles par une chienne venant de mettre bas. Averti par les phéromones, le chien de la maison sera le premier à percevoir quand un enfant entrera dans l'adolescence, et pourra changer de comportement envers lui. Une étrange universalité des messages, chez des êtres vivants à la fois si proches et si différents…

Ça se passe
près de chez vous

SAFARI DANS LA MAISON

Il arrive que le blaireau partage son terrier avec le renard, ou que le faucon crécerelle fasse son nid dans celui de la cigogne blanche. Des espèces particulières de coléoptères ne vivent que dans les terriers des marmottes, d'autres uniquement dans les fourmilières. On ne s'étonnera donc pas de rencontrer des animaux dans ces gigantesques nichoirs artificiels que sont nos maisons. Chaque habitation ne grouille pas d'animaux, mais plus elle est située près de la nature, et plus ses visiteurs seront variés.

D'où viennent les animaux des maisons ? Beaucoup sont à l'origine des habitants des grottes ou des trous d'arbres. C'est le cas des araignées et des chauves-souris. Les puces et les mites vivaient autrefois dans les litières, les nids ou dans la fourrure des animaux. Des espèces d'origine exotique comme les blattes et les souris profitent de la nourriture et du chauffage accueillants qu'on leur propose. Malgré leur nom (souris, grillon ou mouche domestiques), tous sont des animaux sauvages. Seuls, le chat, le chien et quelques rares autres bêtes méritent réellement le qualificatif de domestiques.

Comme chiens et chats

Les animaux nous font du bien

Dans les lieux où la nature a disparu, notre besoin d'authentique s'est fait plus fort. Les animaux domestiques se multiplient dans les villes et dans les maisons, pour notre plus grand bien-être : dès les années 1980, les professeurs Aaron Katcher, Hermans Segal et Alan Beck découvraient les effets apaisants de l'animal de compagnie. Le simple fait de caresser une bête agit sur la tension artérielle et sur le rythme cardiaque. Les chats et les chiens, docteurs à quatre pattes, ont un réel pouvoir antistress. Indifférent à l'argent, au vernis social et aux conventions, l'animal est toujours vrai, toujours lui-même, il ne juge pas son maître et ne lui renvoie aucune culpabilité. Il est un dérivatif à l'angoisse. Il nous donne une sensation d'amour pur.

Contrairement aux idées reçues, les animaux de compagnie ne sont pas l'apanage des personnes seules. Plus une famille est nombreuse, et plus elle accueille d'animaux ! Leur rôle dans l'éducation des enfants n'est plus à démontrer : ils les obligent à se montrer responsables, à comprendre des êtres différents d'eux, à accepter l'autre. Pour de jeunes humains apprenant la vie, ils sont aussi les uniques témoignages de tous les phénomènes naturels que notre société cache ou rejette : la naissance, la sexualité, la défécation, la maladie, la mort. D'autre part, l'animal domestiqué a gardé nombre de comportements de ses équivalents sauvages. Pour le naturaliste, il présente des attraits supplémentaires : il y a du loup dans nos chiens, et de la panthère dans nos chats...

Apprivoisés par des femmes

Les scientifiques sont aujourd'hui presque tous d'accord pour reconnaître le loup comme ancêtre direct du chien. La domestication ne se serait pas faite au cours de chasses communes avec des loups, comme on l'a longtemps pensé, mais par l'intermédiaire des femmes. Celles-ci auraient adopté des louveteaux dont les parents avaient été tués, et elles les auraient nourris au sein comme leurs propres enfants. Il n'y a là rien d'étonnant. L'allaitement d'animaux s'est pratiqué, ou se pratique encore, dans de nom-

26

breuses ethnies, en Amazonie, en Océanie, en Tasmanie, en Afrique ou en Sibérie, et concerne aussi bien des agneaux, des cochons et des singes que des faons. En France, jusqu'au XIXᵉ siècle, des femmes donnaient le sein à des chiots, soit pour provoquer une montée de lait, soit au contraire pour les soulager d'une trop grande production. En 1979, des femmes se portaient candidates pour allaiter un bébé chimpanzé orphelin, dans un zoo de l'Oklahoma, aux États-Unis.

Il y a du loup dans votre chien

Pour bien comprendre le comportement d'un animal domestique, il faut se pencher sur ses ancêtres et ses cousins sauvages, et cela est aussi valable pour la vache que pour l'oie, le chat ou le chien. Nous y reviendrons souvent. Pour bien connaître son chien, il faut donc se rappeler les mœurs des loups. Animal de meute, le loup obéit à une hiérarchie. Quand une proie est tuée, seuls les dominants ont le droit de s'en nourrir. Les subalternes n'y accèdent que lorsque les chefs sont rassasiés. Avec le chien, il faudrait suivre les mêmes règles : les humains devraient déjeuner en premier, ne pas partager, et faire manger le chien ensuite. C'est une des conditions de l'équilibre dans la maison, mais aussi du bien-être de l'animal : celui-ci a gardé un besoin ancestral de hiérarchie, et ne saurait pas comment se situer sans elle. Il ne peut y avoir qu'un chef de meute, le même en toutes circonstances, et cela ne doit pas être lui.

Un dominant s'octroie d'emblée les lieux stratégiques d'où l'on peut tout surveiller. Dans une habitation, c'est généralement le couloir où convergent les pièces. Mettre un chien dans un tel lieu transmet donc un message que nous ne soupçonnons pas forcément : ce que l'on pense être une punition peut être vécu comme une faveur ! De même, les places de repos de tous les membres de la famille, enfants compris (lits, fauteuils et canapés), devraient être interdits d'accès aux chiens. Certes, on peut vivre heureux sans respecter ces préceptes, car beaucoup de toutous ont un caractère facile. Mais il peut y avoir des erreurs d'interprétation. Ainsi, un chien qui vous lèche après vous avoir mordu ne demande pas pardon : il affirme au contraire sa supériorité. Un autre, qui semble « défendre » le bébé de la famille même contre ses maîtres, le considère en fait comme sa chose. Il vaut mieux éviter.

Le « Peter Pan » du monde canin

Il y a du loup dans le chien, mais aussi du louveteau ! Le chien, à l'instar de la plupart des animaux domestiques, est un éternel enfant, tout comme Peter Pan[1]. Adulte, le loup hurle, mais il n'aboie pas – contrairement au louveteau –, et il porte les oreilles bien dressées. Chez beaucoup de races, les chiens ne hurlent pas, et n'ont jamais les oreilles dressés. Tous gardent des habitudes de bébé, et ils joueront à la baballe toute leur vie… Quand un chien accueille son maître avec des coups de langue sur la figure, il reproduit les gestes du chiot sauvage, qui lèche la gueule des adultes pour les inciter à régurgiter de la nourriture. Face positive de la médaille : la domestication a infantilisé le chien, mais elle l'a aussi rendu plus intelligent.

Curieusement, l'humain lui-même est souvent considéré comme un singe éternellement juvénile (le phénomène s'appelle la « néoténie »). De très sérieuses études scientifiques ont mis en lumière des similitudes étonnantes entre nous et d'autres primates jeunes. Nous sommes plus proches du bébé chimpanzé que de l'adulte : avant de naître, le bébé a un grand front bombé, le gros orteil non opposable, et bien d'autres traits qui, chez lui, évolueront avec l'âge, mais qui nous caractérisent.

---

1. On dit que les personnes qui refusent de grandir sont atteintes du « syndrome de Peter Pan », comme le héros de sir James Matthew Barrie.

Une panthère dans l'appartement

Notre chat sauvage européen (*voir photo*), ou chat forestier, est un animal extrêmement farouche, difficile à observer,
et difficilement apprivoisable. L'ancêtre de nos matous est
probablement la variété africaine du chat sauvage, le chat
ganté, domestiqué par les Égyptiens voici au moins cinq
mille ans (on a retrouvé des fossiles beaucoup plus anciens de
chats associés à des humains). Notre fauve d'appartement a
gardé de ses origines africaines des habitudes de gros frileux.
Il recherche les chauffages, les feux de cheminées, et dehors
se tient volontiers près des moteurs fumants des voitures.
Beaucoup se sont ainsi retrouvés piégés sous les capots, et
ont voyagé malgré eux pendant des kilomètres ! Comme sa
« cousine » la panthère, le chat domestique est un excellent
grimpeur. En cas de danger, il se réfugie d'instinct vers les
hauteurs. Ouvrez la porte d'un appartement à un chat : il
prendra de préférence l'escalier qui monte. Il ne descendra
que s'il connaît déjà ce chemin. Comme la panthère et autres

Chat approchant une proie :
les attitudes de tous les félins se ressemblent étonnamment

félins, le chat est un solitaire, qui arpente régulièrement son territoire pour le marquer. Dans un endroit nouveau, il fera d'office le tour du propriétaire et se frottera contre divers éléments pour les imprégner de phéromones, sa signature parfumée. Ainsi font les félins de tout poil et de toute taille, avec des similitudes de gestes quasi parfaites. Et quand un minou domestique secoue sa croquette comme si elle allait se débattre, c'est qu'il a encore comme une « petite proie dans la tête ».

Le chat qui parle humain

Beaucoup de « propriétaires » de chats considèrent que ce sont eux qui appartiennent à leur chat, et non le contraire ! Le chat, ce prédateur des matelas, a gardé son caractère de félin sauvage, mais il a su s'adapter aux humains. La plus étrange de ces adaptations est le miaulement. En effet, les chats adultes ne miaulent généralement pas entre eux pour communiquer, cet appel étant l'apanage des chatons. Le chat adulte miaule néanmoins pour interpeller les hommes, et il ne miaule que pour eux seuls ! Cela ne semble pas un comportement infantile, comme l'aboiement du chien. Des éthologues pensent que le miaulement, très proche de la voix du nouveau-né humain, provoque chez nous une réaction quasi irrésistible : ça « marche » presque à tous les coups, et le chat l'a compris. Ces chercheurs voient dans le miaulement un phénomène de mimétisme sonore.

L'homme domestique

Nous aussi, nous sommes des sortes d'animaux domestiques, car nous nous sommes domestiqués nous-mêmes. Au fil des siècles, nous nous sommes coupés de la nature, de *notre* nature. Tout, dans notre civilisation, veut nous faire oublier nos racines sauvages. Et alors, n'est-ce pas un progrès ? N'est-on pas heureux dans nos villes si confortables, carrées et rassurantes ? Il semble bien que non.

Comme des bêtes en captivité, nous manquons de stimulations et, consciemment ou non, nous en souffrons. L'animal qui sommeille en nous est frustré, et ne demande qu'à se réveiller. Surprotégés de tout, infantilisés, déresponsabilisés, nous avons pourtant toujours besoin d'émotions vraies. Nous devons nous contenter de les provoquer artificiellement, comme en témoignent la violence de la plupart des films à succès, ou alors la mode des voyages « d'aventures » en fait sévèrement canalisés, filtrés, d'où l'aventure authentique est exclue. Il y a plus grave : devenus aveugles aux réalités biologiques, nous nous sommes dangereusement éloignés de nos sources vitales de nourriture et de santé, que nous saccageons d'une manière suicidaire. La nature nous est donc indispensable, irrémédiablement. Et si l'on reprenait contact ?

Les NAC, la mode qui tue

Le besoin de nature s'exprime quelquefois de manière perverse. Je ne suis pas le dernier à comprendre la fascination qu'exercent sur nous les animaux, ni même ce besoin de les attraper, de les toucher et de les posséder. Mais il faut, tôt ou tard, agir en adulte conscient et responsable. Aimer les animaux, ce n'est pas se faire plaisir. C'est d'abord les respecter, et agir pour leur bien-être. À l'heure où tant d'espèces sont menacées, on continue de vider la nature pour remplir cages et terrariums de mygales, serpents, tortues, singes, perroquets et autres NAC (c'est-à-dire « Nouveaux animaux de compagnie »). Ça flatte le propriétaire, qui pense se mettre en valeur par l'intermédiaire de ses exotiques prisonniers. Or ces animaux sont perdus pour la nature. Ils ne sont pas heureux, ils commettent de gros dégâts, et ils posent de réels problèmes sanitaires : la plupart des reptiles véhiculent des salmonelles, des chiens de prairie infestés de puces sont atteints de peste bubonique (celle-là même qui a sévi au Moyen Âge !), et les tests vétérinaires sont rares. Le plus terrible, c'est que ces « passionnés » de NAC n'ont généralement rien à faire de la sauvegarde des espèces sauvages. Les sites Internet consacrés aux reptiles, par exemple, ne traitent que de terrariums et de soins à des bêtes captives. Ils ignorent totalement la préservation des milieux naturels et des animaux libres. Il y a là-dedans quelque chose de malsain.

Pendant ce temps, dans des refuges, des milliers de chats et de chiens attendent désespérément de donner leur affection à qui les libérera…

Du lit à la baignoire

Pourquoi la mouche tient au plafond

On se pose cette grave question depuis des siècles ! Au Moyen Âge, on y voyait l'œuvre du démon. Puis des scientifiques de renom ont planché sur le mystère. Aujourd'hui, nous avons enfin l'explication. D'abord, un animal si petit ne subit pas la pesanteur de la même manière que nous. Ensuite, les six pattes de la mouche sont de véritables chaussures de compétition *high-tech*. Chacune est munie de deux crochets capables d'agripper la moindre microfissure. Enfin, et surtout, deux coussins élastiques jouent le rôle de supersemelles adhésives, car ils sont enduits d'une colle efficace même sur une vitre lisse. Des tests l'ont prouvé : une malheureuse mouche dont on a trempé les pattes dans du solvant n'adhère plus au plafond. Les chercheurs font des expériences passionnantes…

les basketts " high-tech " de la mouche

La vie surréaliste des mouches

Une mouche peut s'accoupler et pondre sans sa tête. En vol, elle peut faire des loopings incroyables et infléchir sa trajectoire en moins de trente millisecondes. Certaines espèces, larves ou adultes, vivent dans des sources chaudes de soixante-cinq degrés, d'autres sur la glace, dans le pétrole ou dans des sites extrêmement pollués. Elles s'adaptent aux insecticides en quelques générations. Certaines mouches de nos plages, qui se nourrissent d'algues en décomposition, sont « accros » au trichloréthylène, et l'on en retrouve des essaims loin des côtes, dans des placards à balais, recherchant avidement les produits ménagers.

C'est une minuscule mouche drosophile (*Drosophila bifurca* pour les intimes) qui possède le plus long spermatozoïde de tout le monde animal, baleine bleue comprise : six centimètres ! Il représente vingt fois la longueur du corps de l'insecte[1]. Le mâle d'une autre espèce, la mouche orientale des fruits, séduit sa belle en l'aspergeant d'un parfum aphrodisiaque sentant la cannelle et la vanille. Celui d'une mouche à viande possède des surfaces argentées qui miroitent au soleil et dont il se sert pour éblouir les filles.

Pour nourrir leurs larves, certaines femelles sécrètent une sorte de lait. Chez d'autres espèces, la larve à l'intérieur du corps de sa mère contient déjà elle-même une autre larve plus petite (ce phénomène étrange est appelé pédogenèse). La petite larve dévore souvent sa mère larve, mais subira le même sort avec celle – encore plus petite – qu'elle contient en elle, et cela pendant plusieurs générations (jusqu'à deux cent cinquante en laboratoire) !

La mouche est, avec le moustique, l'animal qui a causé le plus de ravages dans les populations humaines, à cause des maladies qu'elle véhicule. Mais c'est aussi un indispensable éliminateur de cadavres, d'excréments et de déchets

---

1. Les spermatozoïdes de l'humain sont mille fois plus courts. Ramenés à la même échelle, ils seraient aussi longs qu'une baleine bleue !

divers, et les larves des mouches qui pondent dans le sol produisent de l'humus. Au Mexique, on pêche les insectes pour les sécher, les réduire en poudre et les déguster. Mmmmm…

Des vitres assommantes

Comment imaginer, quand on est un insecte, ce qu'est une vitre transparente ? Ne voyant que la lumière qu'elles veulent rejoindre, les bestioles volantes se cognent contre l'invisible, l'incompréhensible, et s'y assomment avec une telle ténacité qu'elles en meurent d'épuisement. Bourdons, mouches, coccinelles, papillons, c'est étonnant, tout ce que l'on peut découvrir comme « dégâts collatéraux » au bas d'une fenêtre. Voici une bonne occasion de regarder de près des insectes piqueurs difficiles à observer autrement, et d'étudier la microfaune. Quand j'étais enfant, l'été à la campagne, j'aimais passer les jours de pluie à découvrir ces échantillons concrets de zoologie. Aujourd'hui, quand une mouche ou une abeille s'évertue à se fracasser contre une vitre, je la libère. C'est bien pour elle, et c'est sûrement bon pour mon karma…

La blatte : une merveille de la nature !

Elle est incroyable, la blatte. Ce petit insecte de rien était là bien avant les dinosaures, voici quelque trois cent cinquante millions d'années. Il a vu l'arrivée puis la disparition des reptiles géants, il a été témoin de l'apparition de l'homme, et il pourrait bien nous survivre. Increvables, les blattes peuvent congeler, puis décongeler sans dommage. Elles résistent à l'écrasement, aux inondations, aux explosions à la dynamite, aux accélérations de la pesanteur (testées en navette spatiale), à la famine (elles peuvent jeûner deux mois), aux radiations et aux produits chimiques. C'est là où le bât blesse : en voulant les éliminer, nous empoisonnons tous les habitants de la maison sauf elles. Le meilleur moyen de ne pas subir trop d'invasions serait d'abord de ne pas leur construire des hôtels quatre étoiles, avec des poubelles pleines de nourriture réunies dans des locaux chauffés, et des conduits divers qui leur servent d'autoroutes discrètes pour y accéder.

De l'argent plein les doigts

Chacun reconnaît facilement le lépisme, ou poisson d'argent. Cet insecte primitif est capable de muer – c'est-à-dire de changer de peau – pendant toute sa vie, soit plus de cinquante fois ! Il se nourrit de détritus divers, en fait de tout ce qu'il rencontre, y compris des étoffes et du papier. Quand on l'attrape, il laisse des écailles argentées sur les doigts, ce qui lui a valu son surnom. D'autres espèces de lépismes vivent dans les fourmilières, et sont nourries au bouche-à-bouche par leurs habitantes de liquides digestifs dégorgés.

La vie entière dans un fourreau

On prête peu d'attention au fourreau de la psyché, pourtant fréquent dans la nature autant que dans nos maisons. Ce petit amas de brindilles diverses est souvent accroché aux murs ou au plafond, et disparaît généralement au fond des aspirateurs. C'est trop bête. À l'intérieur du fourreau vit la chenille qui l'a fabriqué, et que l'on voit quelquefois se déplacer. S'il s'agit d'un mâle, la larve se transformera en papillon adulte et s'envolera à la recherche d'une partenaire. Mais s'il s'agit d'une femelle, l'insecte restera toute sa vie à l'intérieur de son abri, attendant son prince charmant. Privée d'ailes, et parfois même presque totalement d'yeux, d'antennes et de pattes, la femelle adulte ressemble à un ver. Elle se fera féconder et pondra dans son fourreau, sans en sortir, sans rien connaître d'autre de l'univers. Elle y mourra et se desséchera. Quelquefois, la femelle de la psyché meurt avant d'avoir pondu. Après l'éclosion, ses larves émergent alors de ses restes. Au bout de quelques jours, les chenilles de la psyché partent du fourreau maternel et se fabriquent le leur pour s'y métamorphoser. Et le cycle recommence.

L'araignée des baignoires

Elle est énorme, elle est velue, elle court vite : la tégénaire est la terreur des arachnophobes (*voir photo*). Elle est pourtant bien inoffensive, la tégénaire, et plutôt utile, puisqu'elle se nourrit de mouches, de moustiques et autres insectes peu appréciés dans les habitations. Malgré ses huit yeux, elle est presque aveugle. Les mâles parcourent de longues distances à la recherche de femelles, et le chemin est semé d'embûches. Ils risquent leur vie par amour : les pauvres se retrouvent fréquemment piégés dans les éviers et les baignoires, car ils ne peuvent pas escalader leurs parois lisses. Si vous n'aimez pas leur contact, capturez-les avec un verre renversé, et glissez un papier par-dessous, avant de les relâcher dehors. Sinon, prenez-les délicatement entre vos mains…

Identification : C'est la plus grosse de nos araignées communes.

Le royaume des minuscules

On le sait : nos tapis, nos lits, et même notre peau, grouillent d'acariens. Ces animaux, qui ne sont pas des insectes, se comptent par milliards. Dans un matelas, on trouve entre deux mille et quinze mille acariens par gramme de poussière. Sans eux, nous ne survivrions pas : les acariens de la peau la nettoient et lui permettent de

quand le pseudo-scorpion prend
le taxi…

respirer. Beaucoup enrichissent le sol, d'autres parfument

certains fromages, et n'ont rien de toxique. Comme tout animal susceptible de pulluler, ils ont naturellement leurs prédateurs, et le pseudo-scorpion est de ceux-là. Visible à l'œil nu, le pseudo-scorpion, ou scorpion des livres, doit son nom à ses deux grosses pinces, et c'est un tigre parmi les minuscules. Il fréquente les lieux humides, les vieux journaux ou les nids d'oiseaux. Cet arachnide a une manière originale de voyager, en s'accrochant aux mouches par les pinces. D'autres animalcules vivent fixés à différents insectes[1], dont les moustiques, et cela sonne comme une morale réconfortante : même les parasites ont des parasites !

La cave

Hi ! Une souris !

Selon un principe connu en biologie, une tonne de souris mange dix fois plus qu'une tonne de chevaux. De plus, les souris domestiques mangent de tout : des végétaux, mais aussi du cuir, du bois, du savon, de la viande, de la cire, du plâtre, etc. Leur origine probable est le Moyen-Orient. Depuis les premières sociétés humaines du néolithique, elles ne nous ont pas quittés, et se rencontrent aujourd'hui partout dans le monde. Elles semblent s'adapter à tout. On en a vu nicher dans des chaussettes, des placards de cuisine, des matelas, des piles de linge, des chambres frigorifiques : un nid de souris a été trouvé, avec les petits bien vivants, dans une pièce de viande congelée ! La cohabitation avec un tel envahisseur n'est pas toujours facile, et le chat est sans doute le moyen le plus naturel de le faire décamper. Mais rendons justice aux rongeurs : des millions d'entre eux souffrent et meurent dans des laboratoires, au service de diverses recherches

---

1. Une espèce d'acarien (*Histiostoma laboratorium*) peut entendre l'arrivée d'une mouche du vinaigre et faire un bond de cinq centimètres pour l'attraper en plein vol. Toutes proportions gardées, un homme capable du même exploit s'accrocherait à un avion après un saut de cinq cents mètres !

humaines. En outre, n'oublions pas que dans la Grèce antique, Apollon en personne, dieu de la Poésie et de la Beauté, était aussi le dieu-souris !

Le grillon entend avec les pattes

Le grillon peut être considéré comme l'ancêtre du somnifère. Dans la Chine ancienne, les grandes dames du Palais impérial gardaient près d'elles des grillons domestiques, enfermés dans des cages en or sous leur oreiller. Leur chant très calmant les aidait à trouver le sommeil. Cette stridulation, qui provient du frottement des ailes, est un appel amoureux. Chose curieuse, le grillon possède des tympans sur les pattes ! Comme la souris, il vient de pays chauds et a suivi l'homme – ou plutôt ses abris bien chauffés – un peu partout dans le monde, mais n'a rien de domestique, malgré son nom. En dehors des habitations, il ne survit pas dehors en hiver. Les fameux grillons du métro parisien sont décimés lors des longues grèves, comme celle de 1995, car les rames à l'arrêt cessent alors de maintenir la chaleur nécessaire à leur survie. Désormais, il semble que les grillons ne chantent plus à la station Opéra, dont le nom est pourtant prédestiné.

Le crapaud avale avec les yeux

Des amphibiens, comme la salamandre et le crapaud, se trouvent parfois dans les caves. Le crapaud commun est le plus répandu. L'animal sait se rendre utile : en trois mois, il peut manger jusqu'à dix mille invertébrés (limaces, vers, araignées, insectes). Avant l'invention des insecticides, on en mettait quelquefois dans les habitations pour éliminer les insectes et autres invertébrés. Regardez bien un crapaud (ou une grenouille) qui engloutit une proie : il est obligé de fermer les yeux pour l'avaler, car c'est la descente de ses globes oculaires vers la gorge qui permet la déglutition. Grâce à des vidéos prises aux rayons X, des chercheurs de l'université du Massachusetts viennent de montrer que les yeux ont un véritable contact avec la nourriture et la poussent physiquement vers le bas. Les crapauds, les grenouilles et les tritons avalent ainsi.

sans l'aide de ses yeux, le crapaud
ne pourrait pas avaler…

Une peau hallucinante

Contrairement aux autres animaux, les amphibiens n'ont ni poils, ni plumes, ni écailles pour protéger leur peau. Celle-ci est recouverte d'un mucus protecteur aux étonnantes propriétés. Certaines intéressent l'industrie pharmaceutique pour leurs effets contre la douleur, la plaque dentaire, l'herpès ou la myopathie… Dans certains pays d'Amérique latine, il est interdit de lécher la peau d'une espèce particulière de crapaud : celle-ci a des vertus hallucinogènes, mais aux effets secondaires moins joyeux. Il y a mieux : voici quelques années aux États-Unis, un zoologue a assassiné sa femme en enduisant sa brosse à dents de mucus de grenouille toxique ! Le crime n'était pas parfait, puisque à l'arrivée de la police l'arme du meurtre coassait dans son terrarium…

Se mouiller pour les amphibiens

Les glandes toxiques de notre crapaud commun ne sont pas très dangereuses, il faut simplement éviter le contact avec les yeux et se laver les mains après une éventuelle manipulation. D'ailleurs, il faut toujours s'humidifier les mains aussi avant de toucher un amphibien pour éviter de lui abîmer la peau. Les animaux domestiques, qui s'amusent volontiers à attraper et croquer tout ce qui bouge, risquent des problèmes gastriques avec le crapaud. Cependant, il faudrait le venin de sept d'entre eux pour empoisonner un petit chien. Et si on laissait les crapauds tranquilles ?

À tester vous-même : la danse pholque

Le pholque est une araignée élégante (si, si !), qui passe son temps la tête en bas, sur une toile fine et quasiment invisible. Il est fréquent dans les garages, les maisons, les greniers, etc. Cette araignée a une manière bien à elle de dérouter ses agresseurs : elle danse ! Effleurez sa toile du bout du doigt, et elle se mettra à tourner comme une folle pendant quelques instants. Faites l'expérience avec un enfant : il adorera !

Le grenier

Des frelons au plafond

Le frelon est une guêpe géante, la plus grande d'Europe. Un adage le prétend mortel même pour un bœuf, mais une souris peut survivre à trois, quatre, et jusqu'à sept de ses piqûres. Sa toxicité ne serait donc pas supérieure à celle d'une autre guêpe, et il n'est normalement pas agressif, mais sa piqûre est – m'a-t-on dit – extrêmement douloureuse. Il faut donc observer la plus grande prudence à moins de cinq mètres d'un nid, car les frelons savent le défendre… La reine fonde sa colonie dans un endroit sombre et protégé : le trou d'un tronc d'arbre, le plafond d'un grenier, voire un nichoir pour oiseaux. Le nid en carton est une merveille d'architecture. Il bourdonnera pendant la belle saison, puis ses habitants mourront tous, en dehors de quelques jeunes femelles fécondées qui hiberneront ailleurs… L'hiver venu, après vous être assuré que le nid est réellement vide, vous pouvez le garder ou le découper pour en ausculter la structure étonnante, quasi parfaite.

Des papillons hibernent dans la maison

Non, tous les papillons ne vivent pas que quelques heures. Chaque espèce connaît un cycle de vie différent. Il est vrai que certains n'existent, à l'état adulte, que pendant quelques beaux jours, le temps de s'accoupler et de pondre. Leur descendance passera l'hiver à l'état d'œufs, de nymphes ou de larves, avant de se métamorphoser pour perpétuer l'espèce. D'autres hivernent à l'état adulte, et se réfugient dans des endroits non chauffés mais abrités : troncs creux, fourrés, cabanes de jardin, caves ou greniers. Parmi eux, des vanesses : le vulcain, la petite tortue, le paon du jour (*voir photo*). Ces papillons font disparaître leurs couleurs vives quand ils ferment les ailes, dont le dessous est mimétique. Ils sont alors très discrets, et il faut bien scruter les habitations pour les voir, au besoin avec une lampe de poche, en évitant de les déranger. Plusieurs espèces de papillons sont migratrices et volent vers des régions chaudes.

Loir et lérot : d'infatigables dormeurs

Ces deux rongeurs hibernent pendant toute la mauvaise saison. Le loir reste en léthargie pendant plus de six mois, ce qui a lui a donné une solide réputation. Cependant, l'hibernation est une stratégie d'économie de l'énergie, il ne s'agit pas vraiment de sommeil. L'été, les loirs et les lérots dorment le jour. Ils s'installent souvent dans les habitations, en famille, et ne craignent pas trop l'homme. On les entend plus facilement qu'on ne les voit, dès la nuit tombée. Avant la grande pause hivernale, les rongeurs grossissent, ils s'aménagent un nid avec quelques provisions, qu'ils grignoteront dans une semi-léthargie. Jadis, les Romains gardaient des loirs dans des parcs pour les engraisser et les faire rôtir.

Essentiellement végétarien, le lérot a la manie de goûter à tout, et gâtera tout un cageot de fruits sans en finir un seul. Pour qui voudrait vraiment s'en débarrasser, le seul moyen qui ne leur nuise pas est la boîte d'hibernation en bois, tapissée de mousse. Si la famille s'y installe, on profite de la léthargie hivernale pour les conduire dans un endroit approprié. Cependant, la présence de ces animaux si agiles et si attachants vaut bien quelques pommes... Loir et lérot peuvent craindre la présence d'une chouette, d'un chat ou d'une fouine.

Identification : le loir ressemble un peu à un écureuil gris. Le lérot porte un masque noir autour des yeux (voir dessin p. 45).

Les chauves-souris, ces scanneurs volants

Au XVIIIe siècle, quand l'impitoyable abbé Spallanzani – capable d'amputer des centaines de grenouilles pour ses expériences – découvrit que les chauves-souris pouvaient voler avec les yeux crevés, mais pas avec les oreilles bouchées, le grand Cuvier ironisa : « Si les chauves-souris voient avec les oreilles, pourquoi n'entendraient-elles pas avec les yeux ? » L'abbé avait pourtant raison, bien qu'il ait eu lui-même du mal à croire à sa propre découverte : grâce aux ultrasons, les chauves-souris *voient* avec les oreilles une image sans doute proche d'une échographie. Elles scannent littéralement leur environnement, ce qui n'a été vérifié qu'en 1940 par l'éthologue américain Donald R. Griffin[1].

Ces « souris » qui volent avec les mains ne sont pas des rongeurs, mais de très utiles insectivores. Un essaim de murins (soit cinq cents individus) élimine une tonne d'insectes en une saison. Si vous côtoyez une belle colonie, dormez sans crainte des moustiques, même en été, fenêtres ouvertes… Le problème est pour les chauves-souris, qui s'empoisonnent avec les insecticides chimiques contenus dans leurs proies. Plusieurs espèces sont en nette régression, et elles ont déjà disparu de régions entières. Elles sont beaucoup moins nombreuses autour des exploitations d'agriculture intensive que près des fermes bio : c'est un signal que ces petites bêtes nous envoient. Entendrons-nous son écho ?

Des chauves-souris chez soi

Des crottes minuscules, semblables à des petits grains de riz bruns, jonchent le sol ? Prenez-en entre les doigts, et frottez-les : si elles se réduisent en poudre sèche, avec des particules brillantes, c'est du guano de chauve-souris. Vous pouvez vous laver les mains. Et vous réjouir que ces petits anges vous fassent l'honneur de chercher refuge chez vous, c'est une belle marque de confiance : elles viennent de vous décerner votre certificat de HQE (haute qualité environne-mentale, un label fort recherché aujourd'hui). De telles crottes derrière des volets vous indiqueront que ceux-ci sont utilisés comme reposoirs. Pour épauler ces précieux animaux, on peut poser des nichoirs spéciaux, mais cela aide essentielle-ment les espèces peu exigeantes, qui sont les moins en diffi-

---

1. Griffin est mort en 2003 à l'âge de quatre-vingt-huit ans, dans une totale indifférence des médias français. Il était pourtant considéré comme une des plus grandes figures scientifiques du XXᵉ siècle.

culté. Bref, cela fait plus plaisir aux hommes qu'aux bêtes…
Vous pouvez, avant tout, leur réserver le meilleur accueil avec
des dispositifs simples : des fentes horizontales, constamment
ouvertes, dans la cave et le grenier (neuf centimètres de haut
sur vingt centimètres de large suffisent). En effet, des observations récentes ont montré que des colonies entières de
chauves-souris mouraient enfermées dans des caves par des
propriétaires qui ne s'étaient pas rendu compte de ce qu'ils
faisaient. En règle générale, les caves servent pour l'hibernation, alors que les greniers sont utilisés pour le repos diurne
pendant la belle saison. Les chauves-souris sont aussi fidèles
à leurs lieux de rendez-vous que les hirondelles. Elles ne
commettent aucun dégât aux habitations, si ce n'est un peu
de guano. Mais celui-ci est un engrais efficace, que l'on peut
acheter ou vendre sur Internet (attention cependant, il faut
que la colonie en produise au moins dix kilos par an)…

Des espèces inconnues de la science

On compte aujourd'hui trente-trois espèces de chauves-
souris en France. La pipistrelle commune, minuscule, est
l'une des plus répandues et se rencontre jusque dans les
grandes villes. Le petit rhinolophe se reconnaît, quand il est
suspendu la tête en bas, au fait qu'il s'enveloppe entièrement
de ses ailes, comme dans un manteau. Il pénètre volontiers
dans les caves, sous les ponts et dans des abris de faible hauteur. Il lui arrive de s'accrocher dans les terriers de blaireau
ou de renard, sans être croqué par l'occupant, qui pourtant le
frôle régulièrement ! Comme leur nom l'indique, les oreillards
se distinguent par leurs gigantesques oreilles. Celles-ci sont
tellement volumineuses qu'ils les replient sous leurs ailes
pendant l'hibernation !

Les différentes chauves-souris sont difficiles à identifier, à tel point que plusieurs espèces nouvelles n'ont été
découvertes en France que récemment. Fin 1990, on a
constaté une différence dans la fréquence d'ultrasons émis
par des animaux appartenant tous, apparemment, à l'espèce

pipistrelle commune. En fait, l'une d'elles était inconnue de la science, et fut baptisée « pipistrelle 55 kilo-hertz », en référence à ses cris originaux. En 2001 dans le Queyras, un oreillard percute la voiture d'un forestier, qui l'amène à un spécialiste. Après examen, il faut se rendre à l'évidence : on vient de découvrir la troisième espèce d'oreillard, et la trente-troisième espèce de chauves-souris de France, l'oreillard des Alpes.

LE JARDIN, LE JOUR ET LA NUIT

Même si vous ne possédez pas de jardin, vous pourrez observer les animaux décrits ici, car ils sont tous communs. Vous avez toutes vos chances de rencontrer l'animal le plus important de la planète. Le jardin est un véritable palais de la Découverte, pour peu que l'on y laisse la nature s'exprimer. Préservez la vie sauvage de votre terrain, et jardinez bio : c'est meilleur au goût, meilleur pour votre santé, et meilleur pour l'environnement...

Un jardin sauvage

Un précieux refuge de nature

Pour les animaux et les plantes sauvages, c'est la crise du logement. Rien qu'en France, l'urbanisation gagne huit cents kilomètres carrés de terrain chaque année ! Votre petit coin de jardin, si vous avez la chance d'en posséder un, représente donc un espace très convoité par nombre d'espèces animales et végétales, cernées par toujours plus de routes et de béton. Invitez-les : quelques principes simples vous permettront de créer un précieux refuge de nature. Tout d'abord, simplifiez-vous la vie, plantez des végétaux locaux plutôt que des exotiques : ceux-ci pousseront sans soin particulier, sans recours à des traitements chimiques, et ils attireront des animaux, car ils font partie de nos écosystèmes.

Ensuite, oubliez ce terme calomnieux de « mauvaises herbes », laissez venir à vous les fleurs sauvages. Au printemps venu, quand une espèce nouvelle me fait l'honneur de s'inviter dans mon jardin, c'est pour moi comme une victoire de la nature, un présage d'avenir. J'aime les pissenlits, les pâquerettes, les ficaires et les renoncules qui illuminent la verdure, et je n'ai aucune raison objective de les arracher. La *non-intervention* est un des principes fondamentaux du jardin naturel.

Les incontournables du jardin sauvage

Ce livre n'est pas un traité de jardinage, une excellente littérature existe déjà pour vous aider à réaliser les « piliers » du jardin sauvage mais je vous propose de quoi abriter une faune variée dans votre jardin : une prairie naturelle, des haies d'essences variées, un tas de compost, un vieux mur, et, si vous en avez la place, une petite mare. Celle-ci devra être creusée dans un endroit recevant la lumière, avec des pentes douces pour que les animaux ne s'y piègent pas. Deux mètres sur deux, pour une profondeur de soixante-dix centimètres peuvent suffire. Vous pourrez y mettre quelques plantes des mares voisines sans piller la nature, mais pas d'animaux (ils viendront tout seuls) et surtout pas de poissons, qui dévoreraient tout. Laissez faire, et vous serez surpris de la vitesse avec laquelle votre petite réserve aquatique sera colonisée…

Afin d'attirer une faune intéressante, la haie sera la plus diverse possible, avec des églantiers, sureaux, fusains, aulnes, ronces, lilas, houx, pruniers, aubépines, viornes, troènes, néfliers, merisiers, noisetiers, etc., en évitant les thuyas, que d'aucuns appellent le « béton vert » tant ils sont peu accueillants pour les animaux…

Pour avoir des animaux variés dans votre jardin, diversifiez les habitats : rien ne vous empêche de faire cohabiter les légumes du potager avec des fleurs, un gazon tondu avec une prairie plus libre. Quelque part, même sur une petite surface, essayez de préserver une friche où vous laisserez pousser tout ce qui vient.

Dans votre jardin sauvage, la logique de la nature s'exprimera vite : les plantes attireront des insectes, qui eux-mêmes attireront des insectivores, qui attireront des animaux plus grands, qui en attireront d'autres, etc. Alors, vous pourrez observer quasiment depuis votre fenêtre des mésanges, des libellules, des grenouilles, des sauterelles ou des écureuils. Le jardin naturel, c'est une philosophie et un art de vivre.

La vie des feuilles mortes

À lui seul, le tas de feuilles mortes pourrait symboliser toutes les aberrations du jardinage d'aujourd'hui. Cela commence par la manière de ramasser les feuilles, avec des engins de plus en plus bruyants et gaspilleurs d'énergie. Depuis peu, la mode est d'utiliser des aspirateurs/broyeurs et autres souffleurs qui hurlent avec assez de force pour qu'il ne soit plus question d'entendre le moindre chant d'oiseau. Une fois les feuilles entassées, un peu d'essence, une allumette, et hop, tout ça part dans une fumée épaisse qui plonge le voisinage dans le brouillard pour plusieurs heures. Si on y réfléchit, quel gâchis ! C'est un précieux engrais naturel et non polluant qui est transformé là en carbone, à l'heure où les gaz à effet de serre surchauffent le monde. Ce sont aussi des tas de petits animaux qui sont grillés vifs dans l'indifférence.

Même s'il ne vous servait pas, le tas de feuilles mortes est un refuge pour le hérisson, les vers de terre et d'autres bestioles aussi minuscules qu'utiles, de beaux insectes comme la cétoine dorée, ou encore des champignons. Mais au fait : est-il *nécessaire* d'enlever les feuilles mortes ? Bien sûr que non. S'il est compréhensible de ratisser une pelouse pour que les fleurs ayant besoin de lumière puissent pousser, il est moins explicable d'enlever les feuilles au pied des haies, où elles enrichissent l'humus de matières organiques. Des municipalités exemplaires récupèrent les déchets végétaux des particuliers pour en faire un engrais gratuit, à la disposition de tous : ça, c'est une bonne idée !

Un documentaire en direct

En toutes saisons : la baignade aux oiseaux

L'eau est un élément indispensable à la survie des oiseaux[1]. Posez un simple couvercle de poubelle renversé – ou un autre récipient suivant vos exigences esthétiques –, remplissez-le d'eau, et les oiseaux viendront vite s'offrir en spectacle (*voir photo*). Ils peuvent avoir soif en toutes saisons. Pendant les canicules, ils halètent bec ouvert, car ils ne transpirent pas, et perdent beaucoup d'humidité par évaporation. Ils doivent trouver à s'hydrater aussi quand l'eau est gelée. Dans ce cas, il faut leur proposer de l'eau tiède, qui ne gèlera pas instantanément. Ils ont besoin d'eau également pour se laver, et leur toilette est un cérémonial aussi drôle que captivant : cela commence par une avancée prudente, puis une entrée dans l'eau. L'oiseau plonge la tête, secoue ses plumes, éclabousse tout l'entourage en s'ébrouant, s'accroupit pour se mouiller le ventre, s'envoie de l'eau sur le dos, etc. Puis il se perche non loin, ébouriffé et méconnaissable, pour se sécher et lisser ses plumes.

La baignade doit être peu profonde, afin que les volatiles ne s'y noient pas, et en pente douce au fond non glissant pour qu'ils en sortent sans problème. Quand ils ont les plumes mouillées, les oiseaux volent moins facilement et sont plus vulnérables. C'est la raison pour laquelle ceux du jardin ne s'immergent jamais entièrement. Évitez d'installer leur baignade près d'obstacles où peut se cacher un chat. Une vue bien dégagée, ou un point d'eau en hauteur, les rassurera. Un perchoir non loin leur servira à se sécher. Les oiseaux ne

---

1. Les mangeurs de graines sèches ont encore plus besoin de se désaltérer que les amateurs de vers et de chenilles.

chantent pas sous la douche, mais ils ne se gênent pas pour faire leurs besoins dans leur bain. Il vous faudra changer l'eau et nettoyer le récipient régulièrement.

Des bains de fourmis

Dans la nature, comment font les oiseaux pour se nettoyer ? Les hirondelles rasent l'eau en chassant. De temps en temps, elles y enfoncent un peu leur corps, et s'ébrouent en vol. Les chouettes font de même. Les pigeons se lavent sous la pluie, tandis que les petits passereaux, comme les fauvettes, passent au travers des feuillages détrempés. Ces soins sont nécessaires pour entretenir leur plumage et leur capacité de vol, c'est leur survie. L'eau nettoie les plumes et les rend plus souples, plus faciles à lisser.

D'autres manières de se laver existent. Des oiseaux comme les geais, les pies, les merles et les étourneaux, prennent des bains de fourmis ! Certains s'accroupissent sur des fourmilières, ailes bien écartées, et attendent l'invasion des insectes grouillants. D'autres, plus pressés, prennent carrément des fourmis dans leur bec pour les poser sur leurs plumes ! Le but de la manœuvre ? Vraisemblablement s'imprégner de l'acide formique éjecté par les insectes, car celui-ci possède des propriétés antiparasitaires.

Autre originalité des corvidés (corbeaux freux, corneilles noires, choucas des tours – *voir photo*) et des étourneaux : le bain de vapeur. Ces oiseaux se tiennent de temps en temps au-dessus des cheminées fumantes pour s'imprégner de leurs émanations. Là encore, on explique de tels comportements par un besoin d'hygiène, la fumée mettant à mal les parasites.

Les moineaux, et bien d'autres, adorent les bains de poussière. Vous pouvez leur aménager un espace de sable. Celui-ci pourra à l'occasion se faire nurserie. Le lézard des murailles viendra peut-être y pondre, ainsi que des abeilles ou des guêpes solitaires (*voir pages 147 et 149*).

L'appât du grain

Aujourd'hui, nourrir les oiseaux du ciel est passé dans les mœurs. Regarder vivre ces animaux est un véritable documentaire, en direct, en relief et en dolby stéréo. Cela éclaire d'un peu de couleur le cœur de l'hiver, et c'est une occasion de prendre conscience de la richesse de notre nature. On peut s'amuser, avec des enfants, à reconnaître les mésanges, verdiers, bouvreuils ou pinsons grâce aux espèces dessinées dans un guide d'identification : c'est un vrai jeu des sept erreurs. On peut aussi jouer les éthologues, et observer, voire noter, le comportement des uns et des autres. On s'aperçoit vite que les si petites et si mignonnes mésanges bleues sont des boules d'agressivité, et qu'elles ne se laissent pas impressionner par de gros balourds bien plus imposants qu'elles (*voir photo*). On peut encore s'entraîner à dessiner les oiseaux, bien au chaud derrière la fenêtre, ou tenter la photo.

Quand on commence à nourrir les oiseaux pendant les grands froids, il vaut mieux être régulier, et leur donner à manger tous les jours à heure fixe. Les oiseaux prennent vite des habitudes. S'ils devaient voler vers une mangeoire vide, ils perdraient une énergie précieuse pour leur survie dans un contexte difficile.

Des adaptations étonnantes

La réunion d'oiseaux en un lieu donné engendre des adaptations de leurs prédateurs : j'ai vu plusieurs fois des éperviers considérer les mangeoires à passereaux comme *leurs* réserves de nourriture. J'ai même surpris un de ces rapaces, certainement affamé et tout à sa poursuite, frôler une personne de l'aile, juste devant moi, pour atteindre des moineaux ! Mangeoire à épervier ? Le concept est nouveau.

Un autre phénomène récent concerne des petits oiseaux assez communs, les fauvettes à tête noire. Nombre d'entre elles – en provenance d'Europe centrale – ne migrent plus vers le sud comme elles le faisaient traditionnellement, mais vers le nord-ouest, en direction des îles Britanniques ! Les ornithologues avancent deux explications : les hivers plus doux, dus au réchauffement du climat, leur permettent d'utiliser des voies migratoires plus courtes, donc moins épuisantes. La seconde explication serait que les Anglais, qui sont des fous des oiseaux, leurs proposent partout des mangeoires trois étoiles où elles peuvent reprendre des forces. Le plus étonnant est que ces nouvelles habitudes sont déjà inscrites dans le patrimoine génétique des fauvettes, en quelques générations seulement. Mis sous un planétarium, de jeunes oiseaux n'ayant encore jamais migré s'orientaient d'instinct vers l'ouest au moment de migrer, et non vers le sud !

À bas les mangeoires ?

Les oiseaux connaissent les mêmes problèmes que nous. On a trouvé sur des verdiers nourris artificiellement des taux de cholestérol dignes d'un amateur de cheeseburgers... Attention donc aux nourrissages exagérés ! N'oublions JAMAIS que la nature n'a pas besoin de l'homme pour vivre, que les animaux sauvages se débrouillent parfaitement bien sans nous. Leur proposer des mangeoires et des nichoirs est plutôt une compensation de toutes les destructions que nous leur infligeons, en premier lieu la disparition de leur habitat. Il faut donc impérativement arrêter de les nourrir dès qu'il fait beau, car ils doivent continuer d'exercer leur « métier » d'insecticides naturels.

Attention également aux risques d'épidémies : le rassemblement de tous ces passereaux, qui se nourrissent et lâchent leurs fientes au même endroit, favorise une propagation rapide des épidémies. Des alertes ont déjà été données par les ornithologues dans différentes régions pour stopper immédiatement toute distribution de nourriture, car les oiseaux étaient atteints de salmonellose. Il faut donc nettoyer régulièrement le matériel et les lieux.

La manière la plus naturelle d'attirer des oiseaux reste de planter des arbres du type sorbier des oiseleurs, noisetier et autres espèces à baies. Les conifères, si décriés (à juste titre) à cause de plantations forestières excessives, attirent des espèces différentes, comme les roitelets et les mésanges noires. À condition d'en mettre peu, parce qu'ils acidifient le sol, on peut aussi leur trouver de l'intérêt.

Des nichoirs pour les perce-oreilles

Il ne faut pas confondre les *mangeoires*, destinées à nourrir les oiseaux pendant les grands froids, et les *nichoirs*, qui leur offrent de quoi nicher. Ces derniers ne sont pas non plus des sortes de petites maisons, des « abris pour dormir ». On les pose pour permettre à des espèces en mal de place de mener à bien l'élevage de leurs petits. Mais la nature fait ce qu'elle veut : certains nichoirs ne sont jamais visités, et d'autres sont habités par des espèces inattendues, comme les frelons. Les installations les plus connues sont les nichoirs à mésanges type « boîte aux lettres ». Les Britanniques, toujours en avance pour ce qui concerne la nature, en proposent désormais munis d'une petite caméra, afin que l'on puisse observer les habitants sans les déranger ! Ça, c'est de la télé-réalité !

Il existe aujourd'hui une grande variété de nichoirs : certains sont destinés à des insectes utiles au jardinier. Il s'agit généralement de tiges de bois creuses, ou de bûches aménagées de petits trous, dans lesquels viendront se loger des perce-oreilles (des prédateurs) ou des abeilles solitaires (des pollinisatrices). Les associations naturalistes proposent toute une gamme de produits : pour les « clients » courants (moineaux, mésanges, rouges-gorges, etc.), pour les as du vol (hirondelles et martinets), pour les rapaces diurnes et nocturnes (faucons, chouettes), ou pour les chauves-souris. En effet, on peut acheter ces objets aux associations de défense de la nature (*voir annexes*), qui publient également des livrets explicatifs très bien documentés. C'est une bonne manière de soutenir les bénévoles qui s'y dévouent, car leurs associations, à but non lucratif, selon la formule, leur permettent difficilement de survivre, alors que leur mission est d'intérêt collectif.

La prédation du chat

Cela m'ennuie toujours quand je rencontre un ornithologue qui déteste les chats. On peut parfaitement aimer les oiseaux *et* les félins. Il ne faut pas non plus faire passer nos minous domestiques pour les anges qu'ils ne sont pas, et sous-estimer leurs nuisances. Elles sont réelles. Plus encore que le chien, le chat est un mangeur de viande, un prédateur par excellence. Or, la faim et l'instinct de chasse sont indépendants, et un chat bien nourri chassera malgré tout. Le rouge-gorge, qui niche près du sol, en pâtit sérieusement : d'après des études anglaises, 80 % des rouges-gorges tués par un prédateur l'ont été par un chat plus ou moins domestique.

Il n'y a rien à tenter contre un chat qui vous ramène fièrement un mulot ou un oisillon agonisant. Il ne comprendrait pas vos réactions. Des solutions pacifiques sont envisageables : un large collier de fer le long d'un tronc d'arbre peut empêcher le félin de grimper vers une nichée. Il existe aussi des « stop-minous », des ceintures hérissées de piquants dissuasifs, en vente chez des associations naturalistes comme la

LPO (Ligue pour la protection des oiseaux). Enfin, vous pouvez poser des grelots au cou de votre chat, de façon qu'il soit entendu par ses victimes potentielles. Une seule clochette ne suffit pas toujours : on a vu des félins malins chasser en retenant leur grelot avec une patte !

Événement passé, mais révélateur : le chat le plus meurtrier de l'Histoire fut certainement celui du gardien de phare de l'île Stephen, dans le Pacifique. Sur cette île vivaient de petits oiseaux uniques au monde, les xéniques de Stephen. Non habitués aux prédateurs, ils n'étaient pas craintifs. Le chat les croqua jusqu'au dernier et éradiqua l'espèce à une vitesse fulgurante. Le public apprit l'existence de l'oiseau en même temps que sa disparition...

Quel est le point commun entre un chien et un écureuil ?

Avant l'arrivée de l'hiver, l'écureuil fait ses provisions. Chez moi, il enfouit des noisettes partout, et aussi des noix, alors qu'il n'existe pas de noyer à moins de cinq cents mètres (*voir photo*). Le geai des chênes stocke également des graines. Ces étourdis ne se rappellent pas toujours de leurs cachettes, et, jardiniers sans le savoir, ils sèment les arbres de demain. Et je suis envahi par les noisetiers...

Pendant ce temps, le chien creuse, lui aussi. Obéissant à son instinct ancestral, il enfouit ses restes de nourriture ou ses os, au cas où... Ainsi font ses collègues sauvages, chez qui c'est une sage prudence, car dans la nature la famine sévit régulièrement. Le chien n'a pas faim, mais la nature l'a programmé. Et jusqu'ici, il n'a pas bogué...

Une musaraigne derrière la machine à laver

On prend tous les petits mammifères pour des souris, mais il en existe d'autres dans les jardins : des rongeurs, comme le campagnol et le mulot, et un minuscule insectivore : la musaraigne. Il en existe plusieurs espèces, mais pour beaucoup l'identification n'est pas évidente (il faut regarder la couleur des dents chez les musaraignes, par exemple). Les petits rongeurs se multiplient très vite, notamment les campagnols qui peuvent pulluler. La nature a prévu contre cela des prédateurs très spécialisés : les chouettes, les faucons, les belettes, les renards, etc. Les musaraignes, en revanche, semblent avoir un goût répugnant, et sont délaissées par les prédateurs (chats, renards…) qui les ont attrapées. Cela explique pourquoi on rencontre souvent des musaraignes intactes, mortes, sur les bords de chemins. Seules, les chouettes effraies s'en régalent. De là à dire que ces rapaces n'ont aucun goût…

En Grande-Bretagne, un chat a ramené une musaraigne vivante à la maison, qui s'est enfuie et a trouvé refuge derrière la machine à laver. Contrairement aux rongeurs, la musaraigne a besoin de nourriture carnée pour survivre : celle-ci s'en est sortie grâce à la pâtée du chat.

Les parterres de fleurs

Un faux colibri sur des fausses fleurs

Aux beaux jours, dans les jardins et jusque dans les villes, on observe souvent un petit animal très rapide qui butine les fleurs en volant sur place. Ses ailes battent si vite qu'on ne les voit pas. Malgré les apparences, il ne s'agit pas d'un colibri : ces oiseaux n'existent que sur le continent américain. D'ailleurs, il ne s'agit pas non plus d'un oiseau : c'est un insecte, un papillon de nuit qui vole… le jour. Son nom : le moro-sphinx, ou sphinx moineau (*voir photo*). La trompe étonnamment longue de ce papillon lui permet de visiter les fleurs sans s'y poser. Et des fleurs, il en butine ! Le moro-sphinx est capable de visiter plus de cent fleurs en quatre minutes sans prendre le temps de replier sa trompe. Cet infatigable papillon est donc un pollinisateur très efficace. On l'a même vu entrer dans des maisons pour tenter de goûter aux fleurs des papiers peints...

Les outils des butineurs : à chacun sa fleur

Dans la nature, chacun est à sa place, avec une logique que nous ne cesserons de découvrir. Ainsi, observons les fleurs et les butineurs qui les fécondent. Chaque type d'insecte porte une trompe de taille et de forme différentes, et ne peut pas visiter n'importe quelle fleur. La mouche se pose essentiellement sur des petites fleurs accessibles, car sa trompe épaisse n'est pas spécialisée. L'abeille, mieux outillée, porte une longue langue qui lui sert de paille, et peut atteindre des corolles plus profondes. Les papillons déroulent d'immenses trompes munies d'un canal destiné à aspirer des liquides nutritifs impossibles à atteindre par d'autres (*voir dessin p. 61*). Cette diversité fait qu'il n'y a pas – ou peu – de concurrence.

Du haut de cette pâquerette, cent millions d'années vous contemplent

Le spectacle de l'insecte sur la fleur semble banal, mais il résulte d'un processus long de plus de cent millions d'années. C'est le fruit d'une évolution parallèle entre la plante et la bête (les spécialistes parlent de « coévolution »), fignolée au cours des millénaires. Incapables de se déplacer, les végétaux ne peuvent trouver seuls le contact avec un partenaire qui assurera leur reproduction. Alors, la plupart des plantes ont fait appel aux êtres mobiles. Elles ont développé des fleurs conçues pour attirer les butineurs. Le pollen s'accroche aux poils des insectes, qui vont assurer le transport de ces semences mâles vers des organes floraux femelles. En récompense de cette opération d'insémination artificielle, les animaux ont droit à un repas de bon nectar sucré et énergétique fabriqué à leur attention. La morale de cette histoire : sans les insectes il n'y aurait pas de fleurs, pas de fruits, pas de légumes...

L'abeille, une danseuse outillée

Bonne travailleuse, l'abeille porte tous ses outils sur elle : une paille à nectar (sa langue), des brosses et des sacs à pollen, des pinces, des peignes pour les yeux, des peignes pour les antennes, sans parler de ses instruments de vol et d'orientation. Quand elle a dix jours environ, son abdomen produit même la cire qui lui servira à construire les alvéoles de la ruche... Ce n'est pas l'ouvrière qui est dans l'usine, c'est l'usine qui est dans l'ouvrière !

Jusqu'au XIXe siècle, on ignorait comment naissaient les abeilles, et – préjugé sexiste – l'on pensait que la reine était un roi... On sait aujourd'hui que les mâles, appelés faux-bourdons, meurent après l'accouplement, et que toute la colonie a la même maman, qui pond toute sa vie. Il a fallu des années d'observation à des dizaines de grands chercheurs pour arriver à nos connaissances actuelles. Pionnier de l'éthologie, Karl von Frisch révéla dans les années 1960 comment les abeilles dansent pour communiquer. Depuis, on est arrivé à construire de minirobots capables d'imiter ces danses et de se faire comprendre des abeilles : par l'intermédiaire de la machine, *des hommes ont parlé à des insectes !*

L'amour sans mâle

Mine de rien, le puceron mène une drôle de vie. Il (ou plutôt elle) se reproduit généralement par parthénogenèse. La parthénogenèse, c'est l'amour... sans mâle : la femelle donne toute seule naissance à sa progéniture à partir d'ovules vierges, sans fécondation ! Longtemps soupçonnée par différents savants, la parthénogenèse fut démontrée par le philosophe et naturaliste suisse Charles Bonnet en 1740, justement sur des pucerons. L'Église annonça qu'il y avait là une preuve de l'existence possible de la Vierge Marie...

La vie des pucerons est très compliquée. Certaines générations sont parthénogénétiques, d'autres pas. Certaines pondent des œufs, d'autres mettent bas des petits. Certaines portent des ailes et d'autres non. Quand vous êtes puceron, vous pouvez avoir des formes et des vies extrêmement différentes.

Coup de théâtre sur les roses, acte I

Les roses sont le théâtre d'un drame à trois : le puceron, la coccinelle et la fourmi. Nos héros de base, les pucerons, sont très prolifiques. Alors qu'il est encore dans le ventre de sa mère, un embryon prépare déjà d'autres embryons ! Bien qu'ils volent mal, les pucerons ailés sont d'étonnants migrateurs. Les courants d'air chaud les élèvent à plus de mille mètres d'altitude. Portés par le vent, ces insectes peuvent traverser la Manche et s'installer en Angleterre. Ils recouvriraient la surface de la planète en une saison s'ils n'avaient pas de prédateurs. Heureusement, les amateurs de pucerons sont nombreux : des oiseaux, les larves de syrphes (de jolies mouches), les perce-oreilles, et les plus célèbres d'entre eux, les coccinelles. Acte II.

Les roses, acte II

Une coccinelle adulte peut engloutir plus d'une centaine de pucerons dans la journée, et sa larve partage les mêmes goûts, avec la même voracité. Elle accomplit sa tâche sans polluer, sans rechigner, et gratuitement. Sa présence peut éviter l'emploi de substances chimiques qui tuent à la fois les pucerons et ceux qui s'en nourrissent.

Le puceron n'a aucun rapport avec la puce. Il est plus proche de la cigale, autre insecte suceur de sève. Et de la sève, il en suce tellement qu'il évacue constamment par l'anus un liquide sucré, le miellat. Cet excrément fait le régal de plusieurs animaux, comme les guêpes coucous (des guêpes qui pondent dans le nid des autres), certaines mouches, les abeilles qui l'utilisent pour la fabrication de leur miel, et les fourmis, héroïnes de notre troisième acte.

Les roses, acte III

Les fourmis lèchent le miellat des pucerons, on dit qu'elles les « traient ». Elles les tapotent avec leurs antennes pour les stimuler. Les pucerons augmentent alors leurs succions, donc leur production de miellat. Certaines espèces de pucerons, comme celles qui sucent les racines, dépendent des fourmis. Celles-ci leur creusent des étables et opèrent de véritables transhumances d'une plante à l'autre. D'autres ramènent des œufs de pucerons dans la fourmilière pour l'hiver. Au printemps, elles conduisent ou portent les nouveau-nés vers leurs végétaux nourriciers. Les fourmis sont donc en partie responsables des destructions de plantes. Elles attaquent les prédateurs de leurs protégés. Il faut donc défendre les coccinelles contre les fourmis, en enduisant les bases de rosiers avec de la glu, ou planter à leur pied de la menthe ou de la lavande.

Des petits crabes dans les fleurs

Toutes les araignées ne construisent pas de toile. Certaines poursuivent leur proie à la course, d'où leur nom d'araignées-loups. Les araignées-crabes, ou thomises (il en existe plusieurs espèces), doivent le leur à cette manière saugrenue qu'elles ont d'avancer de travers. L'araignée-crabe est la reine du camouflage et de l'embuscade. Il faut bien regarder sur les fleurs pour l'apercevoir, mais elle n'est pas rare (*voir photo*). Ses couleurs sont généralement mimétiques : une araignée blanche, placée sur une fleur jaune, peut devenir jaune en un ou deux jours. Cela lui permet de s'adapter aux floraisons successives de la belle saison. L'araignée-crabe a une très bonne vue, notamment grâce à ses quatre yeux inférieurs, qu'elle dirige vers ses proies en se redressant (les araignées ont généralement six ou huit yeux). Qu'un insecte vienne à passer à sa portée, même un « gigantesque » papillon, le thomise l'agrippe soudain, puis lui injecte un venin paralysant. Comme toutes les araignées, il ne peut pas mâcher ses aliments. C'est son venin qui fait office de suc digestif. Une fois sa proie liquéfiée, le thomise la videra comme un milk-shake et jettera la dépouille vide. Les insectes qui butinent en volant sur place, à distance des fleurs, évitent d'être ainsi happés par les araignées-crabes. Beaucoup se tiennent à l'affût sur les fleurs, d'autres sur les écorces ou au sol. L'une d'elles s'est spécialisée dans le camouflage en fiente d'oiseau, ce qui attire de nombreux insectes.

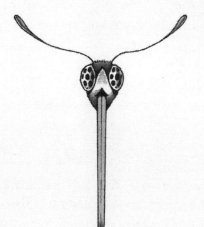

Dans le potager

Le rouge-gorge et le jardinier

Les oiseaux savent profiter des déplacements des gros mammifères : les garde-bœufs happent les grenouilles et les insectes déplacés par les buffles et les éléphants loin d'ici, ou par les vaches de nos prés. En Europe, les rouges-gorges se rapprochent des sangliers qui fouissent le sol : il y a toujours à glaner pendant les travaux de terrassement, notamment les lombrics, qui se font prier pour se montrer au grand jour. On a même vu des oiseaux près de taupinières, en train de surveiller attentivement des taupes en action. Comme la faune sauvage disparaît de nos régions industrialisées, le dernier gros mammifère à remuer la terre reste le jardinier. Le rouge-gorge s'y est parfaitement adapté. Lorsque je jardine, j'observe régulièrement l'un d'eux. Il me suit de près, très motivé par les petits repas sautillants que je dévoile, avec une distance de fuite bien moins grande qu'à son habitude. Ça me donne un peu l'impression de travailler pour lui...

Les apparences sont trompeuses : si vous avez en permanence *un* rouge-gorge chez vous, il ne s'agit pas forcément du même individu suivant les saisons ! En effet, ces oiseaux sont ce que l'on appelle des migrateurs partiels. Tous les rouges-gorges des pays nordiques sont migrateurs (ceux du sud de la Suède parcourent entre mille six cents et mille neuf cents kilomètres, d'autres jusqu'à plus de trois mille kilomètres). En Europe tempérée, les rouges-gorges ne se déplacent guère plus que sur quelques centaines de kilomètres, se mêlant à des oiseaux sédentaires ou à de petits migrateurs. Des rouges-gorges de nos régions migrent vers le sud jusqu'en Afrique du Nord. Donc, en hiver, c'est peut-être un oiseau finlandais qui volète dans votre jardin, alors que « votre » rouge-gorge de l'été se promène en Algérie ! Avec les grands froids, les rouges-gorges se rapprochent de l'homme et entrent quelquefois dans les habitations. Plusieurs hivers consécutifs, l'un d'eux a séjourné à l'intérieur même de l'épicerie de mon village, chauffé, nourri, et admiré…

Identification : Contrairement à ce que son nom indique, l'oiseau a la gorge orange.

Petit, mignon, mais agressif…

Le rouge-gorge se sent partout chez lui. Il défend âprement son territoire, en toutes saisons, où qu'il soit, même sur les étapes de la migration ! Bien qu'elle se fasse moins entendre que le mâle, la femelle chante aussi. Ce signal auditif ainsi que le repère visuel du plastron coloré sont des avertissements forts adressés aux congénères, considérés comme des rivaux. Une boule de plumes rouges peut suffire à rendre furieux un oiseau, qui la détruira avec rage, alors qu'il ne réagira pas devant une boule de plumes de couleur terne. Cela montre l'importante de cette gorge orange vif, que les oiseaux gonflent en signe de menace. Des tests éloquents ont montré que le son joue un rôle semblable : des oiseaux ont violemment attaqué les haut-parleurs qui diffusaient leur propre chant.

Le rouge-gorge se nourrit généralement en sautillant à terre, ou après avoir repéré ses proies depuis un affût. Cette habitude de vivre et de nicher près du sol le rend vulnérable à de nombreux prédateurs : campagnols, renards, chats, sangliers, mais aussi voitures. À Montpellier, des scientifiques qui voulaient étudier le régime alimentaire des rouges-gorges en hiver, donc analyser le contenu de leur estomac, n'ont eu qu'à se baisser pour en récolter deux cents en trois ans[1]… Récemment, en Italie, un prédateur inattendu de l'oiseau a été découvert : une chauve-souris appelée grande noctule. Plus rare encore : un rouge-gorge avalé par un crapaud com-

---

1. Ce chiffre est considérable : un cadavre disparaît très vite, car il est rapidement avalé par les chats domestiques, les fouines, les corneilles, les insectes, et bien d'autres affamés. Le fait de trouver tant d'oiseaux d'une seule espèce sur une surface restreinte, urbaine de surcroît – donc moins riche en oiseaux –, montre à quel point les routes font des ravages chez les animaux de toute taille.

mun... De son côté, le rouge-gorge nous réserve d'autres surprises, puisque l'on en a vu pêcher de petits poissons !

le rouge-gorge se gonfle quand il fait froid

Monsieur/dame l'escargot

L'escargot est un gastéropode (ou gastropode), ce qui signifie « l'estomac dans le pied », pour ne pas dire « l'estomac dans les talons ». Ce n'est qu'une originalité parmi tant d'autres... À la fois fille et garçon, le mollusque est une chimère à lui tout seul : il a les yeux au bout des cornes, quatre lèvres autour de la bouche, des dents plein la langue, l'anus dans la narine, il pond par la tête, boit par la peau, et joue des castagnettes ! Quand il fait un effort, l'escargot ouvre et ferme en rythme son pneumostome (l'orifice respiratoire très visible derrière sa tête), et cela produit quelquefois des claquements proches d'un son de castagnettes. Quand il glisse sur une vitre, il peut aussi émettre avec sa coquille des vibrations qui s'entendent à sept ou huit mètres !

La bête à cornes est également la reine du *piercing*. Dès le début de l'accouplement, chaque animal enfonce un dard calcaire dans la chair de son congénère. Ce charmant aspect sadomaso de notre gastéropode aurait pour effet de le stimuler pour l'action : chez lui, l'amour peut durer une dizaine d'heures.

64

Pourquoi l'escargot est-il hermaphrodite ? Très certainement parce que sa lenteur l'empêche de parcourir de longues distances : quand il a la chance de rencontrer un congénère, c'est forcément le bon – et la bonne ! – partenaire. Une seule rencontre entraînera deux fécondations. Jusqu'à preuve du contraire, l'escargot ne s'autoféconde pas...

Les coquilles : des maisons pour les escargots, des cathédrales pour les hommes...

La caractéristique la plus visible de l'escargot est cet éternel sac à dos dans lequel il peut se réfugier tout entier : sa coquille. C'est lui-même qui la fabrique par des sécrétions. Dans les régions granitiques, des petits-gris dévorent les peintures des murs, car elles contiennent du carbonate de calcium, c'est-à-dire le précieux élément calcaire qui représente 90 % de leur coquille. Au passage, rappelons-nous que cette roche est constituée du squelette de milliards d'organismes marins fossiles, qui l'ont fabriquée à l'ère secondaire. Des falaises immenses en sont faites, des cathédrales et des villes entières sont bâties avec cette matière « animale ». Même le marbre des décorations est à la base une roche calcaire.

Un escargot de Bourgogne porte quelque deux mille cinq cents dents sur la langue (vérifiez si vous voulez). Celle-ci fait office de râpe, assez efficace pour entamer des roches calcaires. En revanche, les « cornes » de la bête sont molles. En réalité, ce sont des tentacules. Les deux petits, tactiles, servent au toucher. Ils ont aussi une fonction olfactive. Les deux grands sont sensibles à la lumière, mais l'animal a mauvaise vue : son odorat est bien mieux développé. Une autre faculté du mollusque est de faire des bulles quand il est capturé : ce serait une forme de défense.

Voltaire et l'abbé cruel, le retour

Derrière toute cette machinerie anatomique, point de cerveau : un « ganglion cérébroïde » suffit. L'impitoyable abbé Spallanzani – qui s'est déjà fait remarquer ici au sujet des chauves-souris – a décapité de nombreux escargots vivants. Certains, à sa grande stupeur, ont continué de vivre : les ganglions n'étaient pas atteints. Voltaire lui-même a réalisé de telles expériences d'amputation. Pourtant, dans son *Dictionnaire philosophique portatif*, le penseur critiqua vertement Descartes et sa calamiteuse invention de « l'animal-machine », qui prétend que les bêtes ne sont que des mécanismes dépourvus de sensibilité…

La coquille de la limace

Quelle est la différence entre un escargot et une limace ? La coquille ? Eh bien non : il existe plusieurs espèces de limaces qui portent un reliquat de coquille, soit à l'intérieur de leur corps, soit même à l'extérieur, bien visible. Il s'agit généralement d'une petite pièce plate au bout de la queue. Ces limaces des jardins, petites, noires et sans coquille, ne se rencontrent quasiment que dans les jardins. Ces mollusques se cachent d'ordinaire sous les pierres ou la végétation, et sortent plutôt la nuit et en cas de pluie. On ne peut nier les inconvénients de ces bêtes dans un potager, mais n'oublions pas qu'il s'agit d'une minorité d'entre elles, et tenter de les tuer entraîne la mort de toutes les autres, y compris de celles qui vous en auraient débarrassé. Les animaux les plus lents sont les moins aimés du jardinier, et les rapides, prédateurs des premiers, sont des aides utiles. Les ennemis naturels des limaces et des escargots sont la grenouille, le crapaud, la couleuvre, l'orvet, la musaraigne, le hérisson, de nombreux oiseaux (pie, merle, grive, rapaces, etc.), mais aussi des insectes comme le carabe et le lampyre, ou ver luisant.

Si vous avez une telle faune dans votre jardin, réjouissez-vous !

La limace médicament

L'escargot et la limace protègent leur peau tendre des blessures avec leur « bave », ou mucus. Ces originaux ne bavent pas par la bouche, mais par le pied. Grâce à ce liquide épais, un escargot est capable de grimper sur une lame de rasoir tenue verticalement et de passer sur l'autre face sans se couper. Le mucus sèche et durcit au contact de l'air, il devient alors adhésif, ce qui permet toutes les acrobaties aux escargots comme aux limaces. De plus, il possède des propriétés bactéricides, comme l'ont démontré des recherches sur l'escargot de Bourgogne et la limace rousse. Sans connaître ces résultats, on se soignait autrefois contre les affections pulmonaires en avalant des limaces toutes crues ! Le mollusque était aussi considéré comme un fortifiant : lors des campagnes napoléoniennes, des soldats en emportaient avec eux....

Le cri du chou

On sait depuis quelques années que les plantes sont capables de communiquer entre elles en émettant des substances chimiques. Par exemple, pour avertir les collègues qu'elles se font brouter, et qu'il est grand temps de faire monter dans leurs feuilles un tanin bien amer pour décourager les agresseurs. Il y a plus : certains végétaux peuvent aussi appeler des animaux ! Des plants de maïs dévorés sur pied par des chenilles savent alerter les guêpes parasites de ces chenilles (ces guêpes particulières, aux mœurs étonnantes, anéantissent les chenilles d'une manière sur laquelle nous nous pencherons pages 146). Le même scénario a été découvert avec un papillon, la piéride du chou. Quand la larve de piéride s'attaque au légume, celui-ci émet un cocktail gazeux, une sorte de cri de secours chimique qui fait débarquer sa guêpe parasite personnelle. C'est la salive de la chenille qui déclenche le processus d'alerte[1], avec une enzyme qui se trouve aussi dans… la nôtre. On ne croquera plus de chou cru sans se méfier des insectes volants… Le potager serait donc un terrain de guerre chimique ? Hélas oui.

agressé par une chenille, le chou appelle de l'aide…

C'est bio, c'est bon

Jardiner bio, en fait, c'est jardiner *normalement*, c'est-à-dire comme le faisaient nos arrière-grands-parents, sans produits artificiels néfastes. Ça a marché pendant des siècles, et voilà qu'on ne saurait plus le faire ? Des lobbies de la chimie industrielle tentent en tout cas de nous en convaincre, à grands matraquages de spots publicitaires. À l'opposé, il existe de nombreux ouvrages et revues sur la question bio, pleins de sains conseils : ne vous privez pas de ceux-là (*voir bibliographie*). Ce n'est pas une mode de baba, de bobo ou autre – c'est Bibi qui vous le dit – mais bien une question de bon sens : tout ce que nous déversons dans la nature se retrouve un jour dans nos assiettes, puis dans l'intimité de

---

1. Ces mécanismes d'alerte sont étonnamment subtils. La plante est capable d'envoyer des réponses différentes selon l'espèce d'insecte, voire selon son stade de maturité !

68

notre organisme. Et là, ça fait mal. La vie à la campagne n'est plus synonyme de bonne santé : les cultivateurs de l'agriculture intensive et leurs enfants connaissent désormais des problèmes neurologiques, des cancers ou des malformations génitales que n'ont pas les urbains. Bien que les preuves définitives soient difficiles à apporter, les pesticides figurent au premier rang des accusés, et c'est fatal : ils ont été créés pour éliminer des êtres vivants qui ont les mêmes fonctions biologiques que nous. L'Organisation mondiale de la santé estime que les pesticides causent chaque année un million d'empoisonnements graves et deux cent vingt mille décès dans le monde.

Histoire sombre

Le saviez-vous ? Les insecticides organophosphorés ont été découverts au début des années 1940 dans les laboratoires allemands qui mettaient au point des gaz de combat. Les actualités nous ont appris qu'une usine de pesticides possède tous les ingrédients pour fabriquer des armes chimiques. Nous sommes ici dans un univers bien peu bucolique et philanthropique… En outre, il faut se rappeler que les pesticides, tout comme les OGM, ne correspondent pas à un besoin vital de la société, mais bien au désir de quelques industriels de se trouver des débouchés commerciaux. Si l'on faisait le vrai bilan économique de notre agriculture intensive, en tenant compte des impacts environnementaux, de ses conséquences sur la santé publique, et en retirant les subventions européennes, il ne correspondrait en rien au fier résultat que l'on nous présente habituellement.

La peste soit des pesticides

La France est le deuxième consommateur de pesticides de la planète, après les États-Unis, et le premier pour la quantité de produits épandue par hectare ! Les agriculteurs intensifs déversent dans nos campagnes deux kilos de pesticides par an et par habitant, et les jardiniers amateurs en répandent deux mille tonnes de plus autour de leur maison, dans leur lieu de vie. Il y a en France douze millions de jardins, dont sept millions sept cent mille comprennent un potager. Chaque jardinier amateur, conseillé par son vendeur ou par une pub qui « oublie » de tout dire, utilise à son échelle encore plus de produits que le professionnel, sans aucun contrôle de qualité ni de quantité, en totale méconnaissance de leurs dangers. Tout jardinier a donc une responsabilité vis-à-vis de l'environnement (l'ensemble des amateurs serait responsable d'un quart de la pollution de l'eau), et un intérêt à se préserver d'une telle exposition aux toxiques. Aux grincheux qui prétendent que de toute façon tout est contaminé, même le bio, qu'il n'y a plus rien à faire, je réponds que ces rumeurs démobilisatrices arrangent bien le commerce. Dans ce cas, *quand* allons-nous réagir ? Heureusement, quelques ONG (Organisations non gouvernementales) font pression sur les grandes structures nationales, européennes ou internationales, afin que les lois et leur contrôle évoluent. Au niveau individuel, il existe au moins deux belles manières d'inverser la tendance : acheter des produits bio – ce qui galvanise ce marché –, et en cultiver soi-même, pour le plaisir des sens et le bonheur de vivre.

Sur les arbres

Les oiseaux, insecticides naturels

Un biologiste disait qu'il préférait croquer une pomme avec un ver plutôt que d'ingurgiter un fruit sans le ver, mais avec les produits qui l'avaient tué. Une pomme industrielle toute ronde et toute calibrée, une fois sur l'étalage étincelant du supermarché, a subi jusqu'à une quarantaine de traitements chimiques ! C'est une des bonnes raisons pour planter quelques arbres fruitiers chez vous. Bien sûr, des bêtes sauvages dégusteront une partie de votre production. Mais il faudrait arrêter de ne les percevoir que comme des vermines et des ennemis. L'équilibre naturel n'est pas une théorie de laboratoire. Chaque espèce participe à cet équilibre, les prédateurs y jouant le rôle de régulateurs des végétariens. Les insectes pulluleraient sans les insectivores, certes, mais les insectivores sont bel et bien là. Une seule hirondelle avale son propre poids en insectes vivants chaque jour, soit une vingtaine de grammes. Un couple de martinets engouffre quotidiennement environ vingt mille moucherons ! Dans les années 1970, des études anglaises ont montré que les mésanges bleues et charbonnières engloutissaient plus de 90 % des chenilles d'un ravageur, le carpocapse du pommier. D'autre part, on a calculé qu'un seul couple de mésanges pouvait protéger quarante arbres fruitiers : chaque mésange qui nourrit ses petits élimine plus de trois cents chenilles diverses par jour, et les parents apportent quarante becquées journalières. Et l'on parle encore d'un « appétit d'oiseau »…

La mésange bleue se met au parfum

Colorée comme un oiseau des îles, la jolie petite mésange bleue est visible toute l'année. Familière, elle niche près des habitations, jusque dans les boîtes aux lettres. Chaque année, un couple de mésanges fait son nid dans une vieille pompe de mon jardin. L'hiver venu, il m'arrive de débarrasser la pompe de tous les matériaux du nid, de façon à éviter l'installation de parasites.

Récemment, on a découvert que les mésanges bleues parfumaient leur nid ! Des chercheurs se sont aperçus, en Corse, que des femelles de mésanges bleues décoraient la couronne de leur nid avec des végétaux odorants, comme la menthe ou la lavande – ceux-là mêmes que l'on utilise dans les produits ménagers –, et qu'elles s'empressaient de les remplacer quand ceux-ci venaient à manquer ou à perdre leur odeur. On pense que ces plantes aromatiques protègent les oisillons grâce à leurs vertus insecticides, fongicides et désinfectantes. Au passage, notons que les oiseaux ont plus de flair qu'on ne le pensait. D'ailleurs, des tests semblent montrer que les mésanges utilisent également leur odorat dans la recherche de nourriture. D'autres oiseaux, et parmi eux plusieurs espèces d'aigles, parfument également leur nid.

Une découverte en suit une autre : chez certaines espèces d'oiseaux, les mâles offrent des bouquets aromatiques à leur partenaire. Phénomène curieux : les observations montrent que plus le bouquet sent fort, et plus la couvée contiendra de mâles ! Pour ces oiseaux, offrir des fleurs aurait donc des influences sur la famille future...

Pourquoi la charbonnière épie les conversations

Des éthologues étudient attentivement la reproduction des mésanges charbonnières. Ils viennent de remarquer que la femelle épiait les conversations de ses voisins ! Et si un beau mâle, étranger au couple mais au chant convaincant, se fait entendre, elle va s'accoupler avec lui. Inutile de préciser que les oisillons d'une même couvée ne sont pas forcément du même père... Consanguinité oblige, il ne faut pas mettre tous ses gènes dans le même nid.

Identification : la mésange charbonnière est un peu plus grande que la bleue, et elle est encore plus commune. Pour distinguer le mâle de la femelle, c'est facile : il faut regarder sa cravate ! Si elle est large, c'est un monsieur.

Le langage ordurier des petits oiseaux

On n'imagine pas tout ce que cachent les jolis chants printaniers. Que veut dire le chant des mâles ? Pour les femelles : « Je suis de la même espèce que toi, j'ai une voix forte, une bonne santé, un beau territoire, et tu es la bienvenue. » En revanche pour les autres mâles, ça donnerait plutôt : « Ici c'est chez moi, casse-toi de là, vole à l'ombre ou je te détruis ! » Évidemment cette traduction m'est assez personnelle, mais j'ai toujours observé que les animaux sont très rudes les uns envers les autres, un peu comme les ados à la récréation : les mots agressifs pleuvent. Écoutez aussi la rencontre de deux chiens ou de deux chats qui ne se tolèrent pas : c'est sans ambiguïté. Le langage de la nature est « vert » ! Le printemps est une période de concurrence impitoyable, de surmenage et de stress pour les volatiles, et ils ne se font pas de cadeau. D'où les petits noms d'oiseaux…

Les accents du pinson

Partout où il y a des arbres, il y a des pinsons (*voir photo*). Où que l'on soit, leur chant est certainement celui que l'on entend le plus souvent. Savoir le reconnaître, c'est donc se familiariser avec une grande partie de nos paysages sonores. D'une région à l'autre, les ornithologues de terrain poussent la subtilité jusqu'à identifier des accents différents. Le pinson des arbres pousse aussi des petits *pinc*, *pinc*, très caractéristiques. Un *pinc* signifie que tout va bien. Deux *pinc* sonnent une alerte, et plus les *pincs* se multiplient, plus l'oiseau est stressé. Ce petit cri lui a certainement donné son nom dans plusieurs langues : les Anglais l'appellent *finch*. Le mot celte *pinc* (vif, gai, caractères toujours associés à l'animal) aurait donné avec le temps *pincio* en latin populaire, *pinçun* en vieux français et enfin *pinson* à la fin du XIIe siècle.

Le cerisier et ses bonbons à fourmis

Regardez bien à la base des feuilles d'un cerisier, ou d'un merisier sauvage. Vous verrez de toutes petites boursouflures d'un joli rouge sur le pétiole. On les appelle des nectaires. Elles contiennent un nectar sucré qui attire les fourmis. L'histoire est classique, mais toujours aussi étonnante : c'est un échange de bons procédés entre la plante et la bête. Contre cette friandise, les fourmis défendent en partie l'arbre contre les prédateurs et les parasites. Des exemples de ce type sont très connus entre espèces tropicales. Mais là, ça se passe près de chez vous…

La pelouse tondue et la prairie sauvage

Le gazon, antinature ?

Une pelouse passée trop souvent à la tondeuse n'est pas un milieu très varié, ni biologiquement intéressant. Malgré tout, les merles apprécient les gazons tondus et arrosés, riches en vers de terre, et les étourneaux viennent y chasser. Un champignon comestible, le coprin chevelu, apprécie également les gazons neufs. En se penchant bien, on peut découvrir sur les brins d'herbe quelques minuscules mais charmants collemboles, ces insectes sauteurs aux grands yeux (*voir photo*).

Il n'est pas « anti-écologique » de tondre sa pelouse : vous jouez alors le rôle de ces grands herbivores sauvages (cerfs, chevreuils, etc.) qui, sans doute, ne créent pas d'encombrements exagérés dans votre jardin. Les fleurs qui ont besoin de lumière ne pourraient pas pousser sans espaces dégagés. Mais dans un jardin naturel, on *n'abuse pas* de la tondeuse. Trois ou quatre passages dans la saison peuvent suffire, et avec quelques précautions : jamais toute la surface au même moment, et sans ratisser tout de suite, de façon à laisser aux insectes le temps de récupérer, et aux plantes celui de faire leurs graines. L'idéal est de faucher à la main (c'est-à-dire à la faux) : les fraises des bois n'auront pas le goût d'essence, et la faune ne s'en portera que mieux.

Pour le reste, c'est une affaire de goût. Personnellement, je n'arrive pas à comprendre cette manie des jardins uniquement constitués de gazons réguliers et raz comme des moquettes, sans la moindre fleur sauvage, entourés d'allées de gravier droites et stériles, avec des plantes alignées comme des militaires au garde-à-vous. J'y perçois une peur de l'imaginaire, de la liberté, de la nature tout entière – voire de la vie –, presque inquiétante. La prairie naturelle, explosant de fleurs sauvages et d'insectes, c'est le contraire de tout cela.

Le sex-appeal des orchidées

Dans les zones dégagées de mon jardin, qui n'est pas (mal)traité par des produits chimiques, poussent différentes espèces d'orchidées sauvages. Ces fleurs sont moins spectaculaires que leurs équivalentes tropicales, mais tout aussi fascinantes. L'une d'elles, l'ophrys abeille, est un leurre sexuel pour jeunes mâles inexpérimentés : elle imite non seulement la forme et les couleurs de l'abeille femelle, mais aussi sa consistance velue, et son parfum ! Cette sorte de poupée gonflable végétale sera fécondée par la pseudocopulation (c'est le mot) des insectes, qui eux n'y gagnent rien. C'est l'animal qui mime l'amour, mais c'est la plante qui se reproduit. Il existe une variété intéressante de ces leurres sophistiqués, chaque espèce étant censée imiter un insecte particulier : ophrys bourdon, ophrys araignée, ophrys mouche (*voir photo*), etc., et même un orchis bouffon. Mais là, je ne connais pas l'animal imité… Il existe encore un orchis mâle, cependant son nom vient de la forme de son bulbe souterrain : l'appellation « orchidée » vient du mot grec *orkhidion* qui signifie petit testicule. Quant à l'orchis punaise et l'orchis bouc, leur nom rappelle plutôt leur odeur musquée.

L'animal le plus important de la planète

Si l'on plaçait sur un plateau d'une balance géante la population mondiale de cette fameuse bête, et sur l'autre l'ensemble des espèces animales de la planète, baleines, fourmis et humanité comprises, c'est le premier plateau qui pencherait, car il serait plus lourd. L'expérience présente quelques difficultés de vérification, mais elle donne une idée de l'importance capitale que les spécialistes accordent au lombric, ou ver de terre. Avec l'humble vermisseau, les chiffres explosent de gigantisme. Sur un malheureux hectare (soit une surface de cent mètres sur cent mètres), on compte jusqu'à quatre millions de lombrics pour un poids atteignant deux à cinq tonnes. Le lombric passe sa vie à digérer de la terre et à la rejeter sous une forme nouvelle. Selon la nature du terrain, le poids des rejets représente de cinq cents à deux mille cinq cents kilos par hectare et par an. On peut donc considérer une prairie comme un champ de déjections de lombrics ! En 1837, Charles Darwin démontrait déjà que tout le sol d'un pays comme l'Angleterre passait régulièrement, et en peu de temps, par le tube digestif des vers de terre.

L'asticot qui déplace des cathédrales

Le lombric mange son chemin pour avancer. De temps en temps, il remonte vers la surface et vide ses intestins. Cela forme ces petits tourbillons de terre appelés turricules, que l'on observe un peu partout, notamment sur les gazons. En digérant la terre, le ver la transforme chimiquement en engrais. Il l'enrichit en azote, potasse, magnésium, etc. Allié de l'agriculteur et du jardinier, il fertilise les sols. S'il s'arrêtait de travailler, les hommes et les autres espèces mourraient de faim. Au cours des siècles, l'allègement de la terre par ce petit animal contribue à l'affaissement des monuments historiques dans le sol. En effet, le lombric aère et brasse la terre quand il creuse ses galeries. Contrairement à la machine, il laboure en douceur.

Les espèces de nos régions sont de taille modeste, en dehors d'un ver des Vosges, de soixante centimètres de long, et d'un autre du Pays basque, qui peut dépasser un mètre. Nous sommes loin ici du lombric géant d'Australie qui mesure trois mètres de longueur ! L'anatomie du ver de terre est simplissime : pas d'œil, pas de poumons (il respire par la peau), pas de cœur, pas plus de vrai cerveau que l'escargot. C'est un tube contenant d'autres tubes : une sorte de tuyau, dont chaque anneau renferme les mêmes conduits (sanguin, nerveux, digestif), avec une entrée et une sortie. Seuls, la « selle » et le sexe – ou plutôt les sexes, car c'est un hermaphrodite – ont une position identifiable.

La taupe chirurgienne

Dans nos régions, on a recensé plus de deux cents animaux terrestres se nourrissant de lombrics : cent cinquante-deux espèces d'oiseaux, dix sept de mammifères et trente et un de reptiles et d'amphibiens. Les bécasses et les blaireaux en font leur nourriture principale : les biologistes les taxent de « lombricodépendants », comme de vrais intoxiqués ! Un blaireau peut avaler deux cents vers en une nuit. Dans certains endroits, la mouette rieuse en fait 90 % de son régime. Les poules domestiques qui s'en nourrissent grandissent et pondent mieux. Sur les pelouses du jardin, les grives et les merles tentent souvent de les extirper hors de terre. Ils tirent dessus avec difficulté, car les lombrics montrent une élasticité, une résistance et une force insoupçonnées.

La taupe mange en moyenne quinze kilos de vers par an. Elle utilise une ingénieuse opération afin de s'en faire des réserves pour l'hiver. D'un coup de dents à la tête, elle les « lobotomise » et les entasse, paralysés mais bien vivants, dans des salles spéciales où elle n'aura plus qu'à les déguster tout frais. On a ainsi vu une « chambre froide » de taupe qui contenait près de treize cents lombrics en conserve, accumulés là comme un plat de spaghettis ! Après plusieurs semaines, certains peuvent régénérer la partie détruite et repartir tranquillement.

Adorables araignées

La pisaure admirable – c'est son nom – est une mère exemplaire. Elle est fréquente, et assez facile à reconnaître. Elle chasse souvent dans les orties et diverses herbes basses, dans les bois, les landes et les jardins. Cette gentille araignée est la seule en Europe dont le mâle offre un cadeau de noces à sa partenaire. Tout d'abord, le galant capture une mouche ou un autre insecte, l'empaquette dans une pochette en soie, et se promène avec son œuvre dans l'espoir de rencontrer l'âme sœur. De récentes recherches montrent que le cadeau ressemble au paquet d'œufs de la femelle et joue sur ses instincts maternels, car l'astuce marche sur une femelle repue (d'ailleurs, chez d'autres espèces, le paquet-cadeau est vide !). Si le mâle n'a trouvé personne dans les vingt-quatre heures, il engloutit son offrande. Si une femelle vient à passer, elle consommera la proie pendant qu'ils consommeront leur union. L'accouplement dure plus d'une heure. Quelque temps après, on peut observer des femelles transportant leur boule pleine d'œufs sous elles. Quand les petits sont prêts à éclore, l'araignée construit une toile pouponnière autour du cocon, et monte la garde auprès de ses bébés jusqu'à ce qu'ils soient dispersés. Un spectacle à ne pas manquer, diffusé tout l'été.

Le jardin la nuit

L'heure du mystère

Rien d'aussi familier que son propre jardin. Pourtant, on n'en soupçonne pas vraiment la vie nocturne. N'hésitez jamais à y faire un petit tour, avec une torche ou une lampe frontale et, si besoin, un peu de citronnelle contre les moustiques. Vous serez surpris(e) de l'étrangeté nouvelle de votre domaine. Des cris anonymes, des bruits indéchiffrables, la lumière magique des vers luisants, une atmosphère inconnue viendront troubler vos repères. Beaucoup d'animaux sont bien plus actifs à la nuit tombée : perce-oreilles, escargots, carabes, salamandres, crapauds, loirs, fouines, hérissons, etc. Pendant que le jardinier dort, un tas d'animaux modestes mais utiles travaillent pour lui…

Tous les milieux naturels – même la mer – méritent une telle visite dans l'obscurité. Parole de « nocturne contrarié » : vous ne connaîtrez vraiment un endroit que lorsque vous l'aurez découvert sous les étoiles.

L'accouplement risqué du hérisson

Le hérisson porte entre cinq mille et sept mille cinq cents piquants, voire plus. Évidemment, ils ne sont pointus que vers l'extérieur : en cas de choc ils n'entrent donc pas dans l'animal. Les piquants du hérisson sont en fait des poils qui se sont modifiés au cours de l'évolution. Au moment de la naissance, ils sont cachés sous des pustules pour ne pas blesser la mère, puis ils émergent et durcissent avec le temps. Et pour l'accouplement, comment font les partenaires pour ne pas se blesser ? Quand elle est consentante, la femelle tire les pattes postérieures vers l'arrière et couche ainsi ses piquants dorsaux. Quant au mâle, il possède un pénis à rallonge, ce qui lui permet d'œuvrer à une distance raisonnable. Les piquants forment une arme redoutable, mais ils ont un terrible revers : ils empêchent le hérisson de se gratter. La bête est souvent couverte de puces : on en a compté cinq cents sur le même animal. Cependant rassurez-vous : ces puces-là sont spécialisées dans le hérisson, et ne s'installent pas sur les humains.

Résistant, sportif, et piquant

Bien qu'il ne soit pas totalement immunisé, un hérisson est trente-cinq à quarante-cinq fois plus résistant au venin de vipère qu'un cobaye de même taille. Il peut résister à une dose d'arsenic qui tuerait vingt-cinq humains ! Il peut donc se contenter de nourritures toxiques pour d'autres animaux, ou affronter une vipère (bien que les chances de rencontre entre un animal nocturne et un diurne soient minces), mais il succombe aux produits chimiques, notamment les antilimaces.

Le hérisson est bien plus agile qu'il n'en a l'air. Il passe par des trous très étroits, et il nage parfaitement bien. Celui qui se noie dans une piscine est en fait mort d'épuisement, faute de n'avoir pas trouvé de moyen d'en sortir. Un hérisson peut grimper sur des murs de pierre verticaux et des clôtures grillagées. On en a retrouvé au premier étage d'habitations, sans savoir s'ils étaient passés par les escaliers ou par une fenêtre ouverte. L'un d'eux a hiberné sous le toit de chaume d'une maison !

Des hérissons dans votre jardin

Nourrir « ses » hérissons avec de la pâtée pour chats peut servir à les attirer et les observer, le soir venu. L'eau peut être utile, bien qu'ils boivent peu, mais il faut éviter le lait, qui provoque des diarrhées dangereuses. Encore une fois, les animaux sauvages sont et doivent rester autonomes : le hérisson a vos limaces à se mettre sous la dent, et des tas d'autres bestioles qu'un jardinier n'apprécie pas. Enfin, il ne faut pas déplacer un hérisson pour le mettre chez soi, car il a choisi son territoire et le connaît. Chez vous, il ne serait plus chez lui. Même les animaux qui viennent pour profiter de la nourriture mise à leur disposition vivent rarement dans le jardin même.

Un jardin accueillant pour les hérissons n'aura pas de murs trop hermétiques (sauf le long des routes), pas de plan d'eau ni de fosse sans sortie facile, et pas de filets de protection des légumes, dans lesquels ils se piègent. L'espace comportera en revanche des tas de bois et de feuilles mortes, un compost, des haies et des recoins pour hiberner.

Tendez un piège lumineux

Pour attirer des insectes impossibles à observer autrement, vous pouvez installer un piège lumineux. La technique est simple : il faut tendre un drap blanc entre deux piquets, et allumer tout près une lumière assez puissante (lampe électrique ou lampe à gaz de camping) une heure avant que la nuit tombe. La surface éclairée sera irrésistible pour les nocturnes, à condition que d'autres éclairages ne viennent pas concurrencer le vôtre. Quelques gros papillons nocturnes extraordinaires, ces magnifiques sphinx que l'on ne rencontre habituellement que dans les livres, se montreront peut-être. Vous aurez alors droit à un véritable défilé d'œuvres d'art. Bien sûr, l'appât lumineux perturbe les animaux, et il ne faut pas en abuser.

Pourquoi les insectes sont-ils attirés vers la lumière ?

Il s'agit vraisemblablement d'un trouble des repères visuels. Quand vous voyagez dans un train à pleine vitesse, regardez la lune : elle semble immobile alors que le paysage défile. Pour les insectes, c'est la même chose : le repère lumineux habituel, la lune, est toujours stable même quand ils se déplacent. Or, quand ils passent près d'une lumière artificielle – qu'ils prennent pour la lune – celle-ci « bouge » en même temps qu'eux. Pour retrouver leur axe de référence, ils doivent retourner vers elle. Mais ce mouvement provoque à nouveau celui de l'axe, et ainsi de suite jusqu'à la folie : plus les insectes bougent pour se repérer, plus leur référence se dérobe, et plus ils doivent y retourner ! Ils tournent donc jusqu'à se brûler dans la source lumineuse, incapables de comprendre un tel bouleversement de leur monde.

Les nuits blanches du faucon

D'autres animaux sont désorientés par les lumières artificielles. Ainsi les tortues-luths, quand elles viennent pondre sur des plages illuminées (à Cayenne, en Guyane française, par exemple), ou ces oiseaux marins, les puffins cendrés, qui se fracassent contre l'éclairage urbain. Aux îles Canaries, il existe un service de ramassage et de soins des jeunes puffins assommés… Enfin, les astronomes sont de plus en plus gênés par la pollution lumineuse des grandes villes, qui provoque un halo tel qu'ils ne peuvent plus regarder l'univers…

En revanche, des opportunistes se sont parfaitement adaptés aux lumières artificielles. Les chauves-souris, qui se régalent des insectes attirés par les lampadaires, s'observent tout l'été autour des éclairages, ou les tarentes en région méditerranéenne. Plus récemment, des ornithologues français ont observé des faucons pèlerins, rapaces typiquement diurnes, chasser la nuit autour de monuments historiques illuminés, comme le château de Belfort ! Connus pour la rapidité de leurs piqués (plus de trois cents kilomètres à l'heure selon une estimation courante), les pèlerins pourchassent essentiellement des pigeons et des migrateurs de nuit désorientés, dont certains, comme les grèbes castagneux (des oiseaux aquatiques), ne faisaient pas partie jusque-là de leurs proies habituelles...

Retour à la fenêtre

Les soirs d'été sont propices aux découvertes. Si installer un piège lumineux vous semble trop contraignant, les lumières artificielles de votre habitation attireront beaucoup d'insectes volants. Parmi eux, un bel insecte vert aux ailes transparentes (et aux yeux d'or, si vous prenez une loupe) se retrouve souvent sur le carreau. Ce n'est pas un éphémère, mais une chrysope. On la surnomme lion des pucerons parce que sa larve fait partie de leurs plus redoutables prédateurs. Toutes ces bestioles ailées ont leur utilité. Si vous éteignez les lumières avant de fermer vos fenêtres, vous leur donnerez une chance de voler à nouveau vers la liberté.

À tester vous-même : les réflexes et les muscles de l'escargot.

1. On l'a vu, l'escargot n'a qu'un embryon de cerveau. Il agit donc plus par réflexes que par réflexion. Vous pouvez contrôler un réflexe : la bête doit se déplacer au soleil, et il faudra peut-être l'y inciter. Une fois l'escargot en position de marche normale, faites-lui de l'ombre. Il s'arrêtera immédiatement, se redressera, et cherchera avec ses tentacules d'où vient l'obstacle qui lui a obscurci le paysage.

2. Pour admirer la musculature de l'escargot, il faut en placer un sur une vitre, et observer sa progression par dessous, grâce à la transparence du support. Ses ondulations

lentes mais énergiques sont impressionnantes. L'escargot ?
Une montagne de muscles !

Comme les amphibiens, les mollusques craignent la déshydratation. Mouillez un peu vos sujets d'expérience à l'eau douce avant de les relâcher où vous les avez trouvés.

LA VILLE SAUVAGE

Depuis un pont sur le Rhône, près de Lyon, on peut observer des castors. Des faucons nichent à Rome, à Prague, à Londres ou à Paris. Quelques espèces remarquables se sont adaptées à l'homme, la ville est pour elles un havre de paix. Beaucoup moins farouches que dans la nature, la plupart des animaux s'y laissent bien mieux observer, et heureusement : le port d'une paire de jumelles est plutôt mal vu en pleine ville… Certains oiseaux s'adaptent étonnamment bien. Des moineaux attendent le train, des pigeons prennent le métro. Quant aux chiens en promenade, ce sont de merveilleux sujets d'études…

La promenade du chien

Des fauves dans les villes

Dans les faubourgs de certaines villes africaines et asiatiques se cachent des léopards sauvages. Ces fauves sont remarquablement discrets, et seuls des suivis par radiométrie ou des fouilles approfondies ont permis d'en découvrir la présence[1]. Même des loups traversent tranquillement des

---

1. En 1988 à Nairobi, au Kenya, des agents de sécurité recherchaient un léopard échappé de captivité. En une nuit, les hommes ont capturé quatre autres fauves dans la ville, alors que le félin poursuivi, lui, n'a jamais été retrouvé ! Ces léopards urbains ne semblent pas dangereux pour l'homme, mais certains se sont spécialisés dans la consommation de chiens domestiques.

zones urbaines, comme cela a encore été observé récemment par des scientifiques roumains dans la banlieue de Brasov, une grande ville, non loin de promeneurs nocturnes ! On se demande où et comment les loups italiens observés dans les Pyrénées françaises ont bien pu traverser le Rhône : à la nage, ou tout simplement sur un pont[1] ? Ces loups sont de toute façon plus méfiants que ceux de Brasov, régulièrement visitée par une trentaine d'ours bruns des Carpates à la grande joie des chauffeurs de taxi et des commerçants, qui vendent des fruits aux touristes pour les nourrir. La familiarité de ces animaux sauvages, qui leur enlève la peur de l'homme, a cependant fini par en rendre certains dangereux.

Dans nos régions, le hasard vous fera peut-être croiser, dans les phares de votre voiture, la silhouette de la fouine ou du renard en maraude. Ces opportunistes se montrent dans des zones de plus en plus urbanisées, et trouvent refuge dans les voies désaffectées et les terrains vagues. On les surprend la nuit dans les poubelles des banlieues et des grandes villes, comme Oslo, Madrid ou Londres (en Grande-Bretagne, 14 % des renards vivent en ville). En quinze ans, le renard roux a été identifié de manière certaine au moins dix fois en plein Paris (métro République en 1992, avenue de Versailles en 1995, etc.), et plus fréquemment dans les bois autour de la capitale. Le canidé est courant à Nantes (où il a fait l'objet de thèses), à Rouen (où il a été pourchassé) et dans bien d'autres villes françaises.

Des promenades instructives

Chez nous, en dehors du renard roux, les seuls gros mammifères présents dans les villes sont nos chiens domestiques. Ces derniers sont *a priori* plus heureux à la campa-

---

1. En Italie, on a posé un collier émetteur à un loup blessé en février 2004 par une voiture, puis recueilli et soigné (dans ce pays, on respecte le loup...). Il a été suivi et repéré en France dans le Mercantour, après avoir parcouru quatre cents kilomètres en sept mois et franchi cinq autoroutes ! Sans doute a-t-il appris à se méfier des voitures.

gne, où ils sont censés pouvoir se défouler, cependant il faut nuancer cette généralité. Si le chien a un petit jardin, il n'aura peut-être pas le bonheur d'être sorti ; il va devoir faire ses besoins dans ce qu'il considère comme son territoire. Or les canidés n'aiment pas souiller leur lieu de vie. En ville au contraire, le chien normalement traité est sorti trois fois par jour. Pour lui, c'est l'occasion si attendue du contact avec ses congénères, indispensable à son équilibre d'animal social. La promenade est en outre une belle source d'observations pour le naturaliste. Tenir son chien en laisse, ou tenir ceux des autres à l'œil, est réellement instructif. Des entomologistes (les spécialistes des insectes) se sont aperçus que les mouches réglaient leurs heures de sortie sur celles des toutous !

Le réseau Internet canin

Quand un chien se promène, il renifle et laisse des messages parfumés. Chaque odeur le renseigne sur la vie des congénères des environs. Les phéromones lui apprennent l'identité de leur auteur, mais aussi son sexe, son âge, son état physiologique, sans doute sa position hiérarchique et bien d'autres renseignements qui nous échappent. Le renifleur saura immédiatement si Rex a bien mangé, si un nouveau venu est passé par là, ou si Mirza est en chaleurs (il y a aussi des annonces « chaudes » !). Ce réseau d'informations – on ne peut plus passionnantes pour un chien –, fonctionne comme un ensemble de boîtes à messages Internet, qu'il lit et auxquels il répond par de petits jets d'urine. Recouvrir une odeur étrangère, c'est un peu comme bomber les tags d'une bande rivale.

Un chien dominant lève la patte très haut : le vent transporte ses phéromones plus loin, et la hauteur de son message indique sa carrure. Il arrive que des femelles lèvent également la patte. Cette communication par phéromones peut inhiber d'autres femelles moins dominantes. Le phénomène est d'autant plus fréquent que le nombre de femelles sexuellement actives est important : c'est particulièrement le cas au Danemark, par exemple, où l'on n'aime pas faire opérer ses animaux.

La politesse façon chien

Plus encore que le chat, le chien vit dans un monde d'odeurs. Son maître le voit, lui il le sent. Quand il rencontre un congénère, ça ne manque jamais : il doit le renifler pour savoir à qui il a affaire. Ces petits mouvements de truffe vers l'intimité de l'autre ne devraient pas nous choquer : les deux individus échangent très courtoisement leur « carte de visite ». Bien que cela nous embarrasse quand ça se passe en public, ils font exactement la même chose avec les humains quand ils nous flairent ingénument l'entrejambe.

Une fois que deux animaux se sont jaugés au nez, ils testent leur rapport de forces par une gestuelle corporelle relativement facile à interpréter. En 1872 Charles Darwin, décidément visionnaire, jetait les bases de quelques grands principes d'éthologie. Il énonçait que tous les gestes de dominance allaient dans le sens du gonflement, du grandissement, alors que ceux de la soumission tendaient à rendre leur auteur le plus petit et discret possible. Règle valable aussi bien chez les animaux que chez les humains…

Parlons comme des chiens

Les animaux se parlent essentiellement par gestes. Ce « langage non verbal » est primordial pour leur survie dans la nature : ils doivent se comprendre même de loin tout en restant silencieux, car il est dangereux se faire remarquer. Pour interpréter une gestuelle, il faut d'abord regarder la silhouette générale de la bête. Tout ce qui est dressé (pattes bien droites, cou tendu, oreilles et queue hautes, etc.) indique la domination, mais certains gestes contradictoires compliquent les choses : un chien apeuré peut mêler des signes de soumission (queue entre les jambes, position basse, oreilles en arrière) et d'agressivité (babines retroussées, yeux rivés sur l'adversaire). Il faut se méfier d'un animal à la fois menaçant et peu sûr de lui. Le regard a une grande importance : fixer l'autre est un défi. C'est la raison pour laquelle deux chiens qui se reniflent le museau se « regardent de travers », par tact. Nous en manquons quand nous leur parlons les yeux dans les yeux.

La queue joue un rôle dans la communication. Quand elle remue, ce n'est pas systématiquement révélateur de joie ou de bienvenue : il faut tenir compte du reste du corps pour interpréter ses mouvements. Les chiens qui ont la queue coupée ont du mal à se faire comprendre des autres, et se retrouvent quelquefois victimes de castagnes parce qu'ils n'ont pas été assez expressifs. Ils sont *mal vus*… Le boxer, qui a également peu de mobilité de la face, est obligé d'accentuer ses postures corporelles pour bien se faire comprendre.

Que faire face à un chien agressif

Un animal qui aboie derrière une clôture fait son boulot de chien : il avertit sa meute de la présente d'un intrus. Lui crier d'arrêter ne sert à rien, au contraire : il interprète les hurlements de ses maîtres comme autant d'encouragements à aboyer en chœur. À la campagne, la hantise de certains randonneurs est surtout la rencontre avec des chiens en liberté. Que faire ? Une chose est sûre : surtout ne *jamais* tourner les talons et fuir en courant. La fuite ranime le vieil instinct de prédateur du chien, qui vous verrait alors comme une proie irrésistible : même de gentils toutous peuvent s'exciter au passage d'un vélo, et jouer du croc dans les mollets. Il ne faut pas non plus regarder un chien dans les yeux (signal de défi), ni lever les bras en l'air (geste apparenté à un adversaire dressé). Pour le reste, les éthologistes conseillent de parler doucement dans les aigus, d'ouvrir la bouche (signe d'apaisement), voire de bâiller et de lui faire un clin d'œil… Mais si la bête vous fait face, il faut lui faire front puis partir le plus doucement possible. Facile à dire, bien sûr, mais dans ces situations le choix est mince. On dit aussi que face à un ours blanc (et aux prédateurs en général, qui réagissent au mouvement), il ne faut pas bouger. Vous ne pourrez pas dire qu'on ne vous a pas prévenu(e) !

Les rencontres canines ont du mordant

Quelquefois, deux chiens – il peut s'agir de deux mâles ou de deux femelles – miment un accouplement. Bien que l'homosexualité soit fréquente chez les mammifères, il ne s'agit pas ici d'un comportement homosexuel, mais d'un rapport de forces. Quand l'un des deux animaux chevauche l'autre, il prend la position du mâle, celui qui mène activement les opérations, et affirme par là son autorité. Cette manière de s'exprimer peut éviter un affrontement dangereux, car les carnivores ont de bonnes dents. Cependant, quand un chien se permet le test sur votre jambe, éloignez-le ! D'autres gestes, tels que poser sa patte ou sa tête sur un autre chien sont des affirmations de dominance du même registre.

Une position classique de soumission chez le chien consiste à se renverser sur le dos, pattes avant pliées, pattes arrière écartées (*voir photo*). Ce geste a une histoire. Quand il est tout petit, le chiot est incapable de faire ses besoins tout seul. C'est sa mère qui le stimule en lui léchant la région ano-génitale. Adopter une telle posture à l'âge adulte, c'est afficher une marque de non-agression totale, comme agiter un drapeau blanc.

Le rôle social du chien

Le chien dit de compagnie (par opposition au chien de travail) n'est pas un être passif ou inutile, loin de là. Quel réconfort, après une journée de travail stressant, de trouver son compagnon toujours si heureux de vous retrouver ! Il vous oblige à jouer avec lui, à oublier vos soucis pour entrer dans son univers. Il vous change les idées. L'animal peut apporter beaucoup aussi à un propriétaire seul, timide, ou en bute à divers problèmes relationnels et affectifs. À New York, on loue des chiens attractifs, comme des dalmatiens, à des personnes en mal de contact, ou désirant tout simplement draguer. En effet, on lie plus facilement conversation avec une personne qui promène un animal.

Des réseaux de possesseurs de chiens se créent dans les quartiers. L'animal y joue le rôle de médiateur social. De plus, le chien oblige son compagnon humain à le promener. Activité physique salutaire, grâce à laquelle on a observé une diminution des fractures du col du fémur chez les personnes âgées, par exemple. Enfin, les expériences de TAF (thérapie facilitée par l'animal) ont donné des résultats convaincants, aussi bien dans des hôpitaux pour enfants, des prisons que des maisons de retraite. Avec l'animal, la vie revient, l'espoir renaît...

Dans les rues

Il y a pigeon et pigeon

Pour beaucoup, les pigeons des villes se résument à leurs fientes, et aux dégâts qu'ils infligent aux monuments. Mais que serait une ville sans les oiseaux ? Pour la petite histoire, même les excréments des pigeons présentent un avantage. Ils ont eu autrefois une utilisation inattendue : des boulangers en mettaient dans la pâte des petits pains pour l'aider à fermenter, et celle-ci était – paraît-il – tendre et de bon goût !

Si l'on observe bien les pigeons, on s'aperçoit que certains d'entre eux font un peu bande à part. Ils snobent les autres, se perchent plus haut, ne se précipitent pas comme leurs compagnons sur les mains pleines de graines. Ils sont plus gros, et portent tous le même costume. Ce sont des pigeons ramiers. Ils ont un frère migrateur, appelé

« palombe » dans le Sud-Ouest, qui est victime de surchasse quand il passe les cols pyrénéens[1]. Paradoxe : le ramier prospère dans les villes, alors qu'il est décimé dans les campagnes. L'autre espèce de pigeon des villes est aussi la plus courante : il s'agit du biset, beaucoup plus effronté, qui nous frôle parfois en volant. La plupart de ces oiseaux sont les descendants de diverses races domestiques qui se sont croisées, et leurs plumages sont très variés.

Identification : Le pigeon ramier adulte porte toujours une tache blanche à la nuque, et il a les yeux jaunes. De plumages variés, les pigeons bisets ont les yeux rouges.

Du lait pour les pigeonneaux

Pour nourrir leurs petits, les pigeons leur donnent du lait. Le mâle comme la femelle fabriquent un liquide blanc que les pigeonneaux vont chercher au fond de leur bec. Comme chez les mammifères, c'est une hormone, la prolactine, qui est à l'origine de cette substance. Quand les oisillons percent leur coquille, sous le corps de leurs parents, des hormones entrent en jeu chez ces derniers et agissent par l'intermédiaire de leur hypophyse[2]. Les cellules de leur jabot se gorgent de ce liquide, qui rappelle le lait des mammifères, et se détachent. Le lait de pigeon est nourrissant : le petit double son poids en une journée, ce qui représente un record chez les vertébrés.

Une fois adultes, les pigeons et les tourterelles continuent de boire d'une manière originale. Ils se penchent sur le liquide et l'aspirent de façon continue, contrairement aux autres oiseaux, qui doivent lever la tête régulièrement pour avaler.

---

1. Et pas seulement ceux-là. En Ardèche, la population de ramiers survolant le col de l'Escrinet a été divisée par quatre en vingt ans (elle est passée de seize mille à quatre mille). Les violences contre les ornithologues et autres exactions sont monnaie courante. Depuis la séquestration de plusieurs gardes-chasse par des chasseurs le 15 mars 1999, ceux-ci ne se rendaient plus sur les lieux.

2. L'hypophyse est une glande du cerveau chargée de sécréter des hormones.

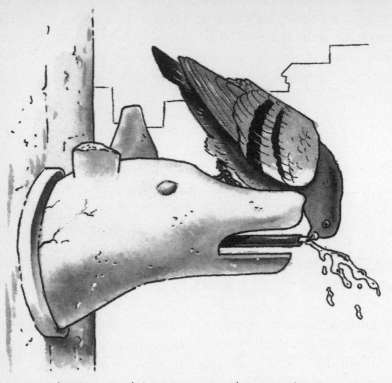

les pigeons ne boivent pas comme les autres oiseaux

D'où viennent les oiseaux des villes ?

À l'origine, les pigeons, les hirondelles et les martinets sont des oiseaux des falaises. Ils ont retrouvé dans nos habitations l'univers vertical et minéral qui est le leur, et ont suivi le développement humain. Ils nichent généralement dans des trous le long des immeubles. D'autre part, ils trouvent dans les villes des espaces sans chasse, quasiment dénués de prédateurs, qui leur permettent de se reproduire en toute tranquillité.

Appréciés pour leur chair et pour leurs œufs, les pigeons ont été encouragés très tôt à s'y installer : les Égyptiens et les Romains leur aménageaient déjà des tours. Au fil du temps, le véritable pigeon biset sauvage, non croisé avec des souches domestiques, est devenu un oiseau rare. Quant aux pigeons voyageurs, il s'agit de races sélectionnées et non d'animaux sauvages.

Musique urbaine et illusions d'optique

Certains oiseaux s'adaptent apparemment bien aux villes. Ils y trouvent des conditions de chaleur et d'éclairage plutôt stimulantes : les pigeons ramiers produisent chaque saison quatre fois plus de jeunes à la ville que dans la nature ! Les merles chantent plus tôt le matin et plus tard le soir que leurs congénères des forêts, sans doute à cause de la lumière artificielle, et l'on peut entendre des rouges-gorges en pleine nuit l'hiver. Pour se faire entendre et recouvrir les basses fréquences du grondement urbain, les mésanges charbonnières chantent plus haut et plus fort que leurs homologues des campagnes. Le rossignol chante jusqu'à quatorze décibels plus fort en ville, avec un record enregistré à un niveau de quatre-vingt-quinze décibels (le seuil de sensation douloureuse de l'oreille humaine se situe autour de cent trente).

Cependant, l'adaptation n'est pas encore tout à fait aboutie : on a vu des pigeons essayer de se poser sur de faux balcons peints en trompe l'œil sur des murs… Moins drôles, les immenses tours de verre reflétant le ciel sont autant de pièges optiques où les volatiles se fracassent par milliers. Une solution contre ces accidents serait de coller des silhouettes de rapaces sur les vitres pour effaroucher les oiseaux. Mais qui s'en soucie[1] ?

Les moineaux et les locos

Les animaux des villes ont perdu la crainte de l'homme. À Londres, il est courant de voir des pigeons picorer près des rames de métro. Certains valeureux pionniers entrent

---

1. À Chicago, néanmoins, a été tentée une expérience intéressante : de 23 heures à l'aube, tous les gratte-ciel éteignent leurs lumières. Dans certains quartiers, la mortalité des oiseaux a baissé de 80 %…

même dans les voitures, pour en sortir dès que les portes émettent un bruit de fermeture ! Dans certaines gares parisiennes, comme la gare de Lyon, les moineaux ont pris l'habitude d'attendre le train. Quand arrive une locomotive, ils se précipitent sur les calandres et sur les vitres. En effet, ils se sont aperçus qu'elles étaient parsemées de succulents insectes écrasés, servis comme sur un plateau : le fast-food à domicile ! Malins, les moineaux se désintéressent des TGV, trop obliques, qui ne retiennent pas assez d'insectes. Ils attendent donc les trains de banlieue.

En regardant les locomotives de plus près on peut aussi observer des guêpes. Ces insectes se régalent également d'insectes écrasés sur les calandres et les phares des voitures, dans de nombreux parkings.

Quand les piafs bêtifient

Amusez-vous à distinguer les moineaux domestiques mâles des femelles. C'est facile, c'est une bonne introduction à l'observation de terrain, et ça bluffera tous vos amis. Mais l'identification des oiseaux n'est qu'une technique. Le plaisir le plus enrichissant réside dans l'observation de leur comportement. Les piafs sont d'irrépressibles badauds. Quand l'un d'eux commence à prendre un bain de poussière, tout le monde le suit. Au moment des becquées, vous pouvez voir les petits se mettre à trembler des ailes pour quémander leur nourriture. Plus tôt dans la saison, ce sont les adultes qui se trémoussent de la même manière. Cette gestuelle juvénile est alors un appel nuptial : pour se séduire les moineaux jouent les gentils bébés, ils bêtifient.

En ville, les moineaux domestiques ont pour prédateurs les chats et les rapaces. La chouette hulotte fait des « cartons » dans les dortoirs. Cela provoque beaucoup d'agitation sur le moment, mais cela n'empêche pas les piafs de se rendormir. Au printemps, le faucon crécerelle doit nourrir ses petits. Le rapace urbain chasse alors près de son nid les jeunes oiseaux sans expérience.

Identification : Le moineau domestique mâle porte une bavette noire et des joues blanches.

Le faucon des villes

Tout le monde en a entendu parler, mais peu l'ont remarqué. Quand on évoque un rapace, on pense d'emblée à un oiseau gigantesque, comme le vautour moine – qui vit en France et en Espagne – et qui frise les trois mètres d'envergure. Pas du tout. Le faucon crécerelle a la taille d'un pigeon mais pas la corpulence, et il aurait bien du mal à en attraper un (*voir dessin ci-dessous et p. 113*). La crécerelle est notre rapace diurne le plus répandu, et, avec un peu d'attention, vous la verrez facilement. Elle se rencontre partout sauf dans les forêts denses : villes, banlieues, campagnes et même bords d'autoroutes. On identifie la crécerelle à son vol sur place très particulier quand elle surveille le paysage à la recherche de proies, sa tête parfaitement immobile et son œil de rapace rivé sur le sol. On dit qu'elle fait le Saint-Esprit. Bien que les faucons chassent plutôt hors des villes, j'en ai observé faire le Saint-Esprit près des Champs-Élysées, dans l'indifférence totale de la foule affairée...

Championnats de vitesse au-dessus de nos têtes

En Belgique, des habitants voient un jour un sac plastique de supermarché volant atterrir bizarrement dans leur jardin. Surprise : ils en extraient un martinet, qui s'était empêtré dans les anses ! Le martinet noir, prodige aérien, survole en bandes criantes nos grandes et petites villes. Symboles de la saison chaude, ses cris sont parmi les plus utilisés dans les illustrations sonores des films et des téléfilms[1]. Le martinet est le champion de vol toutes catégories. Il dépasse aisément les deux cents kilomètres à l'heure, il boit et se nourrit dans les airs (*dessin p. 180*), il peut s'accoupler en planant, il dort en volant ! Son sommeil aérien a été découvert par les premiers aviateurs, qui percutaient des oiseaux quelquefois à plus de deux kilomètres d'altitude en pleine nuit. Le soir, les martinets s'élèvent à huit cents ou à trois mille mètres, puis glissent sur les nappes d'air dans un demi-sommeil, sous « pilotage automatique », en battant des ailes de temps en temps. Le jour, ils ouvrent grand le bec et engouffrent ce que l'on appelle le plancton aérien, composé de petites bestioles volantes.

Identification : Silhouette en forme de boomerang.

Du septième ciel à la Lune

C'est encore en vol que les martinets récoltent les brins d'herbe et autres matériaux nécessaires à la fabrication du nid, qui sera colmaté avec de la salive gluante. Les oiseaux s'accouplent au nid, mais aussi dans les airs. Pour y parvenir, le mâle s'accroche au dos de la femelle, et le couple uni plane ainsi pendant quelques instants, en perdant de l'altitude.

Quand les petits sortiront du nid, ce sera quasiment pour ne plus jamais se poser, en dehors des périodes de nidification. Des études au radar ont montré que les martinets noirs parcourent plusieurs centaines de kilomètres par jour. On a calculé qu'un martinet âgé de dix-huit ans a volé quelque six millions et demi de kilomètres au cours de son

---

1. Habitué à ouvrir les oreilles, je ne peux plus entendre un film sans repérer malgré moi les oiseaux de la bande son (et les erreurs de casting…). Les chants les plus utilisés sont ceux des martinets, du rossignol (même en hiver !), du pouillot véloce, du pinson et, bien sûr, de la chouette hulotte pour les ambiances nocturnes. En outre, l'interview d'un président de la République m'a appris que des troglodytes fréquentent les jardins de l'Élysée…

Chats sauvage et domestique

Bien qu'ils soient très farouches, on peut observer d'authentiques chats sauvages dans nos régions, principalement dans le quart nord-est de la France. Leurs cousins domestiques montrent beaucoup de comportements communs, notamment la chasse aux rongeurs.

Il y a du loup dans votre chien

Quoi de commun entre le loup (à gauche) et le yorkshire ? Beaucoup plus qu'il n'y paraît ! Entre autres de vieux instincts sauvages, toujours présents chez nos toutous...

Cette posture de soumission chez le chien adulte lui vient de sa petite enfance, quand sa mère lui léchait l'entrejambe.

Villes et villages
La tégénaire des maisons
(ci-contre) impressionne,
mais elle est inoffensive !

Amusez-vous à reconnaître
les moineaux : seuls les mâles
portent une bavette noire,
comme celui de gauche.

La fouine est discrète.
Elle vit pourtant dans nos villes
et nos banlieues.

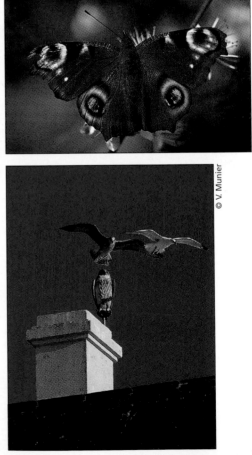

Le choucas a de drôles de mœurs :
il aime bien prendre des bains
de fumée...

Le paon du jour (ci-dessus à droite)
hiberne souvent dans les caves
et les greniers.

Ce jeune goéland s'impose :
on se battrait pour un tel perchoir...

Le jardin, au sol

L'image du centre montre l'intérieur du cornet d'un arum, dont on a découpé une partie : c'est un diabolique piège à mouches. Les poils du haut empêchent les insectes de sortir. Les mouches féconderont les fleurs femelles, situées en bas, et celles-ci deviendront de beaux fruits rouges.

© V. Munier

Des mouches, posées sur cette tige ? Non, des leurres parfaits : la fleur de l'orchidée mime l'apparence (regardez briller les yeux) et l'odeur d'une mouche femelle ! Pour le mâle de passage, ce sera irrésistible.

La souris suit l'espèce humaine depuis le néolithique, et elle n'est pas prête de nous quitter.

Un coin de baignade est toujours apprécié des oiseaux du jardin. Ici, un merle atypique moucheté de blanc. Le phénomène est de plus en plus fréquent dans les villes et les villages.

Le jardin aux beaux jours
L'écureuil cache des graines partout.
Comme il en oublie, il pourrait bien
introduire quelques arbres
près de chez vous.

© V. Munier

Une fleur
de tournesol
attirera des tas
d'oiseaux
et d'insectes
(ici une abeille
domestique),
même sur
un balcon.

© V. Munier

Visite chez les tout-petits :
sur le gazon, un collembole
se promène au bout
d'un brin d'herbe.
Il peut faire des bonds surprenants.

Cette mésange charbonnière porte
une large cravate : c'est donc un mâle.

Avec leur masque africain gravé sur le dos,
les gendarmes sont de jolies punaises
faciles à reconnaître.

Non, il n'y a pas de colibri hors des régions
tropicales du continent américain : cet animal
qui vole sur place est un papillon particulier.

Autour du bétail

Il est agaçant, le taon (ci-contre), mais reconnaissons qu'il a de beaux yeux.

C'est la fête sur les bouses et les crottins, lieux de rendez-vous amoureux pour ces jolies mouches jaunes : les scatophages du fumier.

Ce chevauchement est un acte de domination : la vache du dessus est hiérarchiquement supérieure à celle du dessous. Ses compagnes en prennent bonne note.

Politesse version poulain : quand un petit rencontre un adulte, il le salue en claquant des dents : il « snappe ». Il manifeste par là sa vulnérabilité, un peu comme on agite un drapeau blanc.

Le jardin en hiver
Autour de la mangeoire,
les mésanges se battent
(ci-dessous, à gauche, une charbonnière
et deux mésanges bleues).

La méthode la plus naturelle
pour nourrir les oiseaux sauvages
(ci-contre un verdier) est de planter
des baies attractives.

© V. Munier

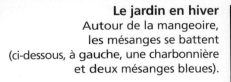

© V. Munier

© V. Munier

Une simple pomme
posée à terre,
et voici venir
l'étourneau,
le merle
et le rouge-gorge.

© V. Munier

© V. Munier

© V. Munier

© V. Munier

Très courant et facile à voir,
le pinson mâle (ci-dessus)
est doté d'une belle poitrine
rose.

Mais pour les contrastes,
il est battu par le bouvreuil
mâle, un de nos oiseaux
les plus colorés.

La saison froide

Quand tout est gelé, la nourriture manque : cette buse variable affronte un héron cendré pour un vieux bout de poisson.

Observez les lacs en hiver : vous serez étonné(e) par la variété des canards qui les fréquentent. Ce fuligule morillon ne dort que d'un œil. Et quand il l'ouvre...

Notre canard le plus fréquent est le colvert. C'est un barboteur, qui se nourrit la tête dans l'eau et le derrière en l'air. On dit alors qu'il fait un « bonnet d'évêque ».

En bord de chemin
En promenade, on peut croiser le renard.

Cette guêpe parasite ferme son terrier après y avoir déposé une proie.

Sur les chemins sableux, des abeilles solitaires creusent des terriers dans lesquels elles nourrissent leurs larves de pollen.

Au petit matin, scrutez les campanules : de petites abeilles solitaires y dorment peut-être.

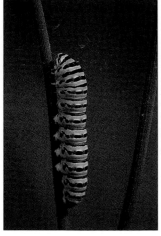

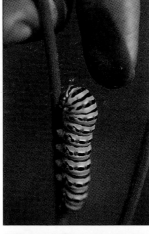

Test : touchez délicatement une chenille de machaon. Pour vous impressionner, elle hérissera deux « cornes » rouge orangé.

Devenu adulte, le machaon exhibe d'autres motifs : les couleurs de ses ailes sont composées d'environ un million cinq cent mille petites écailles.

existence, soit huit voyages aller-retour de la Terre à la Lune !

La plus petite réserve naturelle du monde

C'est ainsi que les clubs CPN (Connaître et protéger la nature, *voir annexes*) avaient baptisé une campagne de sensibilisation pour encourager l'installation de bouts de nature sur les balcons. Même en pleine ville, il est possible d'attirer des animaux sauvages et de les observer : là plus qu'ailleurs, vos aménagements seront les bienvenus. Sans parler des divers nichoirs destinés à des animaux allant de l'insecte au rapace, on peut s'aménager un minijardin sauvage. Mettez de la terre ramassée à la campagne dans un pot, et laissez faire. Vous découvrirez alors quelles plantes en émergeront : vous aurez un échantillon des fleurs sauvages des bords de chemin. Dans d'autres pots, les plantes aromatiques (menthe, lavande, romarin, basilic, thym, etc.) attireront irrésistiblement toutes sortes de butineurs, sans compter leur intérêt dans la cuisine. Enfin, ce qui se fait dans un jardin peut être installé en version réduite sur votre balcon : un abreuvoir pour les oiseaux, un petit parterre de fleurs, un tournesol, du lierre ou du chèvrefeuille grimpant autour de vos fenêtres, etc.

Les goélands se rejouent Hitchcock

Depuis le XXe siècle, les mouettes rieuses sont devenues communes dans les villes (*voir page 215*), alors qu'elles ne s'y rencontraient pas auparavant. Les décharges à ciel ouvert ont favorisé leur expansion, celle des goélands argentés (pour l'Atlantique) et des goélands leucophés (pour la Méditerranée et une grande partie du territoire). Plus grands que les mouettes, les goélands nichent désormais sur les toits de nombreuses villes côtières, voire à l'intérieur des terres (un grand magasin parisien au bord de la Seine, par exemple). Les goélands investissent beaucoup dans l'installation de leur nid, puis dans l'incubation. Et quand ils nichent quelque part, ils considèrent l'endroit comme *leur* territoire, qu'ils doivent défendre contre tous les intrus. De la mi-juin à la fin juillet, on note donc des attaques d'oiseaux sur les passants qui ont eu l'outrecuidance de violer leur domaine : celui-ci s'étend jusqu'au sol. La menace suit quatre degrés d'intensité : les cris d'intimidation, le vol d'avertissement (qui garde malgré tout une distance de sécurité de trois à quatre mètres), la « délivrance », ou lâcher de guano (très précis), et le vol d'attaque, en V (ailes levées), accompagné de cris de guerre. Si vous n'avez pas compris le message c'est l'attaque ; elle se fait avec les pattes et non avec le bec, mais peut mettre un homme KO. Ne paniquez pas à cause de ces terribles révélations : le phénomène est rare, et suffisamment compréhensible pour éviter les problèmes. Aux Sables-d'Olonne, où quelques attaques ont eu lieu, ce fut plus une curiosité qu'une réelle catastrophe...

Le parc urbain

Les mœurs libertines de l'accenteur

Le moineau a un sosie : l'accenteur mouchet. On le rencontre jusqu'au cœur des plus grandes villes, dans les espaces verts. Sa vie sexuelle est moins terne que son plumage. Une femelle peut partager plusieurs mâles, un mâle plusieurs femelles, et plusieurs partenaires de chaque sexe peuvent se réunir : c'est le règne de l'amour libre et de l'échangisme.

On compte souvent plus de mâles que de femelles, d'où des trios typiques façon vaudeville. Un mâle secondaire aide un couple à s'occuper des petits. Il est donc toléré par le conjoint « officiel » (celui qui délimite le territoire), et il est récompensé par la femelle, qui lui accorde discrètement ses faveurs dans les fourrés. Cette promiscuité oblige les mâles à s'assurer la paternité des petits qu'ils nourriront (*voir dessins*). Au cours de la parade nuptiale, la femelle lève la

les préliminaires chez l'accenteur

queue pour montrer son cloaque rose. L'accenteur y donne un petit coup de bec qui provoque des contractions puis l'expulsion des éventuels spermatozoïdes provenant d'une rencontre récente… Ce n'est que lorsque la femelle aura évacué la semence rivale que le mâle la montera pour la féconder.

Identification : Ce petit passereau cherche souvent sa nourriture au sol, ou se perche dans des buissons peu élevés. Pour qui regarde de plus près, l'accenteur a une gorge gris bleuté, et surtout un bec fin d'insectivore qui le distingue facilement du moineau.

L'intelligence des corneilles

Quand on voit un grand oiseau noir en ville, on pense tout de suite au corbeau. Pourtant, les corbeaux freux fréquentent les campagnes et non les cités. Il s'agit plus probablement d'une corneille noire. Les corbeaux, corneilles, choucas, geais et pies appartiennent à la famille des corvidés, qui sont certainement les oiseaux les plus intelligents du monde avec les perroquets. Les uns et les autres savent généralement imiter des sons, des cris et même la voix humaine. Ils se servent de leurs pattes et de leur bec avec beaucoup d'agilité, et quand leurs outils naturels ne suffisent pas ils trouvent des solutions ingénieuses. Au Japon, les corneilles noires utilisent les voitures comme casse-noix ! Avec un à-propos étonnant, les oiseaux se postent près des feux de circulation avec une grosse noix dans le bec. Quand le feu est rouge, ils posent leur noix devant les véhicules et repartent. Les voitures écrasent les noix en démarrant : les corneilles n'ont plus alors qu'à déguster les graines dégagées…

Les grands singes, sans doute les plus intelligents des animaux, ont une partie du cerveau plus grande que les autres mammifères : le néocortex (*voir p. 247*). Mais qu'en est-il des oiseaux, qui ne possèdent pas ce fameux néocortex ? Il ne faut pas les croire irrémédiablement stupides pour autant. Chez les plus intelligents d'entre eux, corvidés en tête, la partie antérieure du cerveau, bien que différente de celle des mammifères, est plus développée que chez les autres oiseaux. Elle semble jouer chez eux le rôle du néocortex : l'intelligence s'est épanouie avec d'autres moyens.

Identification : Contrairement au corbeau freux (qui ne fréquente pas les villes), la corneille porte un bec noir, mais pas de « culottes » (des touffes de plumes sur les cuisses).

La pie est belle

Regardez-la bien : avec ses dessins noir et blanc pur, ses reflets bleutés mouvant au soleil, sa longue queue élégante, la pie est vraiment un bel animal. D'ailleurs, son superbe costume a donné son nom à d'autres oiseaux (huîtrier pie, traquet pie, etc.), aux chevaux à la robe bicolore, ou à un très chic habit de soirée. Je suis sûr que si la pie était un oiseau rare, les ornithologues seraient prêts à organiser des déplacements coûteux et à prendre des risques pour se donner la chance de l'apercevoir. Mais, comme ces célébrités qui se montrent trop souvent à la télé, la pie est partout, banale, sans surprise. Un mystère demeure cependant : les vols d'objets scintillants. Les spécialistes supposent que cette attirance vient d'une ressemblance entre ces objets et certains coléoptères, des insectes brillants appréciés par les oiseaux. Mais ces vols d'objets divers n'ont lieu qu'à la période de la reproduction. Ces bijoux seraient-ils des moyens de séduction ?

Du panache ! du panache !

L'écureuil construit plusieurs nids en boule dans les arbres (plus rarement, il lui arrive d'en installer dans un terrier de lapin !). Le nid de l'écureuil ressemble un peu à celui de la pie. On peut l'observer dans les parcs assez boisés. La femelle tapisse de feuilles et de mousse celui qu'elle choisit pour mettre bas. Au moindre dérangement, elle transportera ses petits dans un autre de ses refuges.

La queue en panache de l'écureuil lui sert de balancier, mais aussi de parapluie, d'ombrelle et encore de drapeau de signalisation : il l'agite vivement pour exprimer ses émotions. L'appendice a inspiré Jules Renard dans un petit poème intitulé « L'écureuil », extrait de ses *Histoires naturelles* : « Du panache ! du panache ! oui, sans doute ; mais, mon petit ami, ce n'est pas là que ça se met. »

Les étourneaux : parents indignes et alcooliques

Quand le nectar a fermenté au soleil, l'abeille alcoolisée revient à la ruche avec un vol si peu réglementaire que les gardes lui en interdisent l'accès. Quand les fruits mûrs fermentent, les oiseaux s'enivrent aussi. Tous ? Non, pas l'étourneau : tel un fêtard invétéré, l'étourneau sansonnet résiste étonnamment aux vapeurs éthyliques. Grâce à une enzyme particulière, il métabolise quatorze fois plus vite l'alcool que l'homme ! En vrai pilier de bistrot, il peut donc se gaver de fruits mûrs sans dommage devant d'autres convives moins en forme.

À la période de la reproduction, les copulations « extra-conjugales » sont fréquentes chez les étourneaux, mais leur indifférence aux conventions ne s'arrête pas là. La femelle envahit fréquemment le nid des voisins pendant leur absence pour y pondre un de ses œufs en surplus, puis file comme une voleuse (dans certains cas, elle est même capable, comme le coucou, d'enlever un des œufs de sa consœur !). Ainsi, elle gagne sur deux tableaux : elle aura quelques chances de plus de donner une descendance, tout en dépensant moins d'énergie au nourrissage des petits (si la femelle parasitée est déjà en train de couver, elle n'éjectera pas l'œuf intrus). Mais qui dit que sa voisine n'a pas eu la même idée ?

Identification : Deux oiseaux noirs de taille moyenne fréquentent les pelouses : l'étourneau marche et porte une queue courte, tandis que le merle sautille et dresse souvent sa longue queue.

Le cimetière

Le merle blanc n'est pas un fantôme

Voici un oiseau qui n'est pas en voie de disparition ! Le merle noir s'est adapté aux villes depuis maintenant plus d'un siècle, bien qu'il soit forestier d'origine, et l'on ne trouve plus de ville sans merles. L'oiseau se montre facilement, et l'on peut s'entraîner à identifier son chant, ses cris de nervosité et ses différents plumages : la merlette est brune, quelquefois tachetée (mais moins qu'une grive), le mâle est entièrement noir, avec un bec jaune vif à partir de un an. Le merle blanc existe. Sa blancheur est généralement due à une mutation génétique rare. Il existe, moins rarement, des merles en partie blancs (*voir photo*). Ils se rencontrent là où se trouvent peu de prédateurs, car ils sont très repérables (ce qui est intéressant pour le naturaliste qui les étudie). On regroupe ces anomalies sous le terme de leucisme, mais il existe aussi une perte de couleurs appelée canitie : un oiseau entièrement albinos aura les pupilles rouges (couleur du sang), le bec et les pattes décolorés. On a aussi recensé le cas de merles noirs qui perdaient, puis retrouvaient entièrement leur couleur en quelques mois… Ces phénomènes peu observés sont encore mal connus. Des carences alimentaires, chez les oiseaux des villes nourris de miettes de pain, expliqueraient également, en partie, les taches blanches du plumage. Il existe également des hirondelles, des chouettes ou des mésanges leuciques, et l'on a signalé un couple de moineaux tout blancs, qui ont fait des petits blancs.

Dès qu'il y a quelques arbres, des buissons, des murs couverts de lierre et des pelouses, les merles sont là. Leur densité dans les villes est donc importante. Alors qu'on n'en compte en moyenne que cinq à dix couples pour dix hectares, on en a recensé une trentaine pour la même surface dans un cimetière de Halle, en Allemagne, et jusqu'à quarante-cinq dans un autre à Lausanne, en Suisse : les merles aiment particulièrement les cimetières !

Des algues sur les pierres

On trouve des algues dans les villes ! Il s'agit de cette poudre verte, fréquente sur les troncs d'arbres et les statues, située en général du côté du vent et de la pluie. Ce ne sont donc pas des mousses mais ces algues terrestres, les pleurocoques, qui indiquent le nord.

Certaines algues sont associées à vie à un champignon, et l'ensemble forme un lichen. L'algue, grâce à la photosynthèse, sait élaborer des éléments nutritifs à partir de la lumière. Le champignon profite de la nourriture fournie par l'algue, et l'algue est protégée par le champignon de la sécheresse et de la chaleur.

Les lichens et la pollution

Plante pionnière, le lichen résiste quasiment à tout : on le trouve aussi bien dans les déserts qu'à la limite des neiges éternelles (il existe même des lichens qui poussent sur d'autres lichens !). Cela fait des millions d'années que cette association algue/champignon existe et prouve son efficacité. Mais aujourd'hui, la plante disparaît de nos grandes villes, à des dizaines de kilomètres à la ronde, à cause de la pollution de l'air. Dans les années 1950, les botanistes anglais notaient l'absence de la plupart des lichens dans les centres urbains, tandis que les médecins constataient la multiplication des bronchites chroniques, des allergies et des asthmes. La présence ou non de lichen est un bon indicateur de certaines pollutions, notamment dues au dioxyde de soufre, ou SO_2. La réapparition de lichens dans certains endroits indique une diminution du taux de dioxyde de soufre, mais pas d'autres pollutions invisibles, comme l'augmentation de l'ozone au niveau terrestre, qui devient alors polluant et provoque des maladies respiratoires.

Une bien jolie punaise

Connue même des enfants, cette punaise présente tous les avantages : elle est facile à voir, facile à reconnaître grâce à son dessin de masque africain, et elle est jolie comme tout (*voir photo*). Au moindre rayon de soleil, même en janvier, le gendarme est actif. Si l'on regarde bien une colonie, on peut observer d'autres insectes rouges, plus petits : ce sont des larves de gendarmes. Les adultes sont souvent accouplés dos à dos, et c'est le plus fort qui avance.

On a donné des noms différents à cette punaise dans de nombreuses régions : soldat, suisse, français, etc. Ils viennent probablement d'une allusion aux costumes rouge et noir qu'ont portés militaires et représentants de l'ordre dans le passé. Le nom de « cherche-midi » vient de l'habitude de ces insectes de suivre le soleil : au cours de la journée, vous remarquerez que leurs rassemblements se déplacent sur la partie ensoleillée de leur support.

Les gendarmes ne sont pas des animaux sociaux comme les fourmis. Les spécialistes du comportement pensent qu'ils se retrouvent par hasard aux mêmes endroits, tout simplement parce que ce sont les meilleurs pour eux : ceux-ci leur offrent un abri durant les grands froids, l'ensoleillement et la nourriture le reste de l'année. Ils se nourrissent aussi bien de végétaux que d'animaux, d'insectes morts, et même d'autres gendarmes. Oui, le gendarme est cannibale !

Béni soit le lierre

Comme beaucoup de végétaux, le lierre est un excellent capteur de pollution urbaine. Il sert de refuge pour les nids des merles et d'autres oiseaux et, surtout, il a la bonne idée de fleurir en automne, alors que presque toutes les plantes ont fermé boutique. Le lierre est alors le rendez-vous de tous les butineurs tardifs, avides de cette dernière nourriture offerte. C'est à partir de septembre qu'il faut observer la vie qui y bourdonne : abeilles, mouches, papillons, etc. Cette floraison tardive viendrait de l'origine très ancienne du lierre, qui était déjà présent au crétacé, aux côtés du houx, de l'hellébore et des derniers dinosaures. De gros changements climatiques ont succédé à cette époque sans saisons contrastées, et ces quelques plantes résistantes ont survécu. Un léger « décalage horaire » leur serait resté.

Des troupeaux de chats

Bon, c'est vrai, le titre est un peu exagéré. Les chats sont cependant beaucoup plus sociaux qu'on le croit souvent. Livrés à eux-mêmes, ils peuvent s'organiser en harems comprenant plusieurs femelles. Le chat dominant se place de préférence dans les endroits élevés, mais ses exigences s'arrêtent à peu près là. Le plus étonnant vient de l'entente entre femelles. Quand une chatte donne naissance à ses petits, d'autres femelles peuvent lui venir en aide. Ce sont généralement de proches parentes : la mère, des sœurs ou des filles. Il arrive qu'une « assistante maternelle » coupe le cordon ombilical des nouveau-nés puis se charge de les toiletter. Plus tard, quand la mère partira faire une pause, une « baby-sitter » gardera et protégera les petits.

Le chat, maître zen

Le ronronnement du chat est une véritable caresse vibratoire, aux effets calmants. Le rythme de vie du félin, son aptitude à la détente et au repos valent une séance de yoga. Le chat est plus affectif avec son maître que ne le décrivent ses détracteurs, et s'il apprécie « la gamelle » (autant qu'un autre animal), il n'en a pas moins besoin d'affection. J'ai vu plusieurs fois des chats porter à leur humain préféré des regards emplis d'un amour immense, infini, impressionnant d'abandon. Le problème du chat, c'est son manque de diplomatie : c'est *lui* qui choisit l'heure des caresses, et, pour beaucoup d'humains, c'est terriblement vexant…

Comme les chiens avec leur réseau de promeneurs, les chats de quartier jouent un rôle social bénéfique auprès des personnes qui les nourrissent. Des gens qui ne se seraient sans doute jamais parlé se retrouvent autour de leur centre d'intérêt, s'organisent, se répartissent des tâches pour aider leurs protégés. Ils trouvent là une fonction qui leur donne une estime de soi, une valeur personnelle, une utilité, un but irremplaçables. Faire du bien fait du bien…

Dévoués au chat

Pendant le tournage d'une émission dans un cimetière, j'ai rencontré plusieurs personnes très dévouées aux animaux. L'une d'elles me racontait qu'elle nourrissait régulièrement les oiseaux dans le cimetière, et qu'elle était bien identifiée par une corneille. Un matin, elle la retrouva qui l'attendait à sa fenêtre : l'oiseau l'avait prise en filature discrète jusque chez elle, et avait repéré son adresse !

D'autres personnes, désespérées, m'ont demandé de ne pas trop citer les lieux où nous avions filmé des chats, afin de ne pas inciter les gens à y abandonner le leur. Ces bénévoles passent tout leur temps libre à capturer les animaux pour les vacciner et les stériliser. Ils évitent ainsi une prolifération de chatons affamés, rongés de maladies, au triste destin. Pendant ce temps, des maîtres sans pitié abandonnent leur compagnon, avec la bonne conscience de les avoir laissés dans un lieu propice. *Non, les cimetières ne sont pas des réserves pour chats.* J'avais été content de tourner avec deux matous affectueux, moins sauvages que les autres, « bons clients » devant la caméra, comme on dit à la télé. Hélas ! Une bénévole m'apprit ensuite qu'en fait ils étaient familiers parce qu'ils venaient juste d'être jetés dehors, et qu'ils cherchaient désespérément un réconfort…

Chantiers et terrains vagues

Chardons, chardonnerets et cardères

Dans la moindre parcelle de liberté, la nature s'exprime. Les terrains « à l'abandon » (de qui ?) sont en vérité des espaces de vie : paradoxalement, des espèces qui disparaissent des campagnes à cause de l'agriculture intensive trouvent refuge près des villes. N'hésitez pas à y jeter un œil. Vous y rencontrerez sans doute des chardons. En fait, le mot chardon regroupe des dizaines d'espèces différentes, dont beaucoup sont comestibles (l'artichaut fait partie de la famille). Ils attirent des insectes, des papillons, et bien évidemment le chardonneret, un de nos oiseaux familiers les plus colorés. Acrobate, muni d'un bec allongé et pointu pour un granivore, il est un des rares oiseaux capables de décortiquer les graines de chardon et de cardère.

La particularité de la cardère est de servir d'abreuvoir à différentes bestioles et même aux oiseaux, car la base de ses feuilles retient l'eau. Des botanistes pensent que les insectes qui se noient dans ces baignoires suspendues contribuent à nourrir la plante, presque considérée comme carnivore.

Des coquelicots sur le champ de bataille

Quand des engins ont retourné le sol apparaissent des plantes particulières, telles les molènes aux feuilles pelucheuses. Ce duvet cotonneux est composé de poils détachables, qui irritent la gorge de l'éventuel herbivore. Alors que chardons et cardères dardent leurs épines pour se défendre, les molènes jettent du poil à gratter… En se penchant un peu, on peut y trouver la jolie chenille de la brèche, ou cucullie du bouillon-blanc, un papillon qui pond essentiellement sur les molènes bouillon-blanc. Vous y verrez des punaises quasiment à tous les coups : à chaque plante correspondent des insectes. Ainsi, si vous fouillez un peu les séneçons, vous rencontrerez sans doute des chenilles d'écaille du séneçon. La plante se défend contre les herbivores par sa toxicité, mais ces chenilles-là accumulent le poison contre lequel elles sont immunisées. Encore appelé goutte de sang, le papillon adulte, rouge et noir, est lui-même fortement toxique.

Les graines de certaines fleurs peuvent rester en sommeil pendant des décennies, voire des siècles (c'est le cas du chénopode blanc) avant de trouver les bonnes conditions pour germer. Le passage des engins de travaux peut en réveiller des champs entiers. C'est ce qui s'est passé pendant la Première Guerre mondiale après la terrible bataille des Flandres. Le creusement des tranchées, le labourage des sols par les obus ont transformé ce théâtre de mort en tapis de coquelicots.

L'évadé est un séducteur

Le buddleia du père David[1], ou arbre à papillons, est un échappé de captivité. Originaire de Chine, cet arbrisseau d'ornement est peu exigeant. Il est sorti des jardins et s'est installé partout où on l'a laissé tranquille, et il décore désormais les voies de chemin de fer, les terrains vagues, jusqu'à de simples interstices au milieu du béton, et même les pierrailles des terrils. Les papillons en sont fous. Il est donc le bienvenu dans les jardins, en tant qu'appât pour jolis insectes volants. Mais les naturalistes craignent beaucoup les espèces dites exogènes (étrangères à l'équilibre local, et trop souvent destructrices des espèces indigènes). Le buddleia commence à envahir les bords de rivière, notamment dans le Sud, et il est considéré comme gênant. Il est donc en liberté surveillée.

---

1. La plante a ainsi été nommée en hommage au père Armand David, le scientifique français qui fit connaître aux Occidentaux le cerf qui porte son nom, et le grand panda.

Le rat, un intellectuel mal aimé

Contrairement à la souris, le rat peut parfaitement tenir tête à un chat, et connaît peu d'ennemis. L'animal est intelligent. Dans un clan, chacun imite ce que fait l'autre. Si un individu évite un appât empoisonné, les autres en feront de même. Les rongeurs peuvent aussi envoyer un « goûteur », souvent un animal faible, avant de s'attaquer à un aliment inconnu.

Petit détour dans une île de l'archipel Crozet, dans l'océan Indien : un rat a creusé un tunnel jusque sous un nid d'albatros, puis a vidé un œuf, incognito. Au-dessus de lui, un bel oiseau continue de couver avec beaucoup d'application... Ailleurs, dans un laboratoire, on a envoyé à des rats de la fumée de cigarette pour en étudier les effets. La réaction des animaux a été éloquente : ils ont bouché les arrivées de fumée avec leurs excréments ! En laboratoire toujours, on a constaté les terribles conséquences de la surpopulation sur des rats, qui finissaient par devenir agressifs et s'entretuer. Cela reste une image forte des effets de la promiscuité dans nos grandes villes, thème très présent dans le film d'Alain Resnais, *Mon oncle d'Amérique*.

En suivant l'homme, le rat lui a apporté de nombreuses nuisances. Les épidémies véhiculées par l'animal restent aujourd'hui encore un problème sérieux. D'un autre côté, les rats jouent un rôle d'éboueurs et de nettoyeurs dans toutes les cités du monde : à Paris, ils élimineraient huit cents tonnes de déchets par jour. D'après les scientifiques, sans eux nous serions envahis d'immondices, peut-être bien plus néfastes que les désagréments dus aux rongeurs...

L'urbanisation

Même les moineaux disparaissent

La nouvelle est venue d'observateurs britanniques, qui constataient la diminution des populations de moineaux à

Londres. On sait maintenant que le phénomène est général, sans savoir l'expliquer avec précision. Les causes principales peuvent en être la pollution, entre autres par l'essence, et les pesticides. Une autre hypothèse suggère que les populations de moineaux des villes seraient trop isolées de celles des campagnes par les zones périphériques, d'où un appauvrissement génétique néfaste. Rien n'empêche ces différents facteurs de se combiner. En quarante ans, Paris aurait perdu 180 000 piafs. Dans les grandes villes d'Europe, la population des moineaux domestiques aurait diminué de 95 %, et à la campagne de 70 %. En France un suivi coordonné par le Centre de recherche sur la biologie des populations d'oiseaux, le STOC 2002 (Suivi temporel des oiseaux communs), a montré que presque tous les granivores sont en diminution notable. Les insectivores ne sont pas mieux lotis : 84 % des hirondelles de fenêtre ont disparu en dix ans ! L'adaptation sympatoche des renards ou des faucons à la ville cache donc des réalités moins joyeuses, qui touchent directement les humains.

« On n'arrête pas le progrès »

Le vocabulaire que nous utilisons peut nous jouer des tours. Le « développement », la « croissance », le « progrès » sont toujours des notions très positives dans les esprits. Mais développement de quoi, et pour qui ? Une cellule cancéreuse peut se développer, une pollution progresser, et cela n'a rien de souhaitable. L'urbanisation galopante, la déforestation, les bouleversements climatiques et tant d'autres menaces sur la planète et le bien-être de l'humanité sont dus à son propre « développement ».

En 1997, l'Organisation mondiale de la santé estimait que la pollution urbaine provoquait sept cent mille décès prématurés chaque année sur la planète. D'après une autre estimation scientifique, parue dans la revue médicale anglaise *The Lancet* en 2000, 6 % des décès en Autriche, en Suisse et en France seraient provoqués par la pollution atmosphérique. Cela correspond à trente mille morts par an en France ! En un an, chaque voiture dégage quatre fois son poids de gaz carbonique dans l'atmosphère. Premiers touchés, les enfants sont victimes de maladies pulmonaires, et l'on compte 25 % d'hospitalisations d'enfants asthmatiques supplémentaires pendant les pics de pollution. Les médecins le savent, les (ir)responsables politiques n'agissent pas sérieusement. Au contraire : en trente ans, le taux de motorisation est passé chez nous de deux cent cinquante à près de quatre cent cinquante voitures particulières pour mille habitants, et l'expansion colossale des automobiles dans des pays comme la Chine promet à l'humanité de bien grosses et de bien sales retombées...

Pollutions au gré du vent

Coupables de non-assistance à population en danger, les pouvoirs politiques et les grands médias, généralement incultes en matière environnementale, parlent trop peu des réalités de l'écologie, un sujet décrété anxiogène. Les annonceurs publicitaires et les lobbies veillent ! On a tu pudiquement, par exemple, le rôle de l'ozone dans les quinze mille morts de la canicule de l'été 2003 pour ne pas fâcher le lobby automobile. Paradoxalement, c'est le trop-plein d'informations non hiérarchisées, livrées à longueur de temps, qui étouffe la vraie information. On met en valeur des faits divers sans importance, mais « concernants », comme on dit en télé (oui, on peut souvent rajouter un « t »), au détriment des enjeux fondamentaux. Le journaliste que je suis est obligé de constater que plus un média a du poids, plus la pression économique des propriétaires ou des annonceurs publicitaires interdit toute enquête gênante : la censure se fait chaque année plus précise, pesante, inquiétante.

Depuis plusieurs années, un nuage de pollution géant plane au-dessus de l'Asie, visible du sol et par photo satellite. Selon un rapport du PNUE (Programme des Nations unies pour l'environnement) de 2002, *ce nuage brun mesure trois kilomètres d'épaisseur pour une surface de... dix millions de kilomètres carrés, soit vingt fois la France* ! Il grandit. Vous a-t-on informé ? Chez nous, de plus en plus, les pics de pollution à l'ozone font parler d'eux en été. Mais qu'en dit-on la plupart du temps ? Que leur apparition est due à la chaleur, et que le vent les fera disparaître ! En vérité, la chaleur ne fait que *révéler* une pollution essentiellement due aux véhicules, et le vent la *déplacer* pour en faire profiter les voisins. Il y a comme un problème...

DES ANIMAUX DANS LE VILLAGE

La vie sauvage dans les petits villages est beaucoup plus riche qu'on ne le croit. On peut se promener des heures en forêt sans rencontrer beaucoup d'animaux, et observer bien plus d'espèces en traversant un hameau ! L'effet de lisière, la proximité de la nature, les arbres, les bâtiments et les jardins sont autant de refuges variés pour des animaux différents. Le bourdon y bourdonne, le lézard lézarde et, le soir venu, la fouine fouine...

Des animaux à tous les niveaux

Pourquoi les tourterelles applaudissent

Bien qu'on la rencontre partout aujourd'hui, la tourterelle turque est une nouvelle venue dans notre avifaune. Originaire de l'Inde, elle n'a été observée pour la première fois en France qu'en 1950. Depuis, elle niche dans toutes les régions, et a étendu son aire géographique jusqu'au Maroc, en Laponie, et même aux États-Unis. C'est un phénomène naturel, qui témoigne d'une belle adaptation de l'oiseau à l'homme (on n'en trouve pas en dehors des agglomérations) et à des conditions nouvelles : les tourterelles turques résistent au froid et nidifient quelquefois en plein hiver. Des tourtereaux ont éclos par moins dix degrés.

Aujourd'hui, le roucoulement de la tourterelle est une

musique familière. Avec d'autres chants d'oiseaux, comme celui du coucou, il nous a permis de déduire que le *u* des Romains de l'Antiquité se prononçait *ou*. En effet, le nom latin qui signifie tourterelle imite le roucoulement : il se disait *tourtour*, et il s'écrivait *turtur*...

Comme les pigeons, les tourterelles claquent souvent des ailes en volant. Elles s'élèvent dans les airs, puis redescendent dans un vol plané très typique de tous ces oiseaux. Il peut s'agir aussi bien d'une parade nuptiale que d'une délimitation affichée du territoire, ou encore d'un vol de reconnaissance pour surveiller les environs.

Identification : Contrairement à l'autre tourterelle (la tourterelle des bois, qui ne fréquente pas les villages), la turque porte un plumage uniforme et une raie noire sur la nuque. Non migratrice, elle est présente aussi en hiver.

le vol territorial de la tourterelle

Des hirondelles sous les toits

Léonard de Vinci pensait que l'oiseau soignait ses petits avec de la chélidoine, une plante à petite fleur jaune très courante. D'ailleurs, son nom latin, *Delichon,* est une anagramme de *Chelidon.* Contrairement à l'hirondelle rustique, qui mérite bien son nom, l'hirondelle de fenêtre se rencontre jusqu'au cœur des grandes villes. On en a vu nicher sur un bac reliant l'Eure à la Seine-Maritime : les parents rejoignaient leurs petits à chaque départ du bateau… L'hirondelle est un des rares oiseaux à nous offrir le spectacle de ses nichées, car elle s'installe sous les gouttières et les avant-toits de nos maisons. Les petits dégâts occasionnés par ses déjections peuvent être canalisés par une simple planche en bois disposée sous les nids, et font un excellent engrais. En voie de disparition, les hirondelles sont protégées par la loi. Chaque nid compte, et si vous avez la chance d'en accueillir un, protégez-le comme un porte-bonheur…

Une matière apparemment courante disparaît des zones urbanisées : la boue. Or la boue est indispensable aux hirondelles qui construisent leur nid. D'après une étude menée à Bruxelles, 76 % des populations d'hirondelles de fenêtre auraient disparu en moins de quinze ans. Pour les ornithologues, une des causes principales en serait le manque de boue ! Des fans d'oiseaux vont jusqu'à arroser régulièrement un espace boueux dans leur jardin pour les besoins de leurs chères hirondelles.

Identification : L'hirondelle de fenêtre niche à l'extérieur des maisons (nid en forme de demi-coupe) et arbore un croupion blanc. L'hirondelle rustique niche à l'intérieur des granges et autres bâtiments (nid en forme de coupe avec une ouverture) et elle a la gorge rouge foncé.

L'hirondelle des étables

Encore appelée hirondelle de cheminée, l'hirondelle rustique entre souvent dans les maisons quand les fenêtres sont ouvertes, à la recherche d'un abri où construire son nid.

Si personne ne la dérange, elle peut élever ses oisillons très près des humains. Elle aime aussi la présence chaude du bétail, et a disparu de Paris quand l'automobile a remplacé les chevaux. Elle souffre beaucoup de l'abandon des étables traditionnelles, qui gardaient des ouvertures permanentes lui permettant de circuler.

Quand l'heure est venue de quitter le nid, les parents montrent à leurs jeunes de la nourriture, mais sans la leur donner ! Puis ils lancent des cris d'alarme pour les pousser à la grande aventure du vol. Les soirs de septembre, avant la grande migration, les hirondelles aiment se rassembler dans les roseaux, qui leur assurent la sécurité pour la nuit. Pour cette raison, on a longtemps cru qu'elles passaient l'hiver dans la vase, comme les grenouilles ! Aujourd'hui, on sait que ces oiseaux sont aussi fidèles à leur marigot africain – qu'elles rejoignent chaque hiver – qu'à leur nid dans nos campagnes.

Les hirondelles et l'effet Tchernobyl

L'hirondelle rustique porte une fine queue fourchue très caractéristique. De plus grande dimension chez le mâle, elle est un instrument de séduction : plus elle est longue et symétrique, plus elle témoigne de la bonne santé de son possesseur et de ses qualités de reproducteur, et plus l'oiseau plaît (il y a, au sujet de l'origine biologique du sens esthétique, des études passionnantes à conduire). Des tests ont été réalisés dans la région de Tchernobyl, après l'accident nucléaire de 1986. Irradiés, de nombreux mâles d'hirondelles rustiques portent une queue asymétrique, et les femelles qui se sont reproduites avec eux ont donné moins d'œufs que les autres. Parallèlement, une proportion anormalement élevée d'hirondelles albinos montre que les mutations génétiques se sont développées à Tchernobyl, où les oiseaux contaminés dégénèrent. Un constat inquiétant pour tous les êtres vivants...

Le lézard, un amoureux brutal

Chacun sait que les lézards ont une queue semi-détachable. Pas la peine, donc, de faire l'expérience ! Mais savez-vous que cette queue, une fois détachée, se met à se tortiller comme un ver ? Cela attire l'attention du prédateur, qui délaisse alors le lézard. Un sacrifice qui lui sauve la vie[1]… Le prédateur, de son côté, n'a pas tout perdu, car l'appendice est très nutritif. Caprice de la nature : quelquefois, deux ou trois queues repoussent pour remplacer la première. Chez le triton, les doigts, les membres et même des parties de la tête ou de certains organes internes peuvent également se régénérer.

Le lézard est un violent en amour. Cela commence souvent par une bagarre entre deux mâles. Les lutteurs sont tellement pris par leur fureur agressive qu'on pourrait alors les soulever sans qu'ils s'enfuient. Il arrive que l'un arrache la queue de l'autre. La femelle, attirée par cette chose frétillante, la gobe sans cérémonie. Le mâle victorieux poursuivra la femelle et la mordra sans ménagement au cours de l'accouplement.

Le lézard des murailles est le plus commun de nos reptiles. Un moment immobile près d'un mur vous permettra de l'observer. Même s'il s'enfuit, l'animal est curieux et pointera tôt ou tard son museau hors de sa cachette, tête inclinée, attentif. Près des maisons, les lézards ont pour ennemis principaux les chats et les animaux de basse-cour. Mais la diminution globale de leurs populations est due, là encore, à l'usage des pesticides.

L'effraie des clochers

Quand on entend ces grondements et ces chuintements quasi humains en pleine nuit, sans en connaître l'origine, il y a de quoi être effrayé. D'où le nom de ce rapace majestueux,

---

1. L'orvet des Balkans (un lézard sans pattes, comme le nôtre), lui, est capable de se briser en *plusieurs* morceaux en cas d'agression : tous ces morceaux de viande gesticulants déroutent forcément l'adversaire…

à la blancheur fantomatique. On repère le nid de l'effraie aux traces de fiente et aux pelotes de réjection. Comme tous les oiseaux carnivores (les rapaces, mais aussi les hérons, les goélands, etc.), la chouette avale ses proies tout entières, et recrache par le bec les parties non digérées. Chez les rapaces nocturnes, les os ne sont généralement pas dissous par les sucs gastriques des oiseaux, et restent bien visibles. Les pelotes de réjection de chouettes et de hiboux sont très recherchées dans les écoles, car les enfants adorent les disséquer pour reconstituer les squelettes des bestioles ingurgitées. Des associations en vendent même aux enseignants ! D'autres associations mènent des campagnes pour dégager les clochers de leurs grillages de protection, qui privent ces oiseaux utiles d'endroits où se reproduire inaccessibles aux curieux.

Inquiétée, l'effraie emploie une ruse très courante chez les animaux : elle cherche à paraître la plus grande possible. Comme le chat fait le gros dos, et comme le crapaud se gonfle et enfle au maximum, le rapace écarte les ailes. L'effraie

posture de défense de l'effraie

119

émet en même temps des sifflements inquiétants, destinés à surprendre et à intimider l'adversaire. Même si cela ne vous impressionne pas, respectez la tranquillité du courageux animal, qui fait ce qu'il peut...

Un repas, un accouplement !

L'effraie chasse au son, grâce à des oreilles légèrement décalées qui lui donnent une stéréo de haute qualité. De plus, la disposition convergente de ses plumes vers les orifices auditifs font de sa face une sorte de parabole accentuant les sons : la chouette a les yeux au milieu d'une grande oreille ! Grâce à la structure de ses plumes, l'effraie est parfaitement silencieuse, ce qui fait qu'elle perçoit le moindre mouvement de ses proies sans que celles-ci puissent l'entendre arriver.

En période de nourrissage, une effraie peut apporter jusqu'à une dizaine de rongeurs en une heure à ses petits (records observés). En quelques mois, le couple aura éliminé de mille à deux mille mulots ou campagnols. Il faut dire que la chouette femelle a su motiver ses troupes : pendant les parades, le mâle avait droit à un accouplement quasiment à chaque fois qu'il ramenait une proie !

Identification : Contrairement aux hiboux, les chouettes n'ont pas d'« oreilles », ces plumes qui dépassent de chaque côté de la tête.

Le foin, la fouine et les fouineurs

De la fouine, on ne voit généralement que les crottes, étrangement torsadées, comme si l'animal dansait en les faisant (*voir photo*). Elle les amasse en crottoirs qui sont de bons indices de sa présence. Autour du mois de juillet, la bête perd sa discrétion : c'est la sarabande du rut, et beaucoup d'habitants réveillés en sursaut sont étonnés d'entendre un tel vacarme dans leur grenier (l'animal a donné l'expression « faire du foin »). La fouine aime nicher dans les tas de paille ou de foin, justement, dans lesquels elle creuse des galeries. Si vous découvrez son gîte, postez-vous non loin avant la tombée de la nuit. En juin et juillet, vous aurez des chances d'observer les petits, turbulents et peu méfiants.

Test : Leurrer une araignée avec un diapason.

Cela marche avec certaines espèces d'araignées tisseuses de toile. Faites résonner un diapason et posez-le au bord d'une toile. La vibration, qui ressemble à celle d'une mouche prisonnière, peut attirer l'araignée curieuse.

LES FERMES
ET LES CENTRES ÉQUESTRES

On ne voit généralement dans les animaux de la ferme que des « machines à nous donner à manger ». Le cochon est un saucisson potentiel, la vache est une usine à lait et la poule une boîte à œufs. Ce sont pourtant, avant tout, des êtres vivants, dignes d'intérêt, que nous pouvons observer avec l'œil du naturaliste. Ils mènent une vie sociale tout aussi captivante que celle des singes ou des loups, et nous rechercherons l'ancêtre sauvage qui sommeille en eux. Le seul bétail avec lequel nous puissions encore avoir un peu de contact est le cheval car, avec un million de pratiquants en France aujourd'hui, l'équitation s'est démocratisée. Pour le meilleur et pour le pire.

Les animaux de la ferme

De la jungle à la basse-cour

Toutes nos volailles descendent d'oiseaux sauvages que l'on peut encore rencontrer dans leur pays d'origine. Les dindes viennent non pas des Indes, mais des Amériques[1]. Les pintades sont africaines (les navigateurs portugais qui les ramenaient les appelaient alors poules peintes, *pintadas*). Les

---

1. À l'époque de sa découverte, il y avait eu une confusion sur le continent abordé, qui a aussi donné « Indiens », ou encore « cochons d'Inde ».

canards descendent surtout du colvert, les oies essentiellement de l'oie cendrée ; ces oiseaux de pays souvent froids
ont la faculté de faire des réserves de graisse.

Toutes nos poules et nos coqs descendent des coqs banki-
vas, domestiqués voici plus de cinq mille ans[1]. Ces oiseaux sauvages vivent encore dans les forêts et les terres cultivées de
l'Asie du Sud-Est. Le mâle bankiva est superbement coloré, la
femelle plus terne. Ils picorent en bandes des graines et des
insectes, les poules appellent leurs petits par des cris de contact,
conduites par un coq autoritaire. Le cocorico du mâle sonne, en
pleine jungle, d'une manière étrangement familière. Faut-il s'en
étonner ? dans les basses-cours, c'est le même scénario : les
poules passent leur temps à picorer, à se toiletter, prendre des
bains de poussière et à rassembler leurs petits. Les coqs dominants se comportent en despotes, se battent avec leurs rivaux,
couvrent les femelles avec rudesse, et lancent leurs cocoricos
territoriaux. Les poulaillers représentent des territoires res-
treints, et les comportements sont d'autant plus agressifs.

Maman poule

On connaît aujourd'hui l'importance et la fonction des
cris entre les poussins et leur mère, avant même leur éclosion, car ils l'entendent alors qu'ils sont encore dans l'œuf.
Plus tard, dès que la mère poule se déplace, elle glousse, ce
qui attire l'attention de ses petits vers elle et leur évite de
s'éparpiller. Si elle trouve de la nourriture, elle pousse un
bref « cri d'offrande » qui précise leur attention vers ce qu'il
leur faut découvrir : la graine qu'elle malaxe dans son bec
avant de la leur donner. En cas de danger la mère lance des
cris d'alarme tout de suite compris, et cette communication

---

1. Le coq gaulois, mascotte des équipes françaises de foot, a de lointai-
nes origines. Le mot latin *Gallus* désignait à la fois les coqs et les Gaulois. Il
semble qu'il y ait eu un amalgame entre les deux termes, voire des jeux de
mots très en vogue à l'époque de l'empereur Néron après une révolte gauloise
en... 68. L'oiseau combatif s'est ensuite retrouvé sur des blasons au Moyen
Âge, et bien plus tard, avec la Révolution française, emblème national.

sonore est aussi importante dans l'autre sens : s'il ne lance pas de pépiements de détresse, un poussin en danger n'existera pas pour sa mère. Quand les petits veulent stopper les activités de maman poule pour se réfugier sous ses ailes, ils émettent aussi des cris spéciaux pour l'inciter à s'accroupir...

La vie mimée des poules

Les conditions artificielles dans lesquelles on place les animaux ont entraîné des observations révélatrices. Ainsi, des poules en batterie, élevées sur du grillage, font tous les mouvements du bain de poussière, alors qu'il n'y a pas de poussière, ou « miment » la construction d'un nid, en prenant des brindilles qui n'existent pas. De même, un poussin va régulièrement « faire semblant » de gratter le sol pour trouver des grains, alors qu'il se trouve sur un tas de grains qui rend cette activité inutile. Ces comportements instinctifs, génétiquement programmés, ont beaucoup été étudiés par des éthologues comme Konrad Lorenz. Le chercheur autrichien s'aperçut qu'une oie en train de couver fait le geste de ramener son œuf vers le nid même si celui-ci est absent. Il en déduisit que ce qui est important pour l'oiseau n'est donc pas le fait de ramener l'œuf, mais seulement d'accomplir le geste. La nature guide l'oiseau vers le bon geste, celui qui garantit la survie de l'espèce, même si l'animal ne s'en rend pas forcément compte.

La volaille, professeur d'éthologie

La hiérarchie que suivent les poules pour picorer, le fameux *pecking order* (ou *peck order*, « ordre de becquetage ») est fondamental en éthologie. Elle a été découverte dans les années 1920 par un jeune Norvégien passionné par les poules, Thorleif Schjelderup-Ebbe, qui débuta ses observations à six ans ! Notion de base de l'étude des sociétés animales, le terme *peck order* s'applique aujourd'hui aussi bien aux groupes humains qu'aux firmes industrielles et au Vatican... Les poules et les coqs obéissent à un ordre hiérarchique strict. Si l'on mêle des oiseaux qui ne se connaissent pas, des bagarres s'ensuivront jusqu'à ce que chacun trouve son rang social dans le groupe, ce qui évitera des luttes perpétuelles. On a dénombré jusqu'à quatre-vingt-seize rangs hiérarchiques chez des poules !

la hiérarchie chez les poules

Une autre notion fondamentale de l'éthologie a été découverte par Oskar Heinroth, puis « médiatisée » par Konrad Lorenz en 1935 avec l'exemple des oies : c'est le phénomène de l'imprégnation. Quand le jeune animal naît, il ne sait pas à quelle espèce il appartient. À l'éclosion, la future oie suit le premier objet en mouvement qui se présente à elle. Normalement, il s'agit forcément de sa mère, mais Lorenz a « imprégné » des oisons en se montrant à eux à l'éclosion. Ils l'ont suivi partout, toute leur vie, le prenant

le langage gestuel de la poule

pour leur maman. Les célèbres images du chercheur autrichien entouré d'oies, comme celles d'oiseaux volant avec des ULM, montrent des volatiles imprégnés. L'ennui, c'est que ces animaux, s'identifiant à une autre espèce qu'à la leur à cause de ces manipulations artificielles, auront quelques chances de se tromper de partenaire au moment de la reproduction…

L'amour à trois, c'est bon pour les oies

Un biologiste américain, Bruce Bagemihl, a recensé en 1999 des comportements homosexuels chez quatre cent cinquante espèces animales différentes, dont trois cents de mammifères et d'oiseaux. Le biologiste gay a beaucoup choqué, mais il a fait taire les préjugés affirmant que l'homosexualité n'est pas naturelle… Ces mœurs sont courantes chez les oies cendrées, avec des variantes. Konrad Lorenz raconte l'histoire d'un ménage à trois, dans lequel une femelle a réussi à se glisser entre deux mâles homosexuels pendant leur copulation. L'affaire a fini en trio. La famille, plus grande que les autres, s'installait toujours dans les meilleurs endroits de ponte… Plus récemment, un autre trio d'oies a été observé au parc du Marquenterre, en baie de Somme. La femelle n'avait de rapports sexuels qu'avec le mâle dominant. Les trios, fréquents chez les oies, assurent un meilleur élevage des petits, et donc un plus grand succès de la reproduction.

Les mœurs répugnantes du petit lapin

L'animal se sent en sécurité dans son clapier, comme son cousin sauvage dans son terrier, mais cela ne l'empêcherait pas d'apprécier de gambader dans l'herbe et de grignoter des plantes sauvages. De plus, le lapin libre montre des comportements sociaux complexes, attitudes naturelles qu'il lui est impossible d'exprimer quand il est confiné dans un espace minuscule.

Le croirez-vous ? Qu'il soit sauvage ou domestique, le lapin mange ses propres crottes (*voir dessin ci-dessus*) ! Ça le prend tout jeune. Au début, il ingurgite celles de sa mère, et quand il est sevré il avale les siennes. C'est important pour sa santé : un lapereau privé de ce régime mourrait de convulsions… Explication : une partie des aliments ingurgités par le lapin sortent, après un premier trajet dans le tube digestif, sous forme de ces crottes molles particulières, appelées cæcotrophes, contenant des vitamines synthétisées par des bactéries, notamment les B1, indispensables à la survie de l'animal. Celui-ci gobe ces bonbons vitaminés à la sortie de son anus, sans les mâcher, puis les digère une seconde fois. C'est après ce second trajet que les déchets finals sont définitivement éjectés. On considère donc presque l'animal comme un ruminant : le lapin est un peu vache.

Ah, la vache !

Ruminer, c'est d'abord avaler beaucoup d'herbe sans la mâcher, puis aller se reposer dans un coin pour mastiquer les boulettes qui remontent. On peut penser que les ruminants, à l'origine, devaient ingurgiter leurs aliments le plus vite possible dans les prairies à découvert, pour éviter les prédateurs. Ensuite, ils se tenaient dans des endroits mieux protégés pour digérer tranquillement.

La vache est à la mode, comme un élément nostalgique d'une époque révolue. Mais qui la connaît ? Intelligente, sensible, elle réagit à la personnalité de celui qui s'en occupe. La production de lait est bien meilleure avec quelqu'un d'identifié comme gentil, de même qu'avec la diffusion de musiques douces… Les bovins semblent aimer le contact : un jour où je dessinais des vaches dans un pré, absorbé par mon charmant modèle, j'ai été gentiment léché par un animal si tranquille que je ne l'avais pas entendu venir. La surprise m'a envoyé dans la clôture électrique : un baiser qui secoue !

Des vacheries et des singeries

Les éleveurs savent depuis des siècles qu'une femelle dominante mène le troupeau. Dans les Alpes, certains d'entre eux ont sélectionné les plus agressives pour organiser des combats de reines. On peut observer les rapports de forces entre vaches dans les prés : les tentatives de chevauchement sexuel, comme chez les chiens (*voir photo*), ou les comportements de « tête sur croupe » : c'est évidemment la femelle affirmant son autorité qui s'appuie sur l'autre (il ne s'agit pas de câlins). Un bon test pour comprendre l'ordre hiérarchique d'un troupeau est de placer un seau d'eau (avec l'accord de l'éleveur !) dans un pré occupé par des vaches. On constate vite des différences de comportement entre chaque animal. La vache dominante s'impose d'un mouvement de tête, les dominées évitent les cornes des supérieures et les laissent boire en priorité, etc.

Les relations animales sont plus complexes qu'on le croit souvent. Le *dominant* (celui qui est craint de tous les autres) n'est pas forcément le *leader* (celui qui conduit le troupeau vers les meilleures zones)… Chez les chevaux sauvages, par exemple, le dominant est généralement un étalon, alors que c'est une femelle âgée qui dirige la horde. Les premiers primatologues (les spécialistes des primates) à avoir observé le comportement des groupes de singes ont pensé que ceux-ci étaient toujours dirigés par un mâle dominant

128

fort et autoritaire. Mais ces scientifiques étaient des hommes. Lorsque des femmes ont entrepris les mêmes études, elles n'ont pas fait du tout les mêmes constatations ! Chez les macaques, par exemple, les relations sont beaucoup plus nuancées et changeantes, et les femelles imposent leurs compétences...

Le mouton reconnaît les siens

La chercheuse Thelma Rowell a étudié les moutons avec les mêmes méthodes que les primatologues. Elle a observé chez eux des relations sociales complexes. Dans le troupeau – conduit par la brebis la plus âgée –, chacun se reconnaît. Des tests ont montré que les ovins identifient la face de cinquante autres moutons dans 80 % des cas, et cela pendant deux ans. Entre eux, il y a des toilettages, des disputes, et même des tentatives de réconciliation, ce que Frans De Waal a aussi découvert chez les chimpanzés.

L'intelligence d'un animal vient d'abord de celle de l'observateur... Dans les pays où l'on mange du chien, ceux-ci ont un comportement stupide que ne montrent pas nos animaux de compagnie. Nul doute que des observations sur d'autres animaux de boucherie, comme les cochons, apportent des révélations sur leurs compétences réelles.

Le cochon qui baisse le chauffage

« Le cochon a les mêmes dimensions qu'une cathédrale. » Ainsi parlait le sculpteur Antoine Bourdelle (1861-1929), qui voulait réhabiliter par cette phrase la beauté des proportions des animaux. Le cochon est le descendant direct du sanglier. La belle vie, pour lui, serait de passer ses journées en compagnie des copains, à fouiller le sol avec son groin, comme son velu cousin. Passons (sans les oublier) sur les conditions épouvantables dans lesquelles sont maintenus les porcelets, les truies et les cochons. Quand on leur laisse un peu de liberté, les grosses bêtes roses peuvent étonner. Dans certains élevages, ils ont appris à régler eux-mêmes le chauffage. Bonne surprise : les cochons ont baissé les températures imposées, et ils ont fait faire des économies à leurs éleveurs ! Peut-être rêvent-ils à des nuits fraîches en plein air, au clair de lune, comme celles que vivent les sangliers ?

Les fermes traditionnelles : des images de pub

Bien que la publicité et les livres pour enfants continuent de montrer des basses-cours pleines de poules, de canards et de dindons, avec des cochons heureux de se rouler dans la boue, des animaux libres en plein air et de jolis tas de fumier, la réalité est bien plus cruelle. Ce qui n'est pas rentable est éliminé, comme ces poussins mâles envoyés au broyeur. Quand vous sillonnez la campagne, vous voyez souvent des bâtiments en tôle, accompagnés d'un énorme cylindre vertical : le silo contenant des granulés alimentaires. Ce sont des élevages « en batterie ».

Au lendemain de la Seconde Guerre mondiale, les zootechniciens ont convaincu le monde paysan de se « moderniser ». Ils promettaient aux éleveurs de faire évoluer leur image de « bouseux » en retard sur le reste de la société, qui devenait lourde à supporter, vers celle d'industriels de pointe. Les conséquences ont été dramatiques. À lui seul, le « protecteur d'ouïe avec radio FM » (destiné à ne pas entendre les cris des porcelets que l'on castre sans anesthésie, et à qui l'on coupe les queues ou les dents) donne une idée de l'ambiance…

Quand l'animal souffre, l'éleveur souffre aussi

L'élevage industriel considère l'animal comme un produit qui doit être rentable et non comme un être vivant, sans considération pour ses besoins. *On adapte l'animal aux lois du marché, et non le contraire.* Ce que l'on fait aux bêtes, on le fait également aux hommes : les travailleurs des élevages concentrationnaires, considérés eux aussi comme des pions au service de la logique économique, vivent mal cette évolution. Une chercheuse, Jocelyne Porcher, s'est penchée sur les liens entre l'éleveur et le bétail. Les témoignages qu'elle a recueillis sont poignants[1]. Neuf animaux sur dix sont élevés industriellement. « Grâce » à l'automatisation, un homme seul peut superviser la traite de quatre-vingts vaches à l'heure, s'occuper de trois mille cochons ou de vingt mille poulets ! L'éleveur n'a plus le temps de regarder vivre ses animaux et perd le contact avec eux : il ne touche plus ses vaches qu'une seule heure dans l'année ! Il ne sait plus manipuler ses bêtes, et les assureurs constatent une flambée des accidents du travail.

Des vaches et des chevaux

Vaches et chevaux : deux univers

Les découvertes dues à la génétique nous ont appris que la vache est plus proche du dauphin que du cheval ! Malgré leurs apparences d'animaux terrestres très comparables, les deux mammifères ont des comportements bien différents. Descendante probable de l'aurochs – un animal puissant qui mesurait jusqu'à deux mètres au garrot, avec des cornes de un mètre –, la vache sait se servir des siennes en cas de danger. Depuis des millénaires, le cheval s'est spécialisé dans la fuite et la rapidité. Plus léger que la vache, c'est un galopeur incomparable, mais aussi un animal nerveux. Il ne rumine pas, et il dort souvent debout. Les éleveurs connaissent ces différences, et ils savent bien qu'il ne faut pas mettre plus de chevaux que de vaches dans le même pré. Remuants, facilement sur le qui-vive, les équidés stressent leurs voisines.

Vaches et chevaux savent unir leurs forces pour affronter un danger. Ils se regroupent en formations dignes

---

1. Voir bibliographie : *Les animaux d'élevage ont-ils droit au bien-être ?*

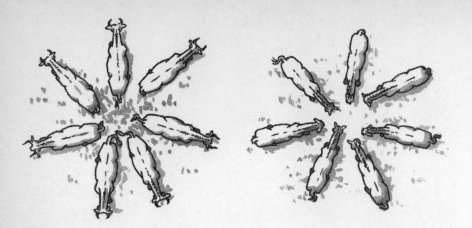

de soldats romains. Chacun montre ses armes les plus redoutables : les bêtes à cornes font face, alors que les équidés présentent leur solide postérieur, prêts à donner des coups de pied.

Montre-moi tes yeux, je te dirai ce que tu manges

En principe, ce sont les dents qui indiquent le régime alimentaire. En pratique pas uniquement : la logique de la nature s'exprime sur toute l'anatomie d'un animal. Proie potentielle, un herbivore a tout intérêt à savoir ce qui se trame dans son dos. Ses yeux sont donc placés sur les côtés de la tête, ce qui lui permet de voir en partie derrière lui sans se retourner : les souris, les lapins, les petits oiseaux, les chevreuils et les chevaux sont ainsi conformés. Le prédateur, pour sa part, doit bien percevoir ce qui se passe devant lui : ses yeux sont placés bien en face, et lui permettent une vision en relief (faites l'expérience en vous cachant un œil, au bout d'un certain temps vous finirez par ne plus pouvoir attraper les objets aisément). Les rapaces et les félins ont ce regard symétrique. Et l'homme ? Il semble que ce soit plutôt son passé arboricole qui lui ait donné son faciès : quand on saute de branche en branche, la vision du relief est vitale.

Six cents kilos de peur bleue

Les chevaux portent les yeux sur le côté. Comme les zèbres actuels, leurs ancêtres préhistoriques étaient chassés par différents prédateurs (loups, félins à dents de sabre…). Malgré leur taille quelquefois imposante[1], les chevaux d'aujourd'hui se comportent donc encore comme des petits lapins apeurés. Monter sur leur dos, c'est souvent avoir une demi-tonne de trouille entre les jambes (j'en ai connu un qui avait peur des fleurs bleues…). Regardez un cheval depuis l'arrière : vous verrez encore son œil. Le cheval voit les bottes de son cavalier, et il a une excellente vision panoramique. Moins cependant que la bécasse des bois, qui bat tous les records. Elle a une vision totale de ce qui se passe autour d'elle, c'est-à-dire trois cent soixante degrés !

Ils parlent avec les dents et les oreilles

Les pavillons des oreilles sont des endroits vulnérables. En cas de bagarre, les mammifères les tiennent bien rabattus vers l'arrière pour les protéger. Coucher les oreilles signifie donc : « Je suis prêt à me battre. » Ce langage gestuel s'observe très facilement chez les chevaux, mais apparemment pas chez les vaches, chez qui les cornes semblent prendre le relais. Les chats et les chiens couchent aussi les oreilles, mais dans ce cas il faut bien regarder l'ensemble des postures de la bête : un chien aux oreilles et à la queue rabattues peut exprimer une soumission. Un cheval dominant qui couche les oreilles fait reculer les autres. Un geste de menace typique des équidés est de montrer les seules armes dont ils disposent, leurs sabots : présenter son arrière-train, c'est signaler qu'on est prêt à donner une ruade.

Autre comportement notable chez les chevaux : le *snapping* (*voir photos*). Cet anglicisme, qui vient du verbe *to*

---

1. Le plus grand cheval connu, un animal de race shire appelé Brooklin Suprême, mesurait deux mètres dix-neuf *au garrot* (la hauteur à l'épaule) pour mille six cents kilos !

snap (donner un coup de dents), décrit un comportement particulier du poulain quand il rencontre un adulte. Il claque des dents (on appelle également ce comportement le *teeth clapping*), ce qui signifie : « je ne suis qu'un bébé, je ne suis pas menaçant, ne m'agresse pas ».

Chez beaucoup d'animaux, les juvéniles portent des couleurs différentes des adultes (chez la plupart des oiseaux, les mouettes par exemple), comme on arbore un costume de non-agression. Ce signal visuel immédiatement perceptible permet aux jeunes de ne pas être considérés comme des rivaux, et donc ne pas être pris à partie dans des querelles d'adultes.

Grimaces et boute-en-train

De nombreux animaux passent du temps à se toiletter réciproquement. Ce toilettage mutuel s'appelle le *grooming*. Les herbivores se grattent sur des parties qu'ils ne peuvent pas atteindre eux-mêmes, comme la colonne vertébrale. Ces massages pratiqués avec les dents toucheraient des points d'acupuncture apaisants.

Autre comportement, et autre mot tordu : le *flehmen*. Cette grimace comique pratiquée entre autres par les ongulés (béliers, cerfs, taureaux, étalons, quelquefois aussi les femelles), est une attitude de réception des phéromones. Quand un cheval pratique le flehmen, il analyse les messages avec son organe voméronasal. Cela signifie généralement qu'une jument est en chaleur non loin de là. Dans ce cas, elle change de comportement, et elle urine pour diffuser son message : « Je suis prête à l'accouplement. » Une jument en chaleur se montre particulièrement agitée et difficile, elle urine souvent, d'où l'expression « pisseuse », qui vient des milieux équestres.

Un autre terme, le « boute-en-train », provient de ces mâles (étalons ou béliers) que l'on amène devant les femelles pour repérer si elles sont en chaleur, mais qui n'ont jamais droit à l'accouplement. S'ils font un flehmen, signe de la réceptivité de la femelle, on les remplace immédiatement par

134

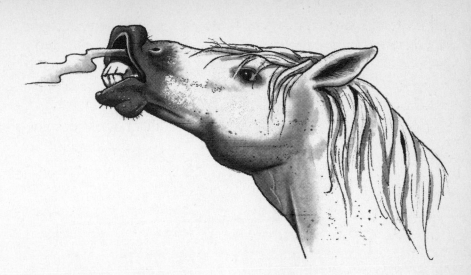

l'étalon de valeur prévu pour la saillie : être un boute-en-train, ce n'est pas si drôle…

Les centres équestres

Le cheval médecin

Les chevaux sont de plus en plus utilisés pour soigner les hommes, et ça marche. Je l'ai souvent constaté : un cheval rétif, prêt à éjecter son cavalier à la moindre erreur, peut devenir un ange quand un handicapé mental est sur son dos. C'est un des mystères de ces animaux que beaucoup décrivent comme des médiums[1]. Certains nient les émotions chez les bêtes, j'aurais plutôt tendance à penser qu'elles ne sont *que* émotion. L'équithérapie, ou soins par les chevaux, se révèle en tout cas très efficace pour désarmer l'agressivité des ados difficiles : on ne triche pas avec plusieurs centaines de kilos de muscles, de nervosité et de *feeling*. Avec sa logique toute légitime, le cheval renvoie ce qu'on lui donne. C'est un professeur exigeant. Il

---

1. Des expériences montrent que d'autres animaux, les rats, *sentent* la schizophrénie…

oblige à faire preuve d'attention, de compréhension, d'écoute, de patience, de douceur, et de tant d'autres qualités que l'on n'a plus beaucoup l'occasion d'apprendre ailleurs.

L'équitation : bon pour le cavalier ? bon pour le cheval ?

C'est un médecin qui m'a recommandé de faire du cheval pour me soigner le dos. Mais oui : l'équitation muscle le dos, et cela évite des affaissements de vertèbres, à condition de ne pas faire de tape-cul (en langage correct : de trot assis). Selon la Fédération française d'équitation, ce sport permet à l'enfant cavalier de maîtriser son équilibre, de se muscler le dos et le ventre, de redresser sa colonne, de coordonner et de dissocier ses gestes, de savoir doser ses mouvements, de prendre confiance en lui, de maîtriser ses réactions émotionnelles, de développer ses capacités d'analyse et d'acquérir le sens des responsabilités.

Le contact avec le cheval, comme avec d'autres animaux, est souhaitable pour les enfants à condition qu'ils soient suivis par des adultes responsables. Le mot clé de la réussite des relations enfant/animal – comme de toute relation – est la *réciprocité*. Si l'apprenti(e) cavalier(ère) peigne son poney comme une poupée Barbie et le « chouchoute » avec du matériel de luxe, il (elle) se fait plaisir en ignorant tout des vrais besoins de l'animal. Si l'enfant considère sa monture comme une vulgaire bicyclette, qu'il ne s'en sert que pour son plaisir égoïste, l'esprit rivé sur la compétition[1] et sans même apporter quelques carottes ni faire brouter l'animal après la séance de travail, c'est raté : il aura pris une bonne leçon d'*irrespect*. Au contraire, si on lui fait comprendre l'être vivant qu'il côtoie, ses besoins et ses réactions, il apprendra vite la satisfaction de faire plaisir à autrui, et il assimilera la valeur de l'échange. La partie sera

---

1. « Courir plus vite, sauter le plus haut, être le plus fort : il est temps de remiser cet idéal enfantin et de proposer un modèle d'olympisme enfin humaniste », écrit le biologiste Albert Jacquart dans sa critique des Jeux olympiques (*Halte aux jeux !*).

gagnée avec les animaux, et c'est la voie royale pour s'engager dans des relations saines avec ses semblables, quels qu'ils soient.

De son côté, le cheval a besoin de brouter en groupe pour être équilibré – ses ancêtres vivaient en troupeaux dans des plaines. Or, les chevaux de centres équestres ne sortent généralement de leur box que pour être montés, en général par des débutants qui leur tirent sur la bouche sans ménagements et à qui on ne donne que des conseils techniques. Or une telle pratique de l'équitation est également désastreuse pour le cheval, qui n'aura aucun rapport positif avec l'être humain, aucun échange non plus avec ses semblables, et qui exprimera vite des perturbations : refus d'être monté, agressivité, tics et coliques[1] pouvant entraîner une mort rapide. Ces faits, pourtant graves, sont aujourd'hui encore si courants, si ancrés dans les mœurs qu'on n'y prête guère attention.

Faites l'essai

En visitant un centre équestre, vous comprendrez tout de suite si les animaux sont bien traités. Il ne s'agit pas uniquement de la qualité de leur nourriture, de l'épaisseur de leur litière ou de la brillance de leur poil, mais aussi de leur bien-être mental. Des chevaux enfermés qui secouent la tête comme des mécaniques déréglées, pas de pré pour brouter : c'est très mauvais. Des moniteurs qui hurlent, qui prétendent que les chutes sont nécessaires, et qu'il faut maîtriser la bête à coups de cravache s'il le faut : fuyez. D'autres centres existent, après tout l'équitation est aujourd'hui un loisir.

Un bon test pour savoir comment les chevaux ressentent les humains est d'observer de quelle manière ils se comportent quand on va les chercher dans un pré. S'ils s'enfuient et ne veulent pas être attrapés, c'est qu'ils ne connaissent de

---

1. Les tics, ou stéréotypie, sont des mouvements obsessionnels, que l'on observe aussi bien chez les prisonniers humains que chez les animaux captifs. En fait les coliques chez le cheval sont un blocage du tractus digestif.

l'homme que le travail. S'ils accourent avec curiosité, c'est qu'ils ont de bons rapports avec lui…

À tester vous-même : Donner à manger à un cheval.

Pour éviter ses grandes dents, présentez la friandise sur la paume. Vous pouvez lui donner sans problème des carottes, des pommes et du pain. Mais il faut couper les pommes en deux, et ne donner que du pain bien dur, pour éviter que le cheval s'étrangle.

Les petites bêtes autour des grosses

Les casse-pieds

On le constate aussi bien dans la savane africaine que près des fermes : quand il y a de gros animaux, vrombissent les mouches et les taons. Vu de près, le taon a des yeux aussi bizarres que magnifiques (*voir photo*). Comme chez les moustiques, seules les femelles fécondées piquent, car elles ont besoin de sang pour assimiler les protéines nécessaires au développement de leurs œufs. Quand ils sont nombreux, les taons peuvent prélever jusqu'à un demi-litre de sang à une vache ou à un cheval en une journée. Dans nos régions, on peut considérer ces insectes comme les derniers prédateurs de ces animaux.

Les mouches domestiques viennent se désaltérer autour des yeux des animaux, car les larmes, comme la sueur, contiennent des sels. D'autres mouches effectuent un drôle de manège : ce sont les gastérophiles. Les femelles volent autour des pattes des ânes ou des chevaux et hop, pondent, en plein vol, leurs œufs un à un sur les poils, où ils restent collés. Quand l'animal se lèche, les larves pénètrent dans l'estomac (d'où leur nom) et continuent leur développement sur la muqueuse. Elles seront rejettées avec le crottin et se métamorphoseront dans le sol.

Les plus terribles de tous ces casse-pieds sont sans doute les mouches plates, ou hippobosques, des suceuses de sang qui se réfugient sur le ventre et sous la queue des chevaux, là où les malheureux ne peuvent pas les déloger malgré les piqûres et les démangeaisons.

Des muscles contre les insectes

Pour se défendre contre les casse-pieds volants, les animaux ont plusieurs défenses. Leur queue, d'abord, qui leur sert de tapette. On peut voir de très loin, aux mouvements nerveux de celle-ci, si des animaux sont ou non harcelés par les insectes. Vous remarquerez sans doute que certains chevaux se tiennent tête-bêche : chacun place ses yeux près de l'arrière de l'autre, pour profiter de l'effet chasse-mouche. Les animaux qui pratiquent cette tactique doivent se connaître et s'entendre bien. Observez de plus près un autre phénomène : quand une mouche se pose sur un cheval ou sur une vache, l'animal fait vibrer la partie touchée pour faire fuir l'insecte. Ce sont des muscles peauciers, très pratiques pour se soulager sans s'arrêter de brouter, qui agitent ainsi la peau. On peut en déduire que les grosses bêtes ont le cuir beaucoup plus sensible qu'on ne le prétend souvent, puisqu'elles perçoivent l'atterrissage d'une petite mouche...

Des oiseaux plein le dos

Les pique-bœufs sont de petits oiseaux africains connus pour picorer les parasites des zèbres et des gnous (ils peuvent leur en retirer 99 %). Les garde-bœufs, quant à eux, sont des échassiers blancs qui se posent parfois sur les éléphants, mais aussi sur le bétail dans nos régions. Africains et asiatiques à l'origine, ils se sont peu à peu installés en Europe et colonisent actuellement le Nouveau Monde jusqu'au Canada. Pour se nourrir, ils profitent du mouvement des gros animaux, qui font surgir en se déplaçant grenouilles ou sauterelles. Plus petites, les bergeronnettes attrapent également les insectes dans le sillage des vaches. D'autres oiseaux présentent des comportements semblables aux pique-bœufs : les étourneaux – très amateurs de mouches mélophages – et les pies montent facilement sur le dos des moutons. Les granivores, moineaux ou pinsons, cherchent les graines dans les crottins.

À chacun sa mouche

Un nombre incroyable d'espèces animales sont parasitées par des mouches, qui se sont plus ou moins spécialisées.
Certains de ces parasites ne peuvent pas voler, comme les
mélophages du mouton, qui vivent sur la laine. Ils se déplacent d'un mouton à l'autre quand ces derniers sont proches.
Parmi toutes ces mouches, citons seulement le lipoptène du
cerf (qui se débarrasse de ses ailes quand il a trouvé un hôte),
l'hypoderme du bœuf (ou varron), la mouche des chauves-
souris, ou le sténoptéryx des hirondelles (qui peut épuiser ses
hôtes jusqu'à les tuer). La braula aveugle, ou « pou » des
abeilles, vit sur le dos de ces insectes apparemment sans leur
nuire : elle leur prend juste de la nourriture de la bouche…

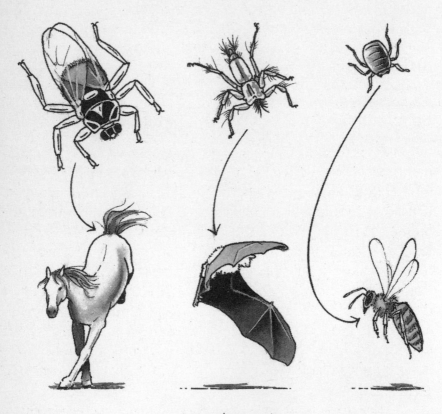

trois mouches parasites :
l'hyppobosque du cheval   la muctéribie biarticulée   le " pou " des abeilles

Le renard et les troupeaux

Le canidé est très intéressé par les crottes d'agneau, qui contiennent des graisses non digérées et des protéines du lait maternel. Il visite le bétail au moment des mises bas : c'est un fou du placenta, qui lui apporte de précieux éléments nutritifs. Le renard joue aussi le service de nettoyage en éliminant les animaux mort-nés. Objet de tous les fantasmes, il a été accusé d'attaquer des moutons et même… des vaches (dans les régions où vivent des vautours, ce sont les charognards qui sont incriminés…). Une exception n'est pas strictement impossible, notamment avec des animaux très malades, mais la preuve n'en a pas été rapportée, et l'on peut se permettre d'avoir de gros doutes. Soulignons qu'un renard se promenant au milieu des brebis ne les inquiète pas, alors qu'un chien les paniquera. Les moutons, eux, savent bien à qui ils ont affaire.

La vie dans une bouse de vache

Safari autour d'une bouse

La vie fourmillant dans une bouse de vache est absolument captivante à observer. S'il vous plaît, ne voyez pas dans mon intérêt enthousiaste pour le sujet un penchant malsain. C'est sympa, une bouse de vache, ça fait partie de notre patrimoine (dans mon Poitou d'origine on les appelle des sentinelles), et surtout, c'est passionnant. Une foule de bestioles se régalent de la bonne matière, et, vraiment, elles méritent que l'on y mette le nez. Penchez-vous donc un peu. Si votre objet d'étude est bien frais, vous verrez vite « abousir » différentes espèces de mouches de toutes les couleurs[1], et si vous laissez tomber les idées préconçues, vous les trouverez jolies. De vrais bijoux volants. En dehors des vertes et des bleues bien

---

1. Une fois la bouse émise, les premiers arrivants interviendraient en moyenne au bout de trois secondes six dixièmes. Comme quoi des chercheurs attentifs ont sérieusement étudié cette délicate question…

connues, vous verrez probablement des mouches d'un beau jaune miel doré, souvent appelées mouches à merde : ce sont les mâles des scatophages du fumier (*voir photo*). Les femelles sont plus grises, et l'on observe souvent leurs accouplements sur les excréments.

La bouse, lieu de rendez-vous et nursery

Les bouses sont des mets de choix, mais aussi de véritables rendez-vous amoureux pour de nombreux insectes, telles ces minuscules mouches noires, les sepsis, qui quelquefois pullulent, s'agitent et copulent autour du festin. Les sepsis mâles portent des distributeurs de parfum aphrodisiaque sur les pattes ! Se parfumer pour séduire dans les bouses, voilà une drôle de démarche.

Des bousiers et de nombreuses mouches pondent sur place, car la bouse est aussi une nurserie. Elle va sécher peu à peu, et les larves vont s'y disputer les derniers endroits moelleux et humides. Dans les bouses dont la croûte a séché, vous remarquerez de nombreux petits trous, creusés par des coléoptères visibles quand elle était fraîche : des *Sphaeridium*, qui ressemblent un peu à des coccinelles noires à points rouges. Sous la galette, des bousiers installent des nids pour leurs petits.

Toute cette minifaune attire ses miniprédateurs. Les mouches jaunes se nourrissent d'insectes. De redoutables coléoptères gris aux yeux rouges guettent leurs proies à l'affût, puis se jettent dessus comme des tigres miniatures : les *Creophilus* (désolé pour les termes, mais ces malheureuses bestioles, pourtant courantes, intéressent si peu qu'elles n'ont à ma connaissance pas de nom commun). Cette vie grouillante attire aussi de gros insectivores : des oiseaux et des mammifères, comme les taupes.

Des champignons sont également adaptés à pousser sur ces petits écosystèmes que sont les bouses et les crottins : psilocybe du fumier, cyathe hirsute, coprin de neige, etc.

142

L'hébélome radicant, lui, est associé aux excréments des petits mammifères creusant des nids sous le sol, principalement ceux de la taupe.

Comment les bousiers ont sauvé l'Australie

Une vache fait en moyenne douze bouses par jour, le cheval autant de crottins : plus de la moitié des matières organiques ingurgitées par les herbivores des prairies retourne au sol sous forme d'excréments. Ces déjections vont être assimilées par les insectes coprophages, qui les transformeront à nouveau pour les restituer à la terre. Ils enrichissent ainsi les sols et apportent de l'engrais aux plantes. Ces bestioles sont donc un rouage essentiel des écosystèmes. Une belle preuve en a été donnée dans l'histoire de l'Australie.

Introduit à la fin du XVIIIe siècle, le cheptel domestique avait petit à petit provoqué une véritable catastrophe écologique. Les bousiers locaux étaient spécialisés dans les crottes de marsupiaux (kangourous, koalas, etc.), et rien d'autre. Ils ne recyclaient pas celles des vaches et des chevaux. Résultat : de trois cent cinquante à quatre cent cinquante millions de bouses par jour s'amoncelaient dans les prés, écrasant les herbes et stérilisant le milieu. Des scientifiques estimèrent qu'un million d'hectares de pâturages étaient perdus chaque année. En 1960, ils importèrent des bousiers africains et européens experts en bouse de vache. Bien qu'ils n'aient pas résolu tous les problèmes, les insectes ont permis une renaissance certaine des prairies. Moralité : sans ces bestioles, nous serions sacrément dans la m…

Crottin toxique

Hélas, où que l'on regarde, on rencontre une pollution ! Les vermifuges administrés au bétail font des ravages non seulement sur les insectes coprophages, mais aussi sur les animaux qui mangent ces invertébrés, comme les petites chouettes chevêches. L'ensemble du crottin émis par un seul cheval traité au dichlorvos peut tuer plusieurs milliers de carabes, des coléoptères, pendant les dix jours qui suivent le traitement. Les effets de l'ivermectine, eux, durent quarante jours ! Les indispensables recycleurs de matières sont sérieusement menacés. Nos prairies vont-elles subir la même désolation que les pâturages australiens ? Si vous avez des animaux à vermifuger, la moxidectine est recommandée, car elle est moins dangereuse. Il faut aussi savoir que de nombreux centres équestres vendent leur crottin pour servir à la culture des champignons de Paris, et que la santé humaine est touchée par cette question.

Destiné à la culture des champignons de Paris, le compost formé par un mélange de crottin de cheval et de paille est pasteurisé (chauffé à soixante degrés pendant dix heures, puis à cinquante degrés pendant cinq jours), pour satisfaire aux normes sanitaires et permettre au champignon de se développer sans concurrence avec d'autres organismes. Mais la pasteurisation élimine les micro-organismes, pas les substances polluantes. Il y a quelques années, l'analyse de vermifuges anciens avait révélé la présence de mercure dans la composition. Heureusement, comme tout aliment commercialisé, le champignon de Paris subit certains contrôles réguliers (on recherche, entre autres, des métaux lourds), et il arrive que des lots entiers de fumier soient refusés. Cependant, aucune recherche n'est conduite pour identifier les produits commercialisés contenant des substances nocives.

En Espagne, où les élevages de chevaux sont peu nombreux, on utilise du guano de poule pour dégrader la paille, donc préparer le terrain sur lequel pousseront les champignons dits de Paris. Or, les poules en batterie sont traitées aux antibiotiques et autres produits chimiques de manière plus intensive que les chevaux.

DÉCOUVERTES
EN BORD DE CHEMIN

C'est sur des bords des chemins on ne peut plus banals, sur des plantes on ne peut plus insignifiantes, les ombellifères[1], que j'ai découvert l'univers des insectes. Dix minutes devant une carotte sauvage (qui est une ombellifère), c'est dix minutes de bonheur… En réalité, les bords de chemin n'ont rien de banal. Il s'y déroule des drames et des combats que seul un promeneur un peu attentif peut observer. N'hésitez jamais à vous pencher vers les bêtes minuscules, elles vous réservent les plus déroutantes des surprises. Bienvenue chez les Alien !

Le chemin de terre

Dévorée vivante

L'élégante guêpe ammophile rouge et noir (*voir photo*), à la taille si fine qu'elle semble prête à se briser, n'a pas tué la chenille qu'elle tient entre les pattes. Elle l'a paralysée avec son dard, en des points extrêmement précis du système nerveux de sa proie. Elle l'a d'abord piquée au cou, puis sur les anneaux, méthodiquement, montrant une

---

1. Les botanistes vont objecter : le terme « ombellifère » n'existe plus, aujourd'hui on emploie celui d'apiacée. Je sais. Mais pour des plantes dont les fleurs sont disposées en ombelles, le terme est pourtant bien plus parlant, et encore en usage.

science de l'anatomie digne d'un grand chirurgien. Maintenant, l'ammophile traîne son fardeau immobile – qui pèse jusqu'à quinze fois plus lourd qu'elle – vers l'orifice de son terrier, où elle va l'enfouir au fond d'une galerie. Elle pondra un œuf dessus, et refermera le terrier avec un gravier. Dans le secret du terrier, sa larve se développera au détriment de la chenille, désormais incapable de se défendre. La future guêpe commence par boire un peu du sang de sa victime, puis attaque les chairs au cours de sa croissance. Perfection dans l'horreur : avec un instinct sûr, elle n'entame les organes vitaux qu'à la dernière phase de son développement. Ainsi, elle a de la chair fraîche à sa disposition pendant tout son développement. On peut juste espérer que le poison de l'ammophile est aussi un anesthésique.

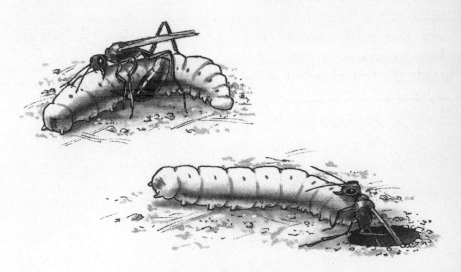

guêpe parasite paralysant une chenille,
puis l'emportant dans son terrier

Une belle brochette de meurtriers

Une variété incroyable d'espèces de guêpes et de mouches sont ainsi les parasites[1] d'autres insectes, et des histoires comme celle-ci courent les chemins. Il en existe de nombreuses formes : certains parasites sont spécialisés dans les araignées – ce qui conduit la femelle piqueuse à prendre d'énormes risques –, d'autres dans les sauterelles, les abeilles, les punaises, les pucerons, les taons, etc. Beaucoup se rendent si utiles à l'agriculture qu'ils sont élevés dans des laboratoires puis relâchés dans les cultures et les vergers, de façon à détruire les insectes ravageurs sans produits chimiques : c'est ce que l'on appelle la lutte biologique. Chaque espèce parasite montre des mœurs d'une efficacité diabolique, si complexe qu'on a du mal à en expliquer l'existence. Celles-ci ont fasciné l'entomologiste Jean-Henri Casimir Fabre (1823-1915), aujourd'hui une célébrité au Japon, mais moins connu en France. Fabre a consacré aux insectes des jours, des mois, des années d'observation, et des milliers de pages lumineuses de justesse et d'élégance.

Fabre, l'observateur du minuscule

Dans ses *Souvenirs entomologiques*, Fabre écrit : « On prend un insecte, on le transperce d'une longue épingle, on le fixe dans la boîte à fond de liège, on lui met sous les pattes une étiquette avec un nom latin, et tout est dit sur son compte. Cette manière de comprendre l'histoire entomologique ne me satisfait pas. [...] je ne connaîtrai réellement la bête que quand je saurai sa manière de vivre, ses instincts, ses mœurs. » Le grand Fabre fut un des véritables pionniers de l'éthologie, bien avant Konrad Lorenz, Karl von Frisch et Nikolaas Tinbergen, ses « inventeurs » officiels, qui reçurent ensemble le prix Nobel de médecine en 1973 pour leurs

---

1. Le véritable terme est « parasitoïde », car un parasite vrai ne tue pas son hôte. Cependant, cette simplification est courante.

recherches sur le comportement animal[1]. À son époque, les gens qui croisaient Fabre dans la campagne, penché sur le sol, le prenaient pour un fada. On l'a même soupçonné de trafiquer du fumier, parce qu'il récoltait des crottins pour nourrir ses bousiers !

Quand les insectes font des volcans

Les insectes sont aujourd'hui moins nombreux qu'au temps de Fabre, mais on peut encore en observer de très intéressants. Vous avez peut-être remarqué, le long des chemins de sable ou de terre, au sol ou sur des coteaux, différents petits trous, quelquefois surmontés d'un monticule en forme de volcan. C'est quelquefois le fait de guêpes parasites, plus souvent celui d'abeilles particulières, dites abeilles solitaires : les osmies, les collètes, les andrènes, les halictes, etc., dont l'identification n'est pas aisée. Celles-ci ne vivent pas en colonie dans des ruches, et il n'existe pas d'ouvrière asexuée. Après l'accouplement, les femelles élèvent seules leurs larves, et elles les nourrissent de pollen. Restez un moment aux heures ensoleillées près de leurs terriers (ils sont souvent rassemblés dans les endroits bien exposés) : vous verrez sans doute sortir une petite tête timide, antennes dehors. Cela peut être une jeune abeille attendant la distribution de nourriture. Attendez encore un peu, vous aurez la chance de voir la mère revenir de la récolte, ses deux sacs pleins à ras bord de pollen jaune vif, étincelants au soleil, comme si elle arrivait « pleins phares ».

---

1. Au XVIIIᵉ siècle, le Français Charles-Georges Leroy étudia lui aussi les animaux avec un œil d'éthologue. Comme Réaumur, autre observateur des insectes, il supporta les railleries de Buffon. Le mot éthologie, qui fut créé vers 1790 par le biologiste Étienne Geoffroy Saint-Hilaire, vient du grec *êthos*, les mœurs, les habitudes, et *logos*, l'étude. Parmi les pionniers oubliés de cette science du comportement, citons également Frédéric Cuvier, frère du « grand » Cuvier, qui fut l'un des premiers directeurs de la ménagerie du Muséum national d'histoire naturelle, où il étudia la psychologie de ses pensionnaires. Mais l'observation des animaux n'a-t-elle pas toujours existé ?

La plupart de ces abeilles habitent des terriers totalement indépendants, et leur réunion n'est due qu'au hasard : elles occupent tout simplement les meilleurs sites de ponte. Pourtant, certaines partagent couramment le même nid. Des biologistes voient là l'histoire des origines des insectes sociaux, qui ont donné, au cours de l'évolution, les abeilles vivant aujourd'hui en colonies.

Le piège infernal du fourmilion

Dans le rôle de la gazelle : la fourmi. Dans le rôle du lion : la larve du fourmilion. L'arme du crime : un piège de sables mouvants en forme de volcan. Au centre de ce volcan, deux pinces tranchantes dépassent. Ce sont les mandibules du fourmilion, qui a creusé son piège puis s'est enterré, ne laissant dépasser que ses deux poignards. Mandibules ouvertes, il attend. Il peut attendre des jours, des semaines, des mois s'il le faut. Il a une incroyable capacité de résistance au jeûne. Enfin, une fourmi (ou un autre insecte) s'aventure au bord du volcan. L'erreur est fatale : les parois de sable glissent, glissent, se dérobent vers les mandibules qui attendent au fond de l'entonnoir. Plus la fourmi s'agite, et plus le sable roule sous ses pattes. Comme si cela n'allait pas assez vite, le fourmilion lance des cailloux pour accélérer l'affaire et affole sa victime, qui précipite sa chute. Dès qu'il sent le moindre contact, il la happe, l'entraîne sous terre et la déguste en la vidant. Ensuite, il jettera la dépouille au loin et attendra l'arrivée de son prochain repas[1]. Bien plus tard, après sa métamorphose, il deviendra un bel insecte ailé semblable à une libellule.

Les guêpes parasites, les abeilles solitaires, les fourmilions, tous ces animaux fantastiques, comme tant d'autres, subissent le développement humain. Les chemins de terre disparaissent au profit de voies goudronnées. Avec ces chemins

---

1. En Australie, la larve d'un taon du genre *Sciaptia* vit dans les entonnoirs des « fourmi-lions », où elle profite des restes. Une sorte de « fourmi-chacal »...

traditionnels disparaissent des milliers d'animaux utiles et passionnants, mais aussi la tranquillité et le charme de nos campagnes…

Une fleur à baldaquin

Les guêpes, les abeilles, les bourdons et les fourmis font partie de l'ordre des hyménoptères (du grec *humên* = membrane, et *pteron* = aile), un des groupes d'insectes les plus passionnants qui soient. La vie fantastique des fourmis, ou encore des abeilles domestiques, est relativement bien connue. Il existe également des centaines d'espèces d'abeilles solitaires dans nos régions, qui méritent un petit coup de loupe. Ces SDF dorment souvent dehors, lovées dans des fleurs (vous pouvez ainsi ausculter les digitales à la recherche de bourdons). Ne manquez pas de jeter un œil dans les campanules avant les heures chaudes. Vous aurez de bonnes chances de voir le mâle de *Melitta* (ou *Cilissa*) *haemorrhoidalis*, une adorable solitaire qui, bien qu'elle ne soit pas rare, n'a à ma connaissance pas de nom courant (*voir photo*). Monsieur *Melitta* ne fréquente que les campanules. Madame, elle, dort dans son nid souterrain…

L'abeille qui vit chez l'escargot

Certaines espèces d'abeilles solitaires tapissent leur nid de pétales de coquelicots, d'autres ne pondent que dans les tiges des ronces. L'osmie bicolore, quant à elle, ne construit ses nids *que* dans des coquilles d'escargot vides ! Début mars, les mâles sortent les premiers au grand jour, et fouillent des coquilles d'escargot à la recherche des femelles, qui sont encore dans leur cocon. Apparemment – on ne sait pas tout –, ils s'accouplent dans cette coquille. Pour la femelle fécondée commencent alors les grands travaux. Après avoir cherché, trouvé et inspecté la coquille de son choix, elle se place dessous, sur le dos, et agite ses pattes pour la faire tourner, comme un équilibriste dans un numéro de cirque. Une fois l'ouverture dirigée vers le haut, l'osmie y dépose un mélange de plantes qu'elle a découpées et de salive pour faire un « ciment végétal ». Elle comblera son abri de diverses couches protectrices, apportera des provisions de nectar et de pollen, pondra un œuf et fermera l'ensemble avec un caillou, puis tournera l'énorme ouverture vers le bas. Elle dissimulera la coquille en l'enfouissant dans le sol et en la couvrant de feuilles ou d'aiguilles de pin, après deux jours de travail. Tout ça pour un seul œuf ? Oui, mais celui-ci a toutes les chances de ne pas être parasité, et de produire une belle abeille adulte.

Pour observer le manège de l'osmie, disposez dès février des coquilles vides sur un terrain ensoleillé, dégagé de végétation, par exemple une gravière ou une prairie d'herbes sèches. Les osmies bicolores sont assez communes, surtout sur terrain calcaire.

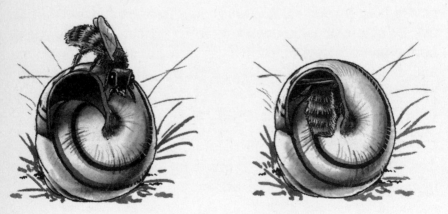

*osmie transportant du ciment végétal
dans sa coquille d'escargot*

Les (faux) crachats de coucous

À l'époque où l'on entend les premiers chants de coucou apparaissent les primevères sauvages – souvent appelées coucous – et de curieux amas de bulles sur certaines plantes.

Bien qu'on les surnomme « crachats de coucous », l'oiseau n'y est pour rien. D'ailleurs, on les appelle « crachats de crapauds » au Canada. Le responsable en est la larve de la cicadelle, un insecte proche de la cigale, que l'on aperçoit parfois derrière les bulles (*voir photo*). Beaucoup d'espèces sont vertes, d'autres plus rouges. Pour produire son écume, la cicadelle bat son urine en neige ! Il semble que cet amas de bulles forme une protection contre les prédateurs. Une espèce, l'aphrophore des saules, produit tellement d'urine moussante qu'il en tombe des gouttes depuis les arbres.

Les (vrais) crachats de coucous

C'est bien connu, la femelle du coucou pond dans le nid des autres (*voir photo*). Elle attend que les oiseaux aient quitté leur nid, et choisit ce moment de tranquillité pour pondre : par comparaison, une femme pourrait choisir d'accoucher précisément entre deux programmes télé. De plus, l'œuf que l'oiseau dépose imite la couleur et les taches de ceux de ses hôtes : des lignées de femelles se spécialisent, de génération en génération, à plagier l'œuf de telle ou telle espèce. Bébé coucou est un parfait exemple des comportements innés : personne ne lui a appris comment jeter les oisillons voisins hors du nid, ni enseigné son chant si particulier, ni encore montré le chemin de la migration, et pourtant il le fait.

Le coucou se nourrit d'une manière originale : il se régale de chenilles aux poils urticants, et spécialement des fameuses processionnaires, qui ravagent les pins. Il garde une bonne partie de ces poils fichés dans son estomac. En réaction, il mue régulièrement en crachant la muqueuse de son estomac, qui a l'aspect d'une fourrure.

Rencontres au petit matin : le renard

Le renard roux est extrêmement discret, nocturne, avec des moments d'imprudence totale. On peut en croiser un en train de dormir à découvert en plein jour. Le meilleur moyen de le rencontrer est de se lever de bonne heure, ou de faire un affût devant un lieu de passage ou une source de nourriture (en dehors de tout ce que l'on a pu leur reprocher au point de vue écologique, les décharges à ciel ouvert ont longtemps été de bons sites d'affût). Au printemps, les jeunes sont visibles devant leur terrier et les parents circulent beaucoup pour les nourrir. Avec de la chance, on peut assister à leurs sauts spectaculaires pour attraper des campagnols (*voir photo*). En hiver, les renards se rapprochent des humains. C'est aussi la période du rut, et l'on peut entendre leurs glapissements.

Le canidé est plus petit qu'on ne l'imagine souvent. En cas de rencontre avec un renard (six à sept kilos), le lièvre brun (trois à cinq kilos) n'a pas forcément beaucoup à craindre, et les deux animaux peuvent se croiser sans s'aborder, en se « regardant de travers » d'un air méfiant. La biche et même le petit chevreuil peuvent carrément attaquer le renard, dont le prestige de rusé prédateur en prend un petit coup au passage…

« Baby-sitting » chez les renards

Les renards présentent beaucoup de points communs avec les chiens, ils ont les mêmes gestuelles de dominance et de soumission, et marquent leur territoire de manière semblable. En cas de rencontre, ils se tournent autour comme des toutous. Quand ils se montrent plus menaçants, ils se tiennent debout l'un en face de l'autre, gueule ouverte, et leurs mouvements ont inspiré, vers 1914, une danse aux États-Unis : le fox-trot (*trot* = trot, *fox* = renard).

Beaucoup vivent en solitaires, mais on peut rencontrer des groupes de quatre à six adultes. On observe aussi des « allomères », de jeunes femelles qui s'occupent des petits d'un couple dominant. En principe, le mâle ne s'accouple qu'avec la dominante. Les apprenties nourrices bénéficieraient de l'expérience acquise au cours de leur baby-sitting, qui leur donnerait de meilleures chances de reproduction plus tard.

Quand ils ne sont pas chassés, les renards deviennent aisément familiers. On a vu des renardeaux jouer avec des enfants sous les yeux de la renarde, d'autres se poursuivre entre les caddies de supermarchés, et même l'un d'eux se cogner contre un vélo !

Un comportement antiscientifique

Quand on veut tuer son chien, on dit qu'il a la rage. C'est un procédé auquel la corporation des chasseurs n'a pas manqué de recourir quand l'épidémie sévissait en France, pour abattre des renards. Or, on le sait aujourd'hui, le dérangement dû aux battues a dispersé les renards et contribué à étendre la maladie. Seules les campagnes de vaccination par des appâts, dispersés depuis des hélicoptères, ont eu raison du fléau.

Bien sûr, une renarde nourrissant ses petits peut attraper une poule domestique, mais il faut raison garder. Le bilan du renard est extrêmement positif : le canidé peut éliminer jusqu'à six mille à dix mille rongeurs dans l'année, ce qui en fait un très utile régulateur de pullulations. Il est toujours classé nuisible dans notre pays sous la pression du lobby de la chasse, sans aucune justification scientifique, et il n'est pas le seul carnivore dans ce cas. Mais les battues aux nuisibles sont autorisées même hors périodes de chasse, ce qui permet aux aficionados de s'amuser toute l'année.

Autour des aéroports, où grouillent les lapins, des campagnes d'éradication sont régulièrement menées. On y tue les herbivores pour raison de sécurité, mais *aussi* les renards, alors qu'ils chassent les lapins ! Faute de rage, certains brandissent désormais le spectre de l'échinococcose (une maladie très rare) pour justifier coûte que coûte l'abattage des renards : de ces chasseurs ou des animaux, on se demande lesquels sont les plus enragés...

Ce n'est pas la belette qui décide, c'est le campagnol !

Visible de jour comme de nuit, elle est une hyperactive. Pesant de quarante à cent trente grammes, c'est le plus petit carnivore d'Europe. Elle doit manger quasiment le tiers de son poids chaque jour, et quelques heures sans nourriture peuvent suffire pour la tuer ! C'est la raison pour laquelle les piégeurs la trouvent souvent déjà morte dans leur boîte. Ce piégeage est encore une aberration antiscientifique car, comme le renard, la belette joue un rôle de raticide biologique, gratuit et non polluant. Une famille de belettes élimine en moyenne quelque deux mille rongeurs par an. Après la mise bas, la mère s'occupe seule des petits. Elle leur apprend à chasser et à tuer les proies. Au début, elle leur apporte des rongeurs blessés, puis elle les emmène à la chasse. Une belette femelle peut se faufiler dans un trou de deux centimètres de diamètre (l'équivalent d'une pièce de cinq centimes !). Un peu plus gros, le mâle s'attaque à des rongeurs plus volumineux, ce qui ne crée pas de concurrence entre les deux sexes. La forme allongée de ces animaux est celle du terrier du campagnol, où ils le pourchassent. Quand les rongeurs ont disparu dans un rayon de deux cents à trois cents mètres autour de son gîte, la belette déménage.

En cas de pullulation de campagnols, la belette se multiplie. Et quand il n'y a plus de campagnol le carnivore semble ne pas se reproduire et disparaît lui aussi. Ce n'est donc pas, comme on le dit souvent, le prédateur qui influence le nombre de ses proies, mais au contraire la proie qui décide du nombre de ses prédateurs.

Rencontres au soleil : les reptiles

Parmi les reptiles, les serpents sont de moins en moins fréquents. Si vous en croisez un, vous avez toutes les chances d'être en face d'une couleuvre à collier, notre espèce la plus commune. Elle aime la proximité de l'eau et se nourrit de grenouilles, de tritons ou de poissons. Au contraire, la vipère ne semble pas aimer l'eau. Plus terrestre, elle capture beaucoup de rongeurs (encore une « contrôleuse » de pullulations). Après avoir mordu sa proie, elle attend que le venin fasse effet. Cela a donné la légende de son pouvoir hypnotique : des témoins, arrivant au moment de l'attente, remarquaient une vipère les yeux fixés sur sa victime qui, « fascinée », finissait par mourir de peur. Il faut dire que l'absence de paupières rend le regard des serpents particulièrement insistant. Le reptile est l'objet de tous les fantasmes. On a prétendu que les couleuvres fécondaient les poules ou tétaient les vaches, que les vipères formaient une roue en se mordant la queue, qu'elles sautaient, ou que d'inexplicables écologistes parachutaient des vipères depuis des hélicoptères. Cette dernière légende (encore vivante dans certaines régions) a d'ailleurs fait l'objet d'études très sérieuses par des chercheurs de différentes disciplines[1].

Deux pénis chacun

Lézards et serpents partagent – avec le requin – une particularité anatomique : ils possèdent deux pénis ! Mais les organes de l'accouplement ne fonctionnent pas comme une prise électrique. La femelle n'a qu'un orifice, et le mâle n'utilise que celui de ses deux membres qu'il aura introduit. La copulation est difficile quand on n'a pas de pattes (ou si courtes). Pour cette raison, le sexe du mâle est muni de nombreux petits crochets empêchant un retrait trop facile. Comme les femelles sont généralement plus grandes que leurs partenaires, on a vu des vipères promener sans ménagement un « mari » encore accroché, et bien obligé de suivre…

La langue du serpent est également bifide. Elle fonctionne un peu comme la canne d'un aveugle, qui tâtonne à droite et à gauche pour repérer un chemin. Sauf que la

---

1. Véronique Campion-Vincent (CNRS) : *Histoires de lâchers de vipères, une légende française contemporaine*, 1988. Élisabeth Rémy (ethnozoologue) : « La Rumeur sur les lâchers de vipères », *Bulletin de la Société française d'herpétologie*, 1990.

langue capte des substances odorantes, les phéromones. Après l'avoir mordue, une vipère piste sa proie avec les pointes de sa langue. Les narines des serpents semblent ne pas avoir de rôle dans l'olfaction, et ne serviraient qu'à la respiration.

Une vipère ? Pas de panique !

On ne le dira jamais assez : la vipère est timide. J'en ai quelquefois suivi pour tenter une photo sans affronter la moindre menace (ni réussir le moindre cliché…). En principe, l'animal est sourd, cependant des recherches récentes montrent que certains amphibiens et reptiles « entendent » par la peau et les poumons… Une chose est sûre : la vipère perçoit parfaitement les vibrations de vos pas quand vous marchez vers elle, et fuira à votre approche. Les cas de morsure proviennent d'animaux qui se sentaient menacés. Si vous avez la phobie des serpents, marchez bruyamment, agitez un bâton devant vous, et… gardez votre sang-froid !

En fait, la température des animaux dits « à sang froid » n'est pas forcément basse, elle varie selon les conditions extérieures. Une vipère ne peut plus se nourrir au-dessous d'une température corporelle de vingt degrés. À dix degrés, elle ne peut plus digérer et est obligée de régurgiter sa proie. Elle doit hiberner l'estomac vide pour que rien n'y stagne.

Identification couleuvre/vipère : Si le serpent est grand, c'est forcément une couleuvre (une aspic ne dépasse pas soixante-dix centimètres, la plus longue, la péliade, quatre-vingts centimètres. Une couleuvre à collier atteint cent trente centimètres, la couleuvre de Montpellier peut dépasser deux mètres). Le critère de la tête triangulaire n'est pas totalement fiable : inquiétée, une couleuvre vipérine « imite » la vipère en gonflant le cou. La façon dont la queue se termine (progressivement chez la couleuvre) est un bon critère.

Les talus et les fossés

Les ombellifères : des pistes d'atterrissage pour insectes

La spécificité des ombellifères, ou apiacées, est de se réunir pour former un plateau horizontal de toutes petites fleurs serrées, une piste d'atterrissage idéale pour toute bestiole volante (parmi ces ombellifères, il y a le fenouil, la carotte, le persil, la berce, la ciguë, l'achillée mille-feuilles, etc.) (*voir photos*). La carotte sauvage porte en son centre une petite fleur rouge sombre très visible. D'aucuns y voient une balise pour que les insectes se repèrent mieux, et des tests ont montré que ces fausses mouches attirent les vraies.

C'est sur ces plantes banales que j'ai découvert le monde des insectes. Arrêtez-vous quelques instants près d'une ombellifère, et vous serez étonné de la vie qui y grouille. Des bombardiers lourds, des mouches casquées d'yeux multicolores, des coléoptères brillant au soleil comme des chromes astiqués, tout un peuple d'Alien aux formes étranges se retrouve là pour butiner, chasser ou s'accoupler. L'ombellifère, c'est un vrai manuel d'entomologie à ciel ouvert.

Concours de déguisements sur les carottes sauvages

De honteux plagiaires atterrissent sur les ombelles. Ces insectes de la famille des mouches se déguisent en abeilles, en guêpes ou en bourdons. Les plus spectaculaires sont les fausses guêpes : des syrphes rayés de jaune et de noir (*voir photo*). Dans la nature, les couleurs vives sont des signaux d'avertissement. Ils sont portés par des animaux venimeux et dangereux. Le chasseur qui s'est fait piquer par une guêpe associera la couleur à la douleur, et s'en souviendra d'une façon assez cuisante pour ne plus toucher ce genre de proie. Certains animaux inoffensifs affichent les mêmes signaux pour décourager l'ennemi, et ça marche. D'ailleurs, ces syrphes jaune et noir ne deviennent abondants qu'autour de juin, époque où les jeunes oiseaux ont eu le temps d'apprendre à leurs dépens la signification des couleurs vives.

Les syrphes sont très courants dans les jardins, les villes et les campagnes. Une autre particularité les rend inquiétants : leur manière de voler sur place tout près de vous, comme suspendus dans les airs, en bourdonnant bruyamment. Leur rapidité de vol entre deux arrêts est étonnante, et semble une parade très efficace contre les prédateurs.

Identification : Les syrphes, les éristales, les volucelles et autres plagiaires sont des diptères (du grec dipteros = *à deux ailes), ils n'ont donc qu'une paire d'ailes. Les insectes piqueurs qu'ils miment (guêpes, abeilles, bourdons) sont des hyménoptères, qui portent quatre ailes. Les piqueurs ont de longues antennes. Les mouches ont de gros yeux, surtout les mâles. Chez les syrphes mâles, qui cherchent leur partenaire à la vue, les yeux prennent tellement de place qu'ils se touchent.*

Quelques visiteurs des ombelles

L'un de nos insectes les plus faciles à voir se reproduit et se nourrit sur les ombelles. Vous ne pouvez pas le manquer, et pourtant il passe relativement inaperçu. C'est la cantharide fauve (aussi appelée le téléphore fauve, *Ragonycha fulva*), un petit coléoptère couleur caramel à l'arrière noir réglisse. Il dévore les fleurs sans ménagement, mais rattrape ce comportement de vandale en éliminant les pucerons. Ses larves vivent au sol, et il leur arrive de sortir de leur cachette pour se montrer sur la neige, d'où leur surnom de « vers de neige ». Beaucoup d'autres visiteurs des ombellifères sont remarquables : la punaise arlequin, rayée de rouge et de noir, la strangalie (ou lepture) tachetée (*voir photo*), le clairon des abeilles, la trichie, la cétoine dorée, les ichneumons aux tubes de ponte si impressionnants, les minuscules guêpes chrysis brillantes comme des bijoux, les mouches tachinaires, les syrphes, les papillons et tant d'autres. C'est le carnaval.

Ça pique, et c'est bon !

On ne devrait pas dire de mal des ronces, des chardons et des orties, tant ces plantes piquantes sont utiles. Sans parler des confitures de mûres et de cynorrhodons, de l'huile de carthame ou des soupes d'orties, ce sont des refuges pour des centaines d'animaux différents. L'ortie, à elle seule, en accueille quelque cent vingt espèces. C'est le berceau de nos papillons communs les plus beaux : paons du jour, vulcains, gammas blancs (ou robert-le-diable), petites tortues (ou vanesses de l'ortie) et bien d'autres pondent dans les touffes bien ensoleillées, d'où émergent vite des dizaines de chenilles affamées. Celles des vulcains s'enroulent dans les feuilles qu'elles dévorent de l'intérieur, celles de la vanesse de l'ortie et du paon du jour tissent une toile dans laquelle elles se rassemblent. Pas d'orties, pas de papillons ! Beaucoup d'autres insectes et d'escargots se nourrissent d'orties, et attirent de nombreux prédateurs, comme les coccinelles. Des oiseaux y font leur nid, d'autres viennent attraper les chenilles pour nourrir leurs petits. Les perdrix et les faisans se régalent de leurs graines. Des plantes se mêlent aux bouquets, comme le lamier blanc, ou ortie blanche, en fait une fausse ortie (elle ne pique pas). L'ortie suit l'homme partout, et sa présence peut être un témoignage d'une fréquentation passée. Bref, cette plante majestueuse est au cœur de nos écosystèmes.

Les couleurs secrètes des papillons

Le paon du jour ne se maquille pas pour séduire, mais pour effrayer : avec lui, c'est Halloween tout l'été ! Autant le papillon sait se faire discret, grâce aux couleurs mimétiques de ses ailes fermées, autant il devient brusquement très visible quand il les ouvre, montrant soudain son faux regard peint en trompe l'œil. De nombreux tests ont prouvé que les oiseaux avaient très peur des dessins représentant des yeux.

Le temps de la surprise peut suffire à sauver la vie de l'insecte.

Au microscope, les ailes des papillons sont recouvertes de minuscules écailles, disposées un peu comme les tuiles d'un toit. Ces écailles colorées composent des tableaux pointillistes à la Seurat. On en compte de cinquante à cinq cents au millimètre carré, les ailes d'un seul machaon en portent quelque un million cinq cent mille ! Des papillons blancs, comme les piérides de la rave ou du chou, peignent leurs ailes avec leurs propres excréments, glissés entre les écailles, qui leur servent de gouache répulsive. Dans un genre différent, certains papillons sécrètent sur leurs ailes des parfums qui attirent les femelles, et ils les aspergent d'écailles aphrodisiaques.

Ils goûtent avec les pieds !

Les animaux vivent dans un monde qui n'est pas le nôtre, et c'est particulièrement frappant avec les insectes. Les papillons sentent avec les antennes et goûtent avec les pieds ! À peine posés quelque part, ces animaux savent s'ils ont atterri sur un élément comestible ou non. C'est vrai aussi chez les mouches, qui portent différents poils sensoriels sur les pattes. Certains sont olfactifs, et d'autres gustatifs. Véritables détecteurs de toxiques, ces poils permettent à la mouche de repérer les substances amères qui lui sont néfastes. Une guêpe parasite peut goûter avec son tube de ponte pour tester l'hôte sur lequel elle déposera son œuf, d'autres insectes goûtent avec tout le corps.

La raison de cette disposition saugrenue vient d'un problème de taille : un organe sensoriel complet serait trop gros pour tenir sur la seule tête de ces bestioles minuscules. Les insectes sont donc munis de groupes de cellules spécialisées, que l'on peut trouver presque sur n'importe quelle partie de leur anatomie. Sur une simple antenne, il peut exister des endroits sensibles au goût, au toucher, à l'odeur, à la température, et même à la gravité ou à l'humidité !

La haie champêtre

La haie, toujours vivante

Il a fallu des grèves de la faim, des marches, des années d'actions (en premier lieu de Simone Caillot, surnommée « la pasionaria du bocage ») pour que le rôle bénéfique des haies soit reconnu. Mais le mal a sévi. Il s'appelle le remembrement, et consiste à éliminer les haies pour regrouper des exploitations agricoles. En quarante ans, deux cent mille kilomètres de haies – soit cinq fois le tour de la Terre – ont été détruites *rien qu'en Bretagne* ! Si l'on sait que certains fonctionnaires de la DDA (Direction départementale de l'agriculture) perçoivent des pourcentages sur les travaux (entre autres enjeux financiers !), on comprend mieux cet acharnement à assécher les marais et à raser les buissons…

Créée par l'homme il y a des siècles, la haie sert à délimiter les champs, mais aussi à protéger les cultures contre le vent et les inondations, à réguler les températures, à éponger les pollutions, à préserver l'humidité pour les sécheresses, à éviter l'érosion des sols ou les glissements de terrain… De nombreuses catastrophes récentes, comme les inondations de Vaison-la-Romaine, sont dues à une indifférence totale de la plupart des décideurs à l'environnement, et en grande partie au remembrement.

La haie est aussi un formidable refuge pour la vie sauvage, à tous les étages. Au rez-de-chaussée, c'est le royaume des escargots, musaraignes, campagnols, belettes, crapauds, orvets, serpents, faisans, perdrix, lapins, hérissons, etc. Les branches basses abritent les troglodytes, accenteurs et autres oiseaux nicheurs ; les troncs sont plutôt destinés aux grimpereaux ; à l'extérieur, les fleurs explosent au soleil, attirant insectes pollinisateurs et insectivores. Les plus grands arbres serviront de perchoirs, et abriteront buses, hiboux, pigeons ou écureuils. Enfin, la haie fournit à tous, humains compris, des baies délicieuses…

Quand les papillons rechargent leurs batteries

Quand vous marchez le long d'une haie, arrêtez-vous souvent et regardez-la de près. S'il pleut, vous trouverez peut-être des insectes à l'abri sous les feuilles, attendant la fin du déluge : pour eux, une seule goutte d'eau est un immeuble qui leur tombe sur la tête ! S'il fait beau, vous verrez de nombreuses bestioles – mouches, abeilles, papillons, etc. – se tenir au soleil sur les feuilles, qui leur servent de solariums. Comme les reptiles, les insectes sont des animaux dits « à sang froid ». Au petit matin, ils sont plus faciles à approcher car ils sont engourdis. Quand le soleil est là, des papillons se tiennent ailes bien écartées, au sol ou sur des feuilles dans les haies : rechargeant leurs batteries, en se servant de leurs ailes comme de panneaux solaires.

Des feuilles minées et roulées

Tiens, il y a des zigzags sur ces feuilles. Ces dessins sont dus à des larves d'insectes, si fines qu'elles vivent à l'intérieur des feuilles plates et se nourrissent en y creusant des galeries, appelées mines. Différentes larves de papillons, de charançons ou de mouches (les mouches mineuses) commencent ainsi leur vie à l'abri des prédateurs. À l'abri ? Pas tout à fait, car des guêpes parasites profitent de l'immobilité de leur victime pour y pondre, et l'offrir en pâture à leur progéniture.

D'autres insectes enroulent des feuilles et forment de vrais cigares. Quand il s'agit de coléoptères, on les appelle d'ailleurs des cigariers, bien qu'aucun cigarier ne touche au tabac. Il en existe différentes espèces : apodère du noisetier, cigarier du bouleau, attélabe du chêne, etc., qui, contrairement à ce que leur nom indique, peuvent s'attaquer à plusieurs espèces de végétaux. C'est la femelle qui construit le cylindre. Chez les papillons, comme la tordeuse des buissons, la larve enroule toute seule son abri, qu'elle mangera de l'intérieur. Une guêpe, la tenthrède rouleuse des feuilles de rosier, pique la feuille qui réagit en s'enroulant elle-même !

La chenille du papillon nocturne *Drepana arcuata* s'enroule dans une feuille avec un nid de soie. Si une chenille intruse veut s'immiscer, il s'ensuit un incroyable jeu de « cris de guerre », audibles par l'homme. Elles frottent et tambourinent leurs mandibules sur la feuille, ce qui la fait vibrer. Ces duels acoustiques s'arrêtent généralement au bout de quelques minutes, mais ils peuvent durer des heures ! C'est en 2001 seulement qu'on a observé pour la première fois de tels rituels d'intimidation chez des chenilles. Ils ont sans doute pour but d'éviter les blessures.

Le parasite du parasite

Cette grosse boule chevelue, visible de loin sur l'églantier, est une galle du rosier, ou bédégar (*voir photo*). Le mot vient de la pharmacopée arabe, qui lui attribuait des pouvoirs curatifs et soporifiques. Jadis, on croyait que les vipères – encore elles – s'affûtaient les dents sur les ronces, et provoquaient le phénomène. En réalité, le bédégar est dû à une toute petite guêpe parasite – encore une –, le cynips des galles du rosier. Le cynips pique le végétal qui produit en réaction cette excroissance saugrenue. Pour le stimuler, l'animal a sans doute émis des substances analogues aux hormones végétales de croissance. Bien brave, l'églantier offre le gîte et le couvert aux larves du cynips, qui vivent tranquilles à l'intérieur. Tranquilles, c'est compter sans les ressources inépuisables de ce genre de guêpes !

Alléchées par la formation d'un bédégar, qui peut devenir gros comme un poing, de nombreuses espèces d'hyménoptères pondent également dedans, et les futurs cynips doivent partager leur loge avec des colocataires. Hélas pour eux, il y a plus gênant. D'autres guêpes minuscules, comme le torymus, visitent assidûment les galles du rosier. Le torymus cherche les larves de son cousin le cynips, afin de pondre sur celles-ci : le parasite attaque un autre parasite !

On devine la suite de l'histoire : bébé cynips sera dévoré par bébé torymus, l'hyperparasite…

Les mouches qui défient les araignées

La panorpe, ou mouche scorpion, doit son nom courant à la queue du mâle. Recourbée au-dessus du dos, elle se termine par une paire de pinces, comme celle d'un scorpion. Mais l'animal est inoffensif : cette extrémité rouge est un organe copulateur, dont les crochets servent à maintenir son agressive femelle pendant l'accouplement. Au cours de la parade, le mâle éjecte une goutte de salive qui se coagule immédiatement. Curieuse, la femelle vient goûter cet aliment. Il l'agrippe alors avec sa fameuse pince, et lui crachera des friandises pendant tout l'accouplement. Celui-ci peut être long. Cette salive riche en protéines serait utile dans la formation des œufs, et elle détourne l'attention de la femelle, qui attaque volontiers.

La mouche scorpion (qui n'est pas une vraie mouche, c'est-à-dire qui ne fait pas partie de l'ordre des diptères) est très commune dans les haies. Elle se nourrit de nectar et de divers déchets organiques, surtout des cadavres frais d'insectes divers. Cette grande courageuse n'hésite pas à voler les restes de repas des araignées en se promenant sur leur toile, voire à leur arracher leur proie !

D'authentiques mouches, les *Microphorus*, se délectent d'insectes morts, et volent elles aussi les proies des araignées jusque dans leur toile. Certaines vont plus loin : les larves d'autres espèces (des acrocérides) grimpent à la manière des chenilles le long des fils des toiles, puis entrent dans l'abdomen des araignées, où certaines passent l'hiver, voire restent plusieurs années à l'intérieur de leur hôte avant de le dévorer. La mouche se nymphosera dans un cocon protecteur préparé par l'araignée elle-même avant sa mort ! On a compté quatorze larves parasites dans la même araignée qui, pour une fois dans une histoire de mouches, tient le rôle de la victime.

Le troglodyte mignon

Cet oiseau est tout petit, et il chante à tue-tête (*voir photo*). Il a la taille d'un sifflet et il fait autant de bruit. Oui, mais dans le cas du sifflet, ce sont les poumons de l'arbitre qui produisent la puissance du son. Le troglodyte, lui, arrive au même résultat avec des organes minuscules ! C'est une boule d'énergie, qui construit plusieurs nids avant de laisser à sa compagne le choix du meilleur. Ce qui ne l'empêche pas de conduire quelquefois une autre femelle vers les nids non utilisés…

Identification : Le troglodyte est facile à identifier. Par sa taille d'abord (c'est avec le roitelet le plus petit oiseau d'Europe), sa silhouette (tout rond avec la queue presque toujours dressée, il a encore la forme de l'œuf dont il est issu), et son comportement : presque toujours caché dans les buissons, il vole peu à découvert, et passe rapidement, assez près du sol, d'une cachette à une autre. Une vraie souris volante.

En levant le nez

Les bienfaits du *birdwatching*

Malgré une tentative louable de la LPO (Ligue pour la protection des oiseaux) de trouver un équivalent français (« oisobservation », par exemple), le mot *birdwatching* est rentré dans les mœurs pour désigner le fait de scruter les volatiles. Cette activité, très en vogue chez les Américains et les Britanniques (ils sont deux millions en Grande-Bretagne à la pratiquer !), a désormais plusieurs milliers d'adeptes dans notre pays, et même ses fanatiques : les « cocheurs » fous. Ce mot-là vient des coches que l'on inscrit dans son guide d'identification chaque fois que l'on détermine une espèce nouvelle sur le terrain (les plus passionnés achètent un guide neuf dès qu'ils ont entièrement coché l'ancien, pour pouvoir tout recommencer, quelquefois même dans l'ordre alphabétique. Les plus atteints font des championnats de coches depuis des hélicoptères, comme cela se pratique au Kenya !). En tout ornithologue, il y a un cocheur qui sommeille, dit-on. Il est vrai que l'on est toujours heureux de rencontrer et de reconnaître un oiseau nouveau. Mais le plaisir de l'observation est aussi – ou d'abord – esthétique et physique. Regarder vivre les oiseaux conduit à se retrouver de bonne heure en plein air, à oublier les cadences habituelles du travail pour retrouver le rythme apaisant de la nature. Cela oblige à prendre son temps, à respirer, à se relaxer, à apprécier les chants et les couleurs d'animaux magnifiques. Bref, le birdwatching enrichit et déstresse, ce qui justifie largement d'investir dans une paire de jumelles.

Des perchoirs bienvenus pour les oiseaux

Quand on observe les oiseaux, il ne faut pas négliger de jeter un coup de jumelles sur les perchoirs artificiels, comme les piquets, les poteaux et les fils. Contrairement aux arbres, ils ne cachent pas les animaux avec leurs feuilles. Beaucoup d'oiseaux se sont parfaitement adaptés à ces supports : hirondelles, tourterelles, tariers pâtres, étourneaux, etc., surtout quand le paysage n'en offre pas d'autre. Le long des prés, visitez aussi les piquets en bois : de loin, une trace blanche de fiente vous indiquera qu'il s'agit d'un perchoir utilisé, peut-être d'un poste d'affût. Si vous fouillez un peu à la base, vous trouverez probablement des pelotes de réjection. Avec ces pelotes, on a prouvé voici des années que les rapaces étaient d'utiles éliminateurs de rongeurs.

Les scientifiques, dont les recherches sont toujours plus pointues, étudient aujourd'hui les repas des repas ! En analysant les pelotes du busard saint-martin, par exemple, ils ont observé que les oiseaux avalés par ce rapace (alouettes, bruants jaunes, accenteurs...) mangeaient des graines de plantes en voie de disparition à cause des herbicides, et peuvent ainsi suivre en parallèle la raréfaction des alouettes, et celle des busards...

Reconnaître facilement les principaux types de rapaces

Même si elle n'est pas toujours aisée, l'identification d'un rapace est souvent tout à fait possible pour un non-spécialiste. Pour commencer en douceur, il faut d'abord apprendre à reconnaître les principaux types, grâce aux dessins des guides d'identification. Par exemple, si vous voyez un rapace avec la queue fourchue, il s'agit forcément d'un milan. Facile ! Les faucons ont les ailes pointues, les buses sont plus rondes et plus grosses, etc. Petit à petit, en commençant par les espèces les plus fréquentes, vous saurez nommer un bon nombre des oiseaux rencontrés. Le milieu dans lequel vous vous trouvez est important. Les busards se trouvent plutôt en plaine et dans les zones plates, les buses ont besoin de quelques arbres. La buse variable et le faucon crécerelle sont les plus abondants dans la plupart des milieux naturels de nos régions. À moins de vous trouver dans un lieu exceptionnellement riche ou dans une zone de migration à la bonne période, oubliez pour un temps les oiseaux rares…

Souvent buse varie

Le « petit aigle de nos campagnes », la buse variable, mesure de un mètre dix à un mètre quarante d'envergure. Elle est appelée ainsi parce qu'elle présente des plumages très différents, allant du brun foncé jusqu'au blanc presque total. Bien que de mœurs solitaires, ce beau planeur tournoie parfois en groupe dans les courants ascendants quand la chaleur monte. Son cri ressemble à un miaulement. Au bord des routes, sur des arbustes, des piquets ou des ballots de foin, on voit souvent sa silhouette massive, immobile : la buse « mulote », c'est-à-dire qu'elle guette ses proies depuis son affût (*voir photo*). Ce sont principalement des rongeurs, des campagnols et bien sûr des mulots, ou des rats. La buse se nourrit aussi de lombrics, de lapereaux, de charognes, de gros insectes, d'oisillons et de reptiles. Des herpétologistes, qui étudiaient des vipères munies de toutes petites radios, ont retrouvé six de leurs instruments dans la même aire de buse, régurgités avec les écailles des serpents !

L'œil du faucon

Les rapaces pistent probablement leurs proies grâce aux ultraviolets. Le campagnol, principale victime de la buse variable et du faucon crécerelle, marque régulièrement son passage de petits jets d'urine. Or, l'urine reflète les ultraviolets, et cela indique sûrement aux oiseaux les endroits où ils doivent concentrer leur attention.

*le faucon crécerelle vole sur place pour scruter son territoire ;
il tente plusieurs affûts puis, la proie repérée, il descendra
par palliers, et s'abattra dessus*

Le faucon crécerelle mulote souvent depuis des fils électriques ou téléphoniques. Cependant, la technique de chasse la plus typique de la crécerelle est le vol stationnaire (*voir page 95*). Elle est alors comme suspendue dans les airs, et descend quelquefois, par paliers, pour se rapprocher de la proie, puis fonce en piqué.

Des loopings au-dessus de nos têtes

Le busard, quant à lui, chasse à la surprise. Il patrouille inlassablement son territoire en rase-mottes, repère ses proies autant à l'ouïe qu'à la vue, et plonge dessus. Son vol chaloupé, vacillant, presque fragile, le fait ressembler à un cerf-volant tributaire des sautes de vent. L'oiseau est léger : malgré une envergure de plus de un mètre, un busard cendré ne pèse guère que trois cents grammes en moyenne ! Cette légèreté lui permet d'accomplir des acrobaties spectaculaires lors de ses parades nuptiales aériennes : les oiseaux volent sur le dos, font des simulations d'attaques, des loopings, des descentes en piqué, des chandelles, des vrilles, s'agrippent par les serres en tournoyant... Pendant la période de nourrissage des petits, le mâle passe à la femelle des proies dans les airs. Celle-ci vole vers lui, se met sur le dos en ouvrant les serres, et attrape le paquet en plein vol. Un tel spectacle vaut toutes les heures d'affût.

Pourquoi les oiseaux attaquent les rapaces

On ne peut pas observer longtemps des rapaces sans être témoin de harcèlements par d'autres oiseaux. Ce sont souvent des corvidés (corneilles, pies – *voir photos*, etc.), quelquefois de plus petits oiseaux en groupe (bergeronnettes, hirondelles...). Il arrive aussi que des chiens ou des chats domestiques soient houspillés par des pies ou de plus petits oiseaux (surtout en période de reproduction), et des renards par des corneilles ou des faucons crécerelles. Ces harcèlements d'alerte (appelés le *mobbing* ou rameutage) sont des

attaques préventives contre un éventuel concurrent ou prédateur. La technique est efficace : un groupe de petits oiseaux
poussant des cris autour d'un rapace l'empêchera de chasser
tranquillement, et leur ténacité aura tôt ou tard raison de sa
patience.

Du côté des nocturnes, les chouettes et les hiboux repé-
rés pendant leur sommeil doivent affronter l'agressivité des
mésanges, merles, et autres pinsons, ce qu'ils prennent souvent de haut. Néanmoins, ils doivent quelquefois déménager
sous un flots d'injures, visiblement agacés. Pour les petits
oiseaux, l'avantage est double : ils en avertissent d'autres
du danger potentiel, et cela peut aussi être l'occasion pour
les plus jeunes d'apprendre à repérer et reconnaître les prédateurs.

À tester vous-même : Faites sortir les « cornes » de la
chenille du machaon. Les belles chenilles de machaon aiment
les ombellifères, notamment les fenouils. Si vous en repérez
une, touchez-la du doigt : pour se défendre des prédateurs, elle
tente l'intimidation en érigeant deux protubérances rouges et
odoriférantes (*voir photos*).

LES CHAMPS ET LES PRAIRIES

Le lièvre n'est pas un petit lapin

En dehors d'une notable différence de taille et de poids (de trois à cinq kilos en moyenne contre sept cents grammes à deux kilos), le lièvre brun se distingue du lapin de garenne par ses mœurs et sa morphologie. Il porte des taches noires sur la queue et sur le bout de ses longues oreilles, qui dépassent chez lui la taille de la tête. Son grand œil de nocturne lui procure une expression constamment inquiète, ses grandes jambes lui donnent l'air de marcher avec des béquilles, et il se meut plutôt par larges sauts (le lapin, lui, avance par petits bonds). À la course, le lièvre atteint soixante à soixante-dix kilomètres à l'heure, et peut sauter à deux mètres de haut. Comptant sur son camouflage en cas de rencontre, il se tient couché et immobile, quelquefois très près de vous, attendant la dernière extrémité avant de fuir, ce qui le rend très discret sur la terre. Mais il utilise cette tactique même sur un fond d'herbe verte, où l'on ne voit que lui ! Solitaire, sans domicile fixe, le lièvre se repose et niche dans des gîtes. Contrairement aux lapereaux, qui grandissent bien à l'abri dans leur terrier, les levrauts naissent les yeux grands ouverts et doivent tout de suite être capables de fuir les prédateurs.

Des quartiers chics dans les garennes

Pour signaler un danger – votre arrivée par exemple –, le lapin frappe le sol de sa patte arrière, ce qui fait un bruit étonnamment fort. S'il fuit, vous remarquerez son derrière blanc très repérable, queue relevée, qui sert de signal visuel d'alerte aux collègues. D'autres fois, sa curiosité le pousse à vous surveiller de loin sans jamais fuir vraiment, toujours visible devant les buissons au lieu de s'y cacher. Un comportement qui lui sera fatal dès l'ouverture de la chasse… En forme de Y, les traces des lièvres et des lapins sont très aisées à identifier. Les crottes de lapin, faciles à reconnaître, sont quelquefois déposées dans un trou de grattage, et plus souvent amassées en tas près des garennes. Ces « toilettes publiques », les crottoirs, ou « pétouilles », marquent le territoire de la colonie, et sont généralement disposées en hauteur. Avec le temps, ces accumulations d'engrais provoquent l'apparition de plantes plus vigoureuses qu'aux alentours.

L'ensemble des terriers, ou garenne, obéit à une hiérarchie bien établie. Les jeunes femelles de rang social inférieur se contentent de creuser des « rabouillères », des trous situés en banlieue extérieure, alors que les femelles de haut rang, plus âgées, bénéficient des terriers « première classe », les plus anciens et les plus grands situés dans la garenne même : des sortes de quartiers chics. Le mâle dominant ce harem chasse les rivaux de son domaine, et le marque en frottant les glandes de son menton sur des supports.

les empreintes des pattes arrière se retrouvent à l'avant

174

Harcèlement sexuel et philtres d'amour

Dans la famille lièvre, la femelle s'appelle hase, le petit levraut. Et le mâle ? C'est le bouquin ! D'où l'expression « bouquiner », qui désigne les amours des bouquins[1]. Pendant la période du rut – principalement au printemps, et jusqu'en automne –, les lièvres mâles parcourent les campagnes à la recherche de femelles, qui sont moins nombreuses qu'eux. Lorsqu'ils en trouvent une, ils la poursuivent de leurs ardeurs : le harcèlement peut durer plus d'une journée ! Les mâles se livrent alors des combats de boxe, dressés à la verticale les uns contre les autres : ils bouquinent. Contrairement à ce que l'on a longtemps cru, le bouquinage n'est pas forcément l'apanage des mâles (on ne peut pas distinguer les deux sexes sur le terrain). Les femelles se battraient également pour se défendre quand elles ne sont pas consentantes, si besoin à coups de dents. L'accouplement est rude. La femelle est giflée, mordue dans le dos, et certains biologistes pensent que cela provoque une forme d'hypnose.

Chez les lapins, on n'est guère plus calme. Tout aussi empressé, le mâle tourne autour de la femelle, lui saute par-dessus, et peut l'asperger d'urine à plus d'un mètre de distance avec beaucoup de précision. Ce parfum d'amour, très en vogue chez les mammifères, a des effets aphrodisiaques qui rendent la femelle réceptive. L'accouplement, qui a lieu généralement sous terre, dure de dix à trente secondes. Cela a suffi à faire la réputation de M. Lapin, alors que c'est une durée normale chez les animaux sauvages : la copulation rend les deux partenaires vulnérables aux prédateurs, et les amoureux n'ont pas intérêt à traîner...

---

1. Bouquin veut dire « petit bouc », c'est une allusion aux touffes de poils arrachés que l'on trouve, sur le terrain, après les violences amoureuses des lièvres. Aucun rapport avec les livres et la lecture.

Docteur virus

Certes, l'animal est prolifique. Théoriquement (c'est-à-dire si les prédateurs, les accidents et les maladies n'intervenaient pas), un seul couple de lapins pourrait donner treize millions de descendants en trois ans seulement ! C'est pour se débarrasser de l'animal qu'un beau jour de juin 1952 le docteur Armand Delille a introduit volontairement le virus de la myxomatose dans sa propriété d'Eure-et-Loir. L'épidémie aurait éliminé plus de 95 % des lapins. C'est peut-être, avec l'introduction du même virus en Australie, l'une des premières guerres bactériologiques volontaires. La disparition des lapins a entraîné le déclin de rapaces comme l'aigle de Bonelli, ou des changements de régime chez les animaux plus opportunistes, comme le renard. En l'absence des lapins, débroussailleurs efficaces, les incendies ont redoublé dans les garrigues. Depuis l'introduction de la myxomatose, les populations de lapins deviennent petit à petit plus résistantes au virus : l'adaptation naturelle fait lentement son chemin.

Un papillon sens dessus dessous

Quand on marche dans de hautes herbes, on ne prête guère attention à ces petits papillons ternes qui s'envolent devant nous avant de disparaître plus loin. C'est dommage. Suivez-en un, et essayez de repérer où il s'est perché. Le papillon en question est une mite, le crambus, qui se pose sur les tiges des herbes, les ailes serrées et la tête en bas (*voir photo*). L'effet de discrétion est assuré : ses couleurs mimétiques, sa tête difficile à repérer et sa silhouette longiligne le feraient passer pour un élément du végétal. Autre avantage de cette tactique : en cas d'attaque, le prédateur essaierait d'atteindre ce qu'il croit être la tête, et il n'attraperait qu'un bout d'aile. Le papillon ne s'envolerait pas dans le sens attendu, et il surprendrait son agresseur la fraction de temps suffisante pour lui échapper.

Des sauterelles, des criquets et des enfants

La différence entre sauterelle et criquet est facile à voir : la sauterelle a de très longues antennes, qui peuvent dépasser la longueur de son corps. Certaines sauterelles portent un long sabre à l'arrière. Ce ne sont pas des mâles. Au contraire, il s'agit de la tarière de ponte, appelée oviscapte, ou ovipositeur. Les sauterelles et les criquets ont des pattes très fragiles, il faut donc éviter de les attraper.

Comme les grillons, les sauterelles ont les tympans sur les pattes. Quand tous ces animaux stridulent, cela crée un bruit de fond qui rend chaque individu difficile à localiser. Certains, aux couleurs mimétiques, se laissent approcher de près, et l'on peut regarder la manière dont ils font vibrer leurs ailes. Beaucoup sont plus timides ; ils s'arrêtent de striduler à la moindre présence, et même au passage d'un nuage.

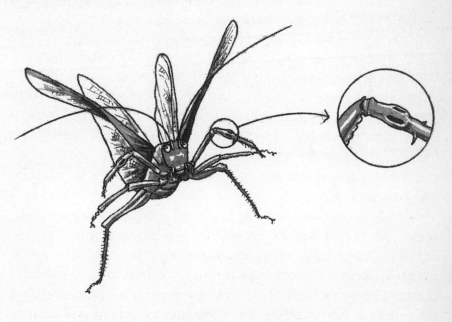

les oreilles de la sauterelle

J'aime bien (faire) jouer à discerner combien de chants différents se font entendre, surtout à la nuit tombée. Il y a des « trrriiii trriiii trriiii » répétés, des « tchic » brefs, des « sssssssss » à peine audibles, etc. C'est un très bon exercice d'éveil musical, et une excellente prise de conscience de la richesse de nos paysages sonores. Beaucoup de sorties nature organisées pour les enfants ont pour but l'éveil de leurs sens. Un enfant qui jouera, les yeux bandés, à reconnaître l'écorce d'un arbre, un chant de criquet ou le parfum de la verdure après la pluie, aura perçu et inscrit au plus profond de lui-même des sensations fortes, authentiques, inexistantes en ville, en appartement ou devant un écran.

La mante religieuse fait des miracles

Prenez le temps d'observer une mante : ce minifauve offre un spectacle permanent. Souvent verte, quelquefois brune ou jaunâtre, une mante immobile est difficile à repérer. On ne la rencontre pas seulement dans les régions méridionales, elle est aussi présente aux environs de Paris. À l'affût, pattes avant pliées, la mante religieuse semble avoir l'attitude de prière qui lui a donné son nom. Mais si un insecte vient à passer, elle détend ses bras en un vingtième de seconde. C'est une machine de guerre, et ses bras armés d'épines empêchent ses victimes de s'échapper. Suivent alors un repas spectaculaire et un nouvel affût. La mante religieuse ne semble jamais rassasiée. Ses capacités à détruire des insectes ravageurs en font un animal utile dans un jardin.

La femelle ne dévore pas systématiquement le mâle, mais cela arrive assez souvent pour avoir fait sa réputation. Elle peut même décapiter son courageux partenaire en plein accouplement ! Miracle de la nature, celui-ci continue sa fonction sans tête, car les nerfs nécessaires à sa tâche amoureuse sont à l'intérieur de son corps. Ce cannibalisme s'expliquerait par le besoin en protéines de la femelle fécondée : une sorte de pension alimentaire obligatoire…

L'argiope attend un coup de fil

La tête en bas sur sa toile, les pattes souvent réunies « en croix de Saint-André », l'araignée attend (*voir photo*). Elle attend un « coup de fil ». Sensible à la moindre vibration, elle se précipitera sur le premier criquet empêtré dans la toile. Elle le mordra et le ficellera vite, comme une momie, et attendra que les sucs digestifs qu'elle lui a inoculés fassent leur effet. Puis elle le dégustera. Rassurez-vous, elle est inoffensive pour l'homme. Encore appelée épeire fasciée, ou argiope frelon, l'araignée jaune et noir que vous rencontrerez dans les prés est forcément une femelle. Les mâles, bruns et nettement plus petits, sont plus discrets. Ils ont d'ailleurs particulièrement intérêt à rester prudents pendant l'accouplement, parce que leur volumineuse partenaire se montre volontiers cannibale, comme la mante.

À quoi sert ce zigzag blanc, au milieu de la toile de l'araignée? On a d'abord pensé qu'il contribuait à équilibrer et à stabiliser la toile, d'où son nom de « stabilimentum ». Selon une autre explication plus récente, ce zigzag bien visible serait un signal de présence aux oiseaux : il les inciterait à éviter de voler dans la toile et de la détruire. L'araignée elle-même ne sait sans doute pas vraiment de quoi il s'agit…

Les araignées volantes

On ne s'attend pas à rencontrer des araignées en plein ciel. Et pourtant. Toutes jeunes, les araignées sont à la recherche d'un territoire. Chez de nombreuses espèces, elles montent sur un endroit élevé, se tiennent sur la pointe des « pieds », puis elles attendent d'être emportées par le vent. Pattes écartées, accrochées à un fil de soie, elles s'élèvent alors comme de petits parachutes ascensionnels, prenant le risque terrible d'atterrir n'importe où. Les fils de soie ainsi disséminés par des araignées sont connus sous le nom de « fils de la Vierge ». Quand beaucoup d'araignées s'envolent, on observe beaucoup de fils, et à une époque récente, certains y ont vu les signes d'une guerre chimique, voire de visiteurs venus de l'espace ! On a rencontré des araignées volant à plus de quatre kilomètres d'altitude, et certaines ont atterri sur des bateaux à deux cent cinquante kilomètres de toute terre. La multitude de ces araignées volantes fait partie de ce que l'on appelle le plancton aérien. Elles servent de nourriture aux hirondelles ou aux martinets, qui les gobent en plein vol.

les martinets se nourrissent de plancton aérien

Test : Faites sortir un grillon des champs de son terrier : il suffit d'y introduire un brin d'herbe, et le chanteur viendra se montrer.

LES BOIS ET LES FORÊTS

La forêt fonctionne comme une immense usine biologique. Chacun y a sa place, chacun joue un rôle dans le grand ensemble, du recycleur au débroussailleur, du minuscule collembole au cerf majestueux : tous exercent leur « métier ».

Dans ce monde occupé par les arbres, il est difficile de se voir. Alors on crie, on chante, on s'appelle. La forêt est plus un lieu d'écoute que de spectacle assuré. Promenons-nous dans les bois, et ouvrons grand les oreilles...

Sur les traces des grands animaux

Merle, merle, merle

Quand on se promène dans les bois, on entend fréquemment un animal qui fourrage dans les feuilles mortes. Comme cela fait beaucoup de bruit, on espère toujours une grosse bête, un truc rare. Mais presque à tous les coups, c'est un merle. Agaçant, le merle. C'est le mouchard de la forêt. Souvent au sol ou dans les buissons, il est généralement invisible, mais lui vous voit parfaitement. Votre arrivée le panique, et il s'enfuit en poussant des cris d'alarme que tout le monde peut reconnaître. Tout le monde même chez les autres animaux, parce que chacun sait associer ce signal au danger, comme si tous les habitants de la forêt parlaient la même langue (ce qui est vraisemblable, car les différents cris d'alarme se ressemblent). Et après l'intervention claironnante du merle, il n'est plus question de se croire discret : vous n'observerez pas de sanglier de sitôt !

Fumées, moquettes et autres traces

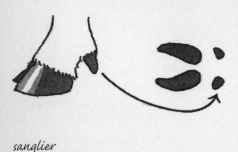

sanglier

Faute de croiser des sangliers, on peut étudier leurs traces. Penchez-vous un peu (maintenant, vous avez l'habitude !). Les empreintes du sanglier sont caractéristiques car elles portent la marque de deux ongles supplémentaires appelés gardes. Entre les traces du cerf et celles du chevreuil, c'est la taille qui fera la différence (huit à neuf centimètres de long contre quatre centimètres et demi). Quand un de ces animaux court, les deux pointes de chaque sabot sont plus écartées, plus profondes et les empreintes plus espacées. Attention, les indices laissés par les animaux domestiques sont très semblables à ceux de leurs homologues sauvages. Les traces et les crottes de mouton, par exemple, sont difficiles à distinguer de celles du mouflon ou du chevreuil. L'endroit où vous les rencontrez a donc son importance.

Les crottes de sangliers sont appelées des laissées, celles des chevreuils des moquettes, celles des cerfs des fumées. On peut quelquefois reconnaître le sexe de l'animal qui les a déposées : les fumées du cerf portent une petite pointe, pas celles de la biche. Au prin-

cervidé

temps, quand l'herbe est grasse, les fumées sont plus molles et agglomérées, on dit qu'elles sont en bousards.

Tous ces indices permettent au naturaliste de réaliser de véritables enquêtes à la Sherlock Holmes, et aux scientifiques d'étudier des animaux rares et farouches sans les perturber. Avec quelques poils récoltés sur le terrain, on a pu identifier *individuellement* chaque ours des Pyrénées, connaître le sexe de chacun et évaluer l'état de la population (désastreux). Quelques poils et crottes ont suffi, grâces aux analyses d'ADN, à montrer que les loups installés dans les Alpes françaises (et dans les Pyrénées !) viennent d'Italie, ce qui prouve que leur retour est naturel : les canidés sont arrivés par leurs propres moyens.

Quand le sanglier « casse la noisette »

Le sanglier a un « métier » : paysagiste de la forêt. L'animal aère la terre, détruit des insectes qui s'attaquent aux arbres, enfouit des graines et en déplace d'autres, qui donneront des essences nouvelles là où elles n'étaient pas. Les bauges où il se vautre pour assurer sa régulation thermique (il ne transpire pas), et surtout les traces de ses labourages, sont des indices remarquables de sa présence. Avant la mise bas, la laie fabrique un véritable nid, version géante : le chaudron, que l'on peut trouver au printemps, avec de la chance.

La caractéristique anatomique du sanglier est son groin. Muni d'un cartilage renforcé par un os spécial, le groin sert de pelle pour fourrager l'humus, creuser le sol ou déterrer les racines, mais aussi à saluer les congénères. C'est un organe tactile et olfactif très développé, capable, entre autres, de repérer les truffes sous terre. L'odeur de la truffe est semblable à celle du mâle en rut, ce qui explique l'intérêt des cochons sauvages et domestiques pour le champignon (chez ces mammifères, les mâles émettent des phéromones attractives).

Ronchon, un sanglier irrité hérisse sa crinière et claque des dents : il « casse la noisette ». L'animal n'est pas un timide herbivore, mais un omnivore convaincu. Il mange volontiers des mulots, il s'attaque parfois aux faons de cerfs et de chevreuils, et en Australie, il cause des dégâts aux troupeaux, car il prélève des agneaux. C'est aussi un excellent nageur, capable de franchir de longues distances. En baie de Somme[1], une harde de sangliers et de marcassins fuyant des chasseurs s'est jetée à la mer pour se réfugier sur un banc de sable, semant la panique parmi les phoques veaux marins qui s'y reposaient !

Comme des chevaliers en armure

Quelques jours avant le rut, la salive des sangliers se parfume de substances sexuellement attractives, et les bêtes se livrent à des sortes de concours de crachats. Les laies bavent sur les troncs et les imprègnent soigneusement. Ces mots d'amour chimiques sont parfaitement compris par les mâles du coin, qui débarquent sur le lieu de messagerie pour y déposer à leur tour une déclaration mousseuse. Pour eux, le jeu est de coller leur écume au-dessus de celle du mâle précédant, le plus haut possible. Le ton est donné : il y a de la concurrence dans l'air.

Au moment du rut, les mâles en rivalité doivent se battre. Une couche protectrice s'est alors développée sur les épaules, l'échine et les flancs. La peau s'est épaissie pour atteindre de trois à cinq centimètres chez les vieux mâles solitaires, et sur ce cuir renforcé une toison de poils robustes assure un blindage externe. Comme les sangliers se baugent et se frottent sur les troncs des conifères, ils bétonnent leur protection avec une enveloppe de boue séchée et de résine de plusieurs centimètres d'épaisseur, prêts à livrer combat comme des chevaliers en armure. Les affrontements peuvent

---

1. Observation de Philippe Carruette, guide au parc ornithologique du Marquenterre, le 5 novembre 2001. Les sangliers qui tentent de traverser l'estuaire à la nage se font régulièrement abattre par des tirs illégaux.

être violents, mais les guerriers sont rudes. Les armures sont quelquefois ouvertes par des blessures sanglantes sans que les animaux en paraissent gênés. Parfois même, la défense cassée d'un concurrent reste fichée dans leur peau.

Le chevreuil qui voit des éléphants roses

Le « métier » des herbivores : débroussailleurs de la forêt. Parmi eux, le chevreuil est devenu le grand mammifère le plus facile à voir dans nos régions, en forêt comme en plaine. Le phénomène est relativement récent, et montre les facultés d'adaptation de l'animal. Bête forestière à l'origine, le chevreuil a commencé à former des hardes en plaine vers 1950 en Hongrie, en Pologne et en Tchécoslovaquie. Vingt-cinq ans plus tard, on observait la même évolution dans nos campagnes.

On peut, avec quelques précautions, approcher l'animal d'assez près (*voir pages 263*). Quand on a manqué de discrétion, on doit se contenter d'entendre son aboiement d'alarme. Lors de sa fuite, le chevreuil exécute au besoin des bonds fabuleux, qui rappellent les fameux springboks africains. Comme celui du lapin, son derrière bien blanc (un peu plus beige l'été) est un signal d'alerte pour ses semblables, visible même la nuit. Ce « miroir », comme on l'appelle, est composé de poils érectiles, et double sa surface quand il est en éventail, annonçant ainsi un danger imminent. Curieusement, le chevreuil a aussi la capacité de ne le déployer que sur un côté.

Débroussailleurs hors pair, les chevreuils consomment principalement du lierre et des ronces en automne et en hiver. Mais au sortir des restrictions hivernales, ils se jettent sur les jeunes pousses gorgées de sève sucrée. Hélas, la sève fermente dans leur estomac, et les bêtes se retrouvent complètement saoules. Elles font des bonds dans tous les sens, des cabrioles, des demi-tours sur place, hochent la tête bizarrement. Bien que ce soit rare, il arrive qu'on rencontre des chevreuils dans ce joyeux état (on dit qu'ils ont « le mal de broute »). Comme des ivrognes au volant, ils perdent alors toute notion de prudence, et ne fuient plus à l'approche de l'homme. L'un d'eux, déambulant en pleine ville, est carrément entré dans un magasin. Un autre a été retrouvé hébété sous la table de cuisine d'un hôtel, et les témoins ont eu du mal à l'en déloger...

La gazelle des banlieues

Même à jeun, le chevreuil s'habitue de plus en plus à l'homme. Je le vois quelquefois brouter tranquillement à moins de cinq mètres de lignes de chemin de fer, et ne pas bouger une oreille lors du passage des trains rapides, pourtant très impressionnants (tremblement du sol, vacarme soudain, et vaste courant d'air longtemps après le passage de la machine). Les animaux ont compris que ce bruit terrible ne s'accompagnait pas de danger, alors qu'ils sont prêts à fuir au moindre craquement de brindille sous nos pieds... D'autres, poussés par la gourmandise, n'attendent pas que les bûcherons soient partis de leur lieu de travail, et se jettent sur les pousses de gui rendues accessibles par l'abattage des arbres.

On commence à observer des chevreuils en zones urbanisées, des banlieues passablement fréquentées mais comportant encore quelques bosquets d'arbres où ils peuvent se réfugier. Les animaux s'adaptent comme ils le peuvent à l'invasion croissante de leurs territoires. Pour ceux-là, les menaces ne viennent plus du fusil de chasse, mais de la voiture.

Le drame du cerf : les sans-gêne

Le brame, cet énorme rot mâle à la limite du scabreux, fait ovuler les biches et déplacer les foules. Il ne se passe plus d'automne sans articles, sans sujets télé sur le brame du cerf. Inconnu du public il y a quelques années, c'est devenu une attraction touristique. On peut le comprendre : cet immense cri d'amour redonne à la grande forêt, l'espace d'un instant, toute sa dimension sauvage. Les places de brame sentent fort le musc et le fauve : la bête s'est frottée sur des supports, elle a aspergé le sol d'urine et de sperme, elle a déployé tout son arsenal pour imprimer sa signature. Des poussées de testostérone ont fait gonfler son cou, et les muscles de son larynx, renforcés, sont prêts à sonner le grand rassemblement. Les mâles se jugent à la puissance de la voix rivale, ce qui évite bien des combats douloureux. Des études britanniques ont montré que le brame stimulait l'ovulation des biches. Le reste regarde l'animal. Aujourd'hui, des humains trop curieux dérangent les cervidés dans cette période si sensible de leur reproduction. Certains inconscients les éclairent avec des projecteurs, voire tirent des fusées éclairantes ! Le risque est aussi pour eux, car il ne faut pas titiller un cerf en rut. Il est fort comme un cheval, armé de bois solides, et en cas de charge, le rapport de forces ne sera pas à l'avantage de l'homme...

Passez donc une nuit en forêt

Les forêts vastes et sombres, la mousse, les ronces, les marécages, le gluant et l'organique ne rassurent pas l'*Homo sapiens* d'aujourd'hui. Pour François Terrasson (maître de conférences au Muséum national d'histoire naturelle), nous avons peur de la nature, c'est-à-dire de ce qui nous échappe[1]. Notre civilisation veut tout maîtriser, artificialiser, dénaturer. Le spontané et l'imaginaire disparaissent au profit du droit, du « propre » ou du calibré. Même le « protecteur » de la nature, avec ses nichoirs artificiels et ses parcs nationaux bien délimités, dûment étiquetés, a des questions à se poser. « Les vraies causes de la destruction de la nature sont à chercher au plus profond de nos inconscients », nous indique le chercheur.

---

1. Voir bibliographie : *La Peur de la nature*, *La Civilisation antinature* et *En finir avec la nature*.

Terrasson a un grand jeu : il organise des stages lors desquels il lâche ses « victimes » en pleine nature, seules pendant toute une nuit, sans lumière, avec seulement un duvet, juste pour voir. Il en surgit des émotions étonnamment fortes. De vieux instincts enfouis se réveillent, des histoires de sexe et de mort, des peurs irrationnelles. L'inconscient s'exprime. C'est pour certains une véritable psychothérapie, ou au moins une séance de révélations. Pour d'autres, ce sera un retour stimulant vers l'authentique. Passez donc une nuit en forêt, ou dans un endroit sauvage, seul(e) : vous ne l'oublierez pas. Ça vous fait peur ?

La litière, les champignons

Des êtres étranges venus d'ailleurs

Pour nommer les champignons qu'elles consomment, nombre d'ethnies africaines emploient des termes qui les rapprochent davantage de la viande que des légumes. Cette intuition ancestrale est en parfait accord avec les découvertes de la science occidentale : les champignons ne sont ni des animaux ni des plantes. Ces êtres bizarres ont quelque chose d'extraterrestre, et ce n'est pas un hasard si Hergé a fait éclater des champignons géants dans *L'Étoile mystérieuse*, pour plonger Tintin dans un univers déroutant. Il a d'ailleurs dessiné des sortes d'amanites tue-mouches, connues pour leurs propriétés hallucinogènes sur les mouches, mais aussi sur les humains… Sigmund Freud lui-même avait un drôle de rapport avec les champignons : il les *chassait* ! Au cours de véritables expéditions familiales, il s'éloignait du groupe, et lançait son chapeau sur des bolets jaunes avec des cris de victoire quand il en « capturait » un… Henrietta Darwin (la propre fille de Charles Darwin) avait quant à elle un problème avec le bien nommé phallus impudique, ou satyre puant. Typique représentante de l'époque victorienne, la respectable lady a été jusqu'à susciter un programme pour supprimer de la campagne anglaise le trop suggestif champignon…

Les champignons ne contiennent pas de chlorophylle, mais du collagène, protéine utile aux animaux pour assurer la cohésion des muscles, des os et de la peau, et bien connue de la chirurgie esthétique. Malgré leurs apparences végétales, ils sont donc plus proches de l'animal, à la fois intermédiaires et êtres à part. La preuve ? Certains champignons *attrapent des vers au lasso* ! Il ne s'agit pas de grosses cordes lancées dans les airs, mais de petits tentacules qui réagissent au passage des nématodes, des vers minuscules qui vivent dans le sol.

Les champignons font du troc

Les plantes vertes n'ont besoin de personne pour se nourrir. La photosynthèse leur permet d'utiliser l'énergie de la lumière solaire pour élaborer des sucres, en combinant l'eau et le gaz carbonique de l'air. Les champignons, incapables de photosynthèse, doivent au contraire s'appuyer sur d'autres êtres pour se procurer leur nourriture. Ils sont quelquefois de purs parasites, qui poussent sur des matières en décomposition, sur des plantes ou des animaux en activité. Les *Cordyceps* et les *Entomophthera* se développent sur les mouches vivantes, les *Psoriasis* et *Pityriasis* sur la peau humaine.

Cependant, beaucoup de champignons savent aussi se rendre utiles, et même nécessaires, par des échanges de bons procédés, telles les mycorhizes. Tout se passe dans les secrets du sol, au niveau des racines des plantes. Les mycorhizes sont des associations fondamentales entre le mycélium[1] des champignons et les racines de 80 % des végétaux : bruyères, fougères, arbres, etc., qui ne pour-

---

1. Le mycélium est à la fois la face cachée et la partie la plus importante du champignon. Il se trouve sous terre ou dans le bois pourri. La partie visible, que nous appelons champignon, n'est que sa fructification, un peu comme la fleur ou le fruit d'une plante.

raient pas exister sans elles ! La plante verte cède au champignon ses surplus de sucre, un peu comme les pucerons excrètent leur miellat. En échange, le champignon fournit du phosphore, du calcium et du potassium au végétal. Pour trouver un champignon, il faut souvent chercher l'arbre auquel il est associé. Ainsi, les truffes dépendent des chênes « truffiers », les amanites tue-mouches généralement des bouleaux, les bolets élégants des mélèzes, pour citer des champignons visibles. Les minuscules graines des orchidées, qui sont trop petites pour pouvoir contenir des réserves nutritives, ne peuvent pousser *qu'en présence* d'un champignon.

Des scientifiques britanniques ont publié en 2004 leur découverte sur un rôle supplémentaire de ces champignons associés aux racines. Chez les marguerites, ils répondent aux réactions chimiques des feuilles attaquées par les larves de mouches mineuses en « appelant au secours » la guêpe parasite de ces mouches. Nous avons vu que le chou, ainsi que bien d'autres plantes, savait lancer des signaux. Mais dans ce cas, c'est un champignon qui sert de sentinelle et qui sonne l'alarme pour la plante ! L'effet est assez concluant pour que l'on envisage de favoriser ces champignons dans les cultures de fleurs en serre.

Comment se forment les « ronds de sorcières »

Le test est assez connu : posez le pied sur une vesse-de-loup[1] sèche, il en sortira une fumée très visible constituée de milliers de spores. Ces spores sont destinées à permettre la dissémination des champignons. Quand une spore tombe sur un endroit favorable, elle germe et il en sort un mycélium, qui va se développer dans toutes les directions.

---

1. La vesse-de-loup des prés est un champignon courant, rond et blanc. Il existe aussi, entre autres, une vesse-de-loup perlée, reconnaissable à ses petites verrues. Une autre espèce, la vesse-de-loup géante, semblable à un ballon de foot, peut atteindre quelque quarante centimètres pour un poids de plusieurs kilos !

Le dessin (*voir ci-dessous*) montre comment, à partir de ce point de départ, partent les filaments de mycélium. Quand les chapeaux de certaines espèces émergent, ils sont tous plus ou moins à égale distance de ce point central, et, tels des ronds dans l'eau, ils forment chaque année autour de lui un cercle un peu plus large. Il en résulte cette forme géométrique à l'allure artificielle, le rond, autrefois attribuée aux interventions magiques des sorcières. Dans les plaines américaines, on a trouvé des ronds de sorcières de deux cents à cinq cents mètres de rayon, soit un kilomètre de diamètre ! Certains de ces monuments naturels seraient vieux de six à huit siècles.

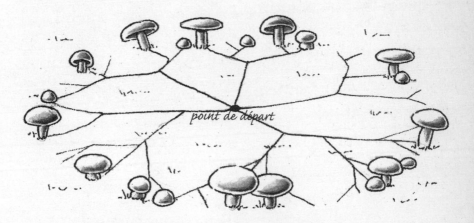

le cheminement souterrain du mycélium

Des animaux tracent également des marques appelées ronds de sorcière. Chacun à son échelle, le hérisson et le chevreuil, dessine des cercles. Le hérisson mâle, tel un petit jouet mécanique détraqué, tourne autour de la femelle jusqu'à labourer le sol. Il arrive aussi que des chevreuils, amoureux, se poursuivent autour d'un buisson ou d'un rocher jusqu'à graver dans la terre le souvenir de leurs ébats.

Le suicide du grillon

De tout petits insectes sautillent sur les feuilles mortes : ce sont des grillons des bois (*voir photo*). Avec d'autres espèces, ils sont quelquefois parasités par des vers némato-morphes, et cette histoire est l'une des plus étonnantes du monde animal. Ces parasites pénètrent dans le corps des grillons à l'état larvaire, microscopique, et grandissent jusqu'à devenir gigantesques par rapport à leur hôte. Quand il est temps pour eux de rejoindre l'eau afin d'y mener leur vie adulte, les vers « boguent » les grillons : *ils « programment » leur cerveau* pour les inciter à se jeter à l'eau, où ces derniers sont pourtant sûrs de se noyer ! Manipulés de l'intérieur par leur parasite, les grillons semblent oublier tout danger. Des pique-niqueurs ont ainsi observé des suicides de grillons dans des rivières, et on en a aussi vu sauter dans la gamelle d'un chien. D'autres genres de vers « téléguident » des araignées de l'intérieur jusqu'à les pousser au suicide[1]. Les moyens précis qu'ils utilisent pour leurs manipulations, à la limite de l'incroyable, restent en grande partie un mystère.

Qui a réduit les feuilles en dentelles ?

Les animaux minuscules qui vivent dans la litière ont une importance capitale dans l'écosystème forestier. Leur rôle : recycler la matière. Ce qui est tombé de l'arbre reviendra à l'arbre : grâce aux recycleurs, les feuilles et tous les débris organiques retournent à la terre et enrichissent l'humus pour nourrir de nouvelles plantes, qui nourriront à leur tour les animaux du futur. Comme les bousiers et autres obscurs travailleurs, ces bestioles insignifiantes pour le promeneur sont au centre même du fonctionnement de l'« usine » forêt. Beaucoup fuient la lumière, ce sont ceux que l'on découvre en soulevant des pierres. Parmi les plus

---

1. Voir d'autres exemples extraordinaires de « téléguidage » pages 242 et 243.

gros, les cloportes sont un des rares crustacés à s'être adaptés à la vie terrestre : ce sont d'authentiques cousins des crabes et des langoustes. Plus petits, presque imperceptibles, les collemboles sautillent grâce à leur queue en catapulte qu'ils portent sous le corps, la furca.

le saut du collembole

On les remarque quelquefois sur la terre des pots de plantes d'appartement. On peut en trouver plusieurs milliers au mètre carré. Les champignons, les mille-pattes, les larves de mouches, les acariens, tous contribuent à dégrader et à transformer les débris végétaux. Les plus gros commencent le travail, puis les moyens, et ainsi de suite jusqu'aux microscopiques : on a compté près de vingt mille larves de mouches sciarides dans un mètre carré de litière, et plus de trois cent mille acariens par mètre carré dans le sol !

Les acariens transforment des détritus divers en excréments qui nourrissent des bactéries, qui elles-mêmes continuent de dégrader la matière organique. C'est ce genre de travail d'équipe qui permet de faire disparaître complètement la surface des feuilles, ne laissant que les parties dures, les nervures, créant ainsi de véritables dentelles.

Extraordinaires fourmis

Il existe, dans le monde entier, des fourmis aux mœurs extraordinaires : des couturières, qui soudent des feuilles en se servant de leurs larves comme de tubes de colle, des kamikazes qui se font exploser à la tête de leurs ennemis pour les asperger de toxines mortelles, des légionnaires qui tuent tout sur leur passage, des champignonnistes qui cultivent un champignon n'existant nulle part ailleurs que dans leurs caves, etc. Certaines colonies ont une reine, d'autres plusieurs, d'autres aucune. Il existe aussi de véritables empires : les fourmis d'Argentine, récemment introduites par l'homme en Australie et en Europe, ont déjà envahi plus de six mille kilomètres le long de nos côtes, et continuent leur expansion sans connaître de limites, éliminant les espèces indigènes. Elles ont constitué un phénomène unique dans l'ordre du vivant : la supercolonie. De la même façon, les fourmis *Lasius* de Paris, Gand et Budapest appartiennent à une seule et gigantesque supercolonie !

L'organisation intelligente des insectes sociaux est particulière : elle leur permet de construire des cités complexes avec un cerveau qui ne l'est pas, de vraies architectures sans architecte. Les roboticiens étudient attentivement les mouvements de ces insectes, et utilisent les lois qui les régissent pour concevoir des machines à la fois moins compliquées et plus efficaces. Car apparemment, le système collectif si complexe des fourmis suit des règles très simples.

Dans un tout autre ordre d'idées, certains considèrent une fourmilière (ou une ruche, une termitière, etc.) comme un être vivant, dont chaque insecte agirait comme une cellule ou un organe. Les soldats font office de défenses immunitaires, et assurent en surface l'intégrité de la colonie. Les ouvrières assurent le ravitaillement et leurs colonnes forment une sorte de tractus digestif, qui se termine par l'élimination des déchets. Protégée au centre de l'entité, la reine pondeuse est l'équivalent de l'organe de reproduction. Cette notion de superorganisme existait déjà à l'époque de Platon, puis a été reprise par différents chercheurs américains au XXᵉ siècle. Elle a aussi ses détracteurs. À une autre échelle, la célèbre hypothèse Gaia, formulée par le spécialiste anglais de l'atmosphère, James Lovelock, au milieu des années 1960, considère la planète Terre comme une superentité vivante qui réagit aux agressions que nous lui infligeons…

Les fourmis aiment les lèche-bottes

La vie des fourmis ouvrières et de la reine mère est relativement bien connue. On sait moins que de nombreuses autres bestioles parviennent à circuler en toute liberté dans la cité grouillante : araignées, cloportes, mille-pattes, insectes, etc. Pour passer inaperçus, des araignées européennes miment l'apparence et le comportement frénétique des fourmis. De gros vers blancs, les larves de cétoine, se tiennent en toute tranquillité dans les fourmilières grâce à des substances répulsives. Le problème, c'est que le renard et le blaireau, grands amateurs de larves, éventrent les édifices à leur recherche. Certaines fourmis aiment les lèche-bottes : des coléoptères myrmécophiles (aimant les fourmis) les lèchent ou les caressent contre une pâtée spéciale. À l'inverse un coléoptère, la loméchuse, émet sur son dos des substances dont les fourmis sont folles. Elles s'en saoulent jusqu'à l'overdose, oubliant leur travail et laissant la colonie dégénérer…

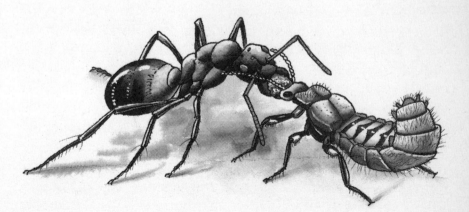

loméchuse se faisant nourrir par une fourmi

Il existe d'étranges associations entre des fourmis et d'autres insectes. Ainsi, la chenille de plusieurs espèces de papillons comme l'argus bleu (ou azuré du serpolet), qui séduit les fourmis avec une substance sucrée. Gourmandes, les fourmis vont la transporter dans leur cité, où l'ingrate sera nourrie à son tour avec... les propres larves des fourmis ! La chenille se métamorphosera à l'abri dans la fourmilière, et s'envolera. On s'est aperçu en Grande-Bretagne que le papillon a disparu en même temps que le lapin, au moment de l'introduction de la myxomatose : en broutant, le lapin débroussaillait et permettait à la plante nourricière de la chenille de pousser à la lumière. Bel exemple d'un effet domino de destructions, après que l'on a touché à un seul maillon d'un écosystème.

Les fainéantes et les esclavagistes

Les grosses fourmilières que l'on trouve souvent en forêt, faites d'aiguilles de conifères et de débris végétaux, sont les œuvres des fourmis rousses. Elles ne piquent pas, mais utilisent pour se défendre leur fameux acide formique, que l'on peut sentir en s'approchant de leur grouillement. Sous le dôme, qui équivaut à deux cents ou trois cents fois la taille de ses constructeurs, le réseau de galeries descend à un mètre sous terre. Une seule colonie représente environ cent kilos de terre remuée. Que s'y passe-t-il en hiver ? La reine et une partie des ouvrières vont descendre dans les caves les plus profondes pour hiberner, alors que certaines vont rester dans les couches supérieures, quitte à geler puis dégeler plusieurs fois au cours de l'hiver sans dommage. Au printemps, ces surveillantes se chaufferont dans les premiers rayons de soleil et sonneront le réveil.

Les fourmis servent de nourriture à quantité d'animaux, mais elles jouent aussi un rôle de nettoyeuses de la forêt (elles déblaient le sol des insectes morts) et de semeuses de graines. On a répertorié une quarantaine de végétaux qui disséminent leur semence grâce aux fourmis : les insectes se nourrissent de l'huile contenue dans une poche de la graine, puis la rejettent. Des plantes comme la scille à deux feuilles offrent des « bonbons » aux fourmis en paiement du service de taxi. Les ouvrières d'une seule fourmilière moyenne transportent ainsi quelque trente-six mille semences chaque saison. Les fourmis rousses sont aussi appréciées des forestiers parce qu'elles empêchent de nombreux ravageurs de pulluler, et elles sont protégées par la loi. Dans des pays comme la Pologne, on entoure certaines fourmilières de barrières, pour protéger les édifices des coups de boutoir des sangliers, et afin de préserver les oiseaux mangeurs de fourmis, comme les pics et les torcols !

Les apparences nous font croire que les fourmis passent leur temps à travailler. En fait, il existe une bonne proportion de fainéantes, qui « se la coulent douce » au sein de la fourmilière : des sortes de réservistes (on en a compté 42 % chez la fourmi noire). Hélas pour elles, il existe aussi des esclavagistes, comme les fourmis sanguines et les amazones. Celles-ci organisent régulièrement des raids pour envahir les nids d'autres espèces, puis rapportent des larves dans le leur et en font leurs esclaves. Les fourmis amazones (qui se trouvent en Europe, et non en Amazonie) sont dépourvues de mandibules en forme de sabre, et seraient incapables de s'alimenter seules. Certaines femelles s'imprègnent de l'odeur d'une ouvrière, pénètrent au cœur d'une colonie pour usurper le trône de la reine en place, et la décapitent en lui sciant lentement le cou…

Les arbres et leurs hôtes

L'hospitalité faite arbre

Si l'on peut comparer une fourmilière à une cité, le chêne est un pays. Plusieurs centaines d'espèces animales différentes et d'organismes divers vivent autour du chêne (y compris dans la litière de feuilles mortes[1]), ou dépendent de lui. Des mousses aux champignons, des bactéries aux sangliers, les invités sont nombreux, et quelquefois gênants. Cependant, un chêne peut vivre jusqu'à huit cents ans, voire deux mille ans – c'est le plus vieux de nos arbres indigènes –, et il continuera d'offrir ses richesses même après sa mort. Des forêts de chênes ont couvert la Gaule, puis la France jusqu'à l'aube des temps médiévaux, et l'arbre fait partie de notre culture. C'est l'arbre par excellence. On s'est nourri de ses glands, on a amené les cochons « à la glandée » jusqu'au XVIIIe siècle, et les animaux sauvages – mulots, écureuils, cerfs, sangliers, pics, sittelles, geais des chênes, pucerons, charançons, papillons, lucanes cerfs-volants (*voir dessin p. 207*) – continuent de s'en repaître, des racines à la cime…

Le lucane cerf-volant est un titan au royaume des insectes. Le vol presque vertical, bruyant, de cet énorme coléoptère, les soirs d'été, a de quoi impressionner. Les mâles sont armés de pinces semblables à des bois de cerf (d'où leur nom) dont ils se servent pour se disputer les femelles, car celles-ci sont moins nombreuses qu'eux. Leurs larves vivent dans les vieux troncs de chênes cariés. Ces gros vers blancs bien juteux furent des friandises très appréciées des Romains…

La chenille qui saute à l'élastique

En se promenant dans les forêts, on tombe souvent nez à nez avec des chenilles suspendues dans les airs, au bout d'un fil de soie. C'est à la fois leur manière de se déplacer, une sorte de corde de rappel, et un moyen de défense : en cas d'attaque par un prédateur, certaines se jettent dans le vide, et restent suspendues à leur fil comme à un élastique. La tordeuse verte du chêne (qui doit son nom à son habitude de s'enrouler dans les feuilles) se déplace souvent de cette

---

1. Un écologiste belge a estimé qu'un seul hectare de litière de chênaie contient environ six millions de diptères (les insectes de la famille des mouches), appartenant à seize familles différentes.

façon quand elle cherche de nouveaux territoires où se nourrir. Quand les tordeuses pullulent, elles peuvent dépouiller un chêne de ses feuilles (quelquefois un tilleul ou un cerisier). Leurs excréments tombent alors de l'arbre avec un crépitement continu. Cependant, les pullulations de tordeuses ont lieu là où les pesticides ont éradiqué leurs ennemis naturels. L'organisation naturelle est au point : les chenilles n'ont qu'une génération par an, et leurs hôtes peuvent se reconstituer après leur disparition…

Le bombyx du chêne, ou minime à bandes jaunes, est un gros papillon nocturne pas vraiment nocturne. En effet, les mâles volent au soleil à la recherche des femelles qui, elles, sont au repos le jour. Phénomène unique chez les papillons, les minimes s'accouplent deux fois : au cours de la première manche, le mâle prend la femelle par la gauche ; pour la seconde fois par la droite ! La fonction de la première copulation est la fécondation, la seconde stimule la ponte. La chenille se délecte des feuilles de chêne et de bien d'autres végétaux, alors que les adultes, aux pièces buccales atrophiées, ne prennent aucune nourriture et ne vivent que quelques jours.

Histoire inexplicable autour des galles du chêne

Tiens, encore une histoire de guêpes parasites. Celles-ci piquent le chêne et le forcent à fabriquer différentes galles très visibles et assez connues (*voir photo*). Il y en a de toutes sortes : en forme de bille bien ronde, de pomme de terre, de lentille, de groseille, de potimaron, de bourgeon, etc., en tout une centaine chez le chêne, provoquées par autant d'insectes différents. Le cynips, responsable de la galle « pomme de chêne » (un certain *Biorrhiza pallida*), suit un cycle étrange à deux vitesses, dont la raison exacte échappe aux biologistes. Après s'être accouplées, les femelles s'enfoncent sous le sol, et pondent jusqu'à un mètre de profondeur, dans les racines d'un chêne. Leurs « bébés » sortiront des galles des racines en plein hiver. Ce sont tous des femelles, bien différentes de leur mère, sans ailes et parthénogénétiques[1]. Sans être passées par la case accouplement, celles-ci pondront à leur tour, mais dans les bourgeons. La ponte provoquera l'apparition des fameuses « pommes de chêne », d'où émergeront des adultes des deux sexes, capables de voler et de s'accoupler, comme leurs grands-parents, et le cycle recommencera.

On peut récolter des galles pommes de chêne au mois de mai. Il faut les mettre dans un récipient sur de la mousseline (tissu de rideau) légèrement humide, mais pas trop de façon que la galle ne pourrisse pas. Si tout va bien, il en sortira la fameuse *Biorrhiza pallida*, ou encore des espèces accompagnatrices. Il n'y a plus alors qu'à les relâcher dans leur milieu.

Le chêne n'est pas le seul arbre à porter des galles. Regardez bien les feuilles et les bourgeons des hêtres, des saules, des tilleuls, des bouleaux et de tant d'autres, qui en présentent des formes surprenantes aux couleurs quelquefois vives. Les petits trous visibles sur les galles montrent la sortie d'un insecte adulte ou de son parasite. Les gros trous sont l'œuvre d'oiseaux comme les pics, qui ont fait un festin de larves.

La longue langue du pic

Les pics n'ont pas leur langue dans la poche, ils l'ont dans la tête ! Comme les tamanoirs, ils déroulent une langue gluante, interminable, pour déloger les insectes de leurs cachettes. À l'intérieur, cette langue se replie dans un tube, qui s'enroule autour du crâne et s'insère sur le front. Elle jaillit de plusieurs centimètres hors du bec pour fouiller les trous et les écorces. Le pic est une machine à grimper. Contrairement à la plupart des oiseaux, ses doigts sont disposés par paires (deux sur le devant et deux à l'arrière), ce qui lui permet de bien s'accrocher aux troncs verticaux, sa queue aux plumes solides lui servant de trépied. Grâce à son bec

---

1. C'est-à-dire se reproduisant sans fécondation (voir le cas des pucerons, page 58). Ces femelles aptères sont si différentes de leurs parentes les guêpes ailées que l'on a longtemps cru avoir affaire à deux espèces distinctes.

puissant, muni de coussins cartilagineux antichocs et de renforcements pour que celui-ci ne s'enfonce pas dans son crâne quand il cogne, il creuse des trous dans le bois tendre (et, notons-le, rarement dans des arbres sains).

Le premier « métier » du pic est celui de médecin des arbres, car il les délivre des insectes grignoteurs, un peu comme le pique-bœuf soulage les grosses bêtes. Il est aussi architecte et ébéniste pour beaucoup d'animaux cavernicoles (amateurs de cavités). À coups de bec, il creuse dans les arbres des nichoirs trois étoiles pour élever sa couvée. La saison suivante, les trous seront réutilisés par des étourneaux, des mésanges, des chouettes hulottes, des sittelles torchepot, des pigeons colombins, des écureuils, et bien d'autres. Pour occuper la place, les bagarres sont parfois sévères entre les squatters.

Le tambourinage rapide des pics n'est pas le bruit d'oiseaux qui se nourrissent, mais un appel territorial et nuptial. D'après les observations d'ornithologues finlandais, les pics reconnaissent jusqu'au côté d'un tronc qui délimite leur domaine. Comme ces oiseaux chantent mal, ils ont opté pour les percussions afin de faire résonner leur messagerie amoureuse, que l'on entend dès le mois de février.

Les oiseaux grimpeurs : chacun à sa place

On appelle volontiers tous les oiseaux grimpeurs des « piverts », cependant le plus commun n'est pas vert, mais noir et blanc, avec des taches et des culottes rouges : c'est le pic épeiche (*voir photo*). La répartition du travail dans un écosystème trouve une belle démonstration avec nos trois pics les plus courants. Le plus gros d'entre eux, le pic vert, se nourrit volontiers au sol, notamment de fourmis. De dimensions moyennes, le pic épeiche grimpe en général sur les troncs et les grosses branches. À peu près de la taille d'une mésange charbonnière, le pic épeichette, lui, se permet d'aller chercher les insectes sur de petites branches souples et sur les jeunes arbres, là où les autres ne peuvent pas accéder. Ainsi, il n'y a pas de concurrence, chacun est à sa place.

Deux autres oiseaux grimpeurs s'observent sur les arbres. N'étant pas dotés de la longue langue des pics, ils ont des habitudes alimentaires un peu différentes. Le tout petit grimpereau est le plus discret. Cet oiseau niche souvent entre le tronc et une écorce légèrement détachée. Afin de lui éviter des ennuis, il faut donc s'abstenir d'arracher les écorces pour voir ce qui s'y cache. L'autre grimpeur est la sittelle torchepot, au dos bleu, que l'on reconnaît facilement à la facilité avec laquelle elle descend des troncs la tête en bas (le grimpereau en est capable également, mais cela lui arrive rarement). La sittelle se rencontre presque partout où il y a des arbres, même en zones urbaines. Elle doit son nom de torchepot au fait qu'elle réduit l'ouverture d'accès à son nid (trou de pic, nichoir…) avec un torchis de boue fait maison, de façon à en interdire l'entrée aux gros curieux affamés.

Elles sentent bon la résine

Le chêne et les autres arbres feuillus accueillent une réjouissante biodiversité. Il n'en est pas de même avec nombre de conifères, surtout quand il ne s'agit pas d'espèces indigènes, car la flore et la faune locales n'y sont pas adaptées. Les forêts de conifères ont malgré tout une belle qualité : elles sentent bon la résine. Dans les lieux où leur présence est naturelle, elles ont aussi l'avantage d'accueillir des espèces particulières, comme le bec-croisé des sapins en montagne. Cet oiseau, qui doit son nom à son appendice bizarre, figure presque systématiquement dans les dessins montrant la diversité des becs des volatiles. Son bec lui sert à extraire les graines d'épicéa. Même dans un jardin, un résineux peut attirer des oiseaux différents, des mésanges noires ou huppées et des roitelets. Avec leurs neuf centimètres de la pointe du bec au bout de la queue, les roitelets sont les plus petits oiseaux d'Europe et ne pèsent pas plus de cinq grammes. Ils doivent leur nom à la petite couronne jaune qu'ils portent sur la tête.

Champs d'arbres et forêts naturelles

Les ingénieurs forestiers aiment rappeler que la surface de la forêt augmente en France. Cela n'est vrai que si l'on ne tient pas compte de la *qualité* de ces forêts. Beaucoup d'entre elles ne sont que des champs d'arbres, des quasi-déserts biologiques, et ne mériteraient pas, pour un biologiste comme pour un randonneur, le nom de forêt. Comparez donc ces monocultures de conifères, qui étalent leur ombre froide sur des tapis d'aiguilles stériles, avec une forêt digne de ce nom, comportant des arbres d'essences et d'âges variés, où la vie fourmille...

Les aiguilles des résineux sont très acides, et la plupart des végétaux ne peuvent y pousser. De plus, les eaux de pluie qui ruissellent de ces forêts acidifient les cours d'eau et provoquent la mort de nombreux organismes, poissons compris. Entrepris voici des décennies, l'enrésinement de nos paysages est encore une pomme de discorde entre écologistes et exploitants forestiers. Nos régions les plus vertes, comme le Limousin, voient leurs étendues de chênes ou de vieux châtaigniers disparaître petit à petit au profit de conifères souvent exotiques, à la croissance plus rapide et à la rentabilité plus palpable. Ces monocultures sinistres sont souvent le fait de gros organismes, comme des compagnies d'assurances, qui appliquent là une sorte d'économie colonialiste, car les profits ne sont ni pour les habitants ni pour la région, et encore moins pour l'environnement. Inutile de préciser le nombre d'espèces animales éliminées quand on abat une forêt de chênes centenaires pour planter des conifères...

Un bon truc : le parapluie japonais

Cela s'appelle le parapluie japonais, parce qu'en principe il faut utiliser un parapluie, de préférence blanc. Si vous n'en possédez pas, un drap uni clair fera parfaitement l'affaire. La technique est simple : étalez le drap au sol sous un arbre ou un buisson, et secouez une branche. Des tas de bestioles désarçonnées vont tomber sur le drap, où vous

n'aurez plus qu'à les étudier, muni(e) de votre guide d'identification préféré, et au besoin d'une loupe de poche. C'est
fou ce que l'on peut découvrir avec des objets aussi simples.

L'expérience peut marcher aussi la nuit, sous un saule à
l'époque de la pollinisation par exemple, pour découvrir les
papillons nocturnes. Il ne faut la réaliser qu'une fois au même
endroit pour ne pas trop perturber les bestioles. À tester en
famille…

Les sous-bois au printemps

La stratégie de la jacinthe bleue

Une infime partie de la lumière solaire atteindra le sol de
la forêt quand les arbres auront développé leurs feuilles. Les
fleurs des sous-bois se dépêchent donc de fleurir avant que les
feuilles des arbres n'apparaissent. Les tapis bleus de jacinthes
ou de pervenches, blancs d'anémones ou de muguet, qui
explosent au printemps, ne pourraient pas voir le jour en été.

Un peu comme on doit gérer un budget économique,
chaque végétal doit répartir ses dépenses énergétiques entre
croissance, reproduction, accumulation de réserves, défense
contre les herbivores, etc. Les plantes dites annuelles (coquelicots, séneçons…), parce qu'elles effectuent tout leur cycle
vital rapidement, produisent des milliers de graines. Ainsi,
quelques-unes auront des chances de se développer quelque
part pour perpétuer l'espèce. Elles sont typiques des milieux
instables (glissement de terrain, travaux humains, voire terre
remuée de taupinière…) et leurs populations se déplacent
constamment[1]. Les plantes vivaces, en revanche, misent plus
sur l'installation à long terme dans un milieu stable. C'est la
stratégie de survie adoptée par la majorité des fleurs de sous-

------

1. Les végétaux cultivés à grande échelle (blé et autres graminées)
sont essentiellement des plantes annuelles, qu'il faut semer chaque saison.
Très dispersées dans la nature, les annuelles attirent et affrontent peu
d'ennemis. Mais nos cultures les rassemblent sur de grandes surfaces, ce qui
favorise une pullulation anormale des insectes qui s'en nourrissent.

bois. Celles-ci dépensent une grosse partie de leur budget énergétique dans des réserves de nourriture de façon à passer l'hiver, comme les fleurs à bulbe (perce-neige, jacinthe bleue). Ces fleurs se reproduisant toujours au même endroit finissent par former des tapis au printemps.

L'arum, un diabolique piège à mouches

Tout le monde connaît les arums, au moins de vue, tant ces plantes sont communes, et leur cornet reconnaissable (*voir photo*). Dans ce cornet (la spathe), on remarque un élément brun dressé : le spadice. Le spadice est une sorte de bâton d'encens, un diffuseur de parfum chaud d'environ quatorze degrés de plus que la température ambiante. Cette chaleur facilite la volatilisation d'une odeur d'urine et de décomposition destinée à attirer des moucherons. Les psychodas, de minuscules mouches aux ailes velues que l'on rencontre fréquemment sur les éviers, sont de la fête. Un arum peut recevoir entre vingt et trente visites par jour, avec un record observé de quatre mille bestioles ! Les petits insectes glissent sur la paroi de la spathe et se retrouvent à la base du système, retenus prisonniers par des poils qui gênent leur fuite. La suite de l'histoire est invisible. Les moucherons peuvent profiter de la chaleur et du nectar, certes, mais ils tenteront tôt ou tard de sortir. En se débattant pour y arriver, ils vont s'imprégner du pollen produit par les fleurs mâles. Au bout de trois jours environ, la barrière de poils se ratatine, et les prisonniers s'échappent enfin. Mais comme ils ne sont pas malins malins, ils risquent fort de se précipiter ailes baissées vers un autre arum piège. Après une partie de toboggan, ils vont déposer le pollen sur les fleurs femelles et féconder la plante. Plus tard, le cornet va faner et disparaître, et les fleurs fertilisées vont grossir en de jolies boules vertes, puis rouge vif, disposées autour de la tige. Ces grappes de fruits toxiques, connues depuis toujours, ont autrefois été appelées « pain de vipère ». On croyait que la vipère s'en nourrissait, mais rappelons que les serpents sont strictement carnivores. Une jolie légende qui hante encore nos terroirs…

La mouche de la Saint-Marc

Celle-là, je ne peux pas l'oublier, puisqu'elle marque ma fête. Je l'aime bien, parce qu'elle est un rendez-vous annuel, et qu'elle est synonyme de beaux jours (*voir photo*). Ce n'est pourtant pas le plus beau des animaux totems : cette grosse mouche noire maladroite vole lourdement, en bandes nombreuses, pendant quelques jours autour du 25 avril. On la rencontre dans les campagnes et dans les villes, souvent près des arbres. On peut alors en voir voleter pattes ballantes, ou se traîner lamentablement sur le sol. Sa vie adulte est très courte, le temps d'un accouplement dos à dos. Le mâle, qui doit repérer la femelle à la vue, se reconnaît à ses gros yeux. La femelle, aux yeux peu développés, creuse un terrier avec une petite chambre dans laquelle elle pondra de deux cents à trois cents œufs. Puis elle mourra. Ses larves passeront l'hiver dans le sol. C'était la vie fabuleuse de la mouche de la Saint-Marc. Bon.

Le bourdon couve ses œufs

Tout comme les mammifères, le bourdon est poilu. Son manteau de fourrure lui assure une excellente protection contre le froid : on le rencontre jusqu'au Groenland. Déjà au travail quand les autres insectes restent engourdis, tôt dans la saison ou lors des étés pluvieux, le bourdon est souvent le seul pollinisateur capable d'assurer la fécondation des fleurs et des arbres fruitiers. On introduit cet utile fertilisateur dans des serres de tomates.

Au printemps, on observe beaucoup de gros bourdons engourdis au sol : ce sont des femelles sortant de leur abri hivernal, prêtes à fonder une colonie. La future reine de bourdon terrestre choisit une cavité où elle construit une coupe de cire, généralement dans un terrier de mulot abandonné. Elle la remplit d'une pâte de miel et de pollen appelée « pain d'abeille ». Elle pond dessus et, les premiers jours, « couve » ses œufs comme une poule. Les ouvrières de la première couvée l'aideront à élever les larves suivantes. En automne, les mâles féconderont des femelles et la colonie, qui peut compter cinq cents habitants, mourra. Seules les femelles fécondées survivront et hiberneront, jusqu'au cycle suivant.

Bourdons squatters et bombyles

En donnant des genres aux animaux, la langue française a prêté à bien des confusions. Les bourdons ne sont pas les mâles des abeilles, pas plus que les crapauds ne sont les mâles des grenouilles, les rats ceux des souris, ni les hiboux les mâles des chouettes. Ce sont bien des espèces distinctes, comprenant chacune des gars et des filles. Comme beaucoup de ses cousines guêpes et abeilles, le bourdon vit en colonie, avec une ou plusieurs reines, des mâles et des ouvrières.

Il existe aussi des bourdons coucous ! Comme les oiseaux du même nom, ces bourdons parasites pondent dans le nid d'espèces plus travailleuses. Ne possédant pas d'outils de récolte du pollen, ils laissent à ceux-ci le soin d'élever leur progéniture.

Au printemps, on remarque des insectes velus volant sur place autour des fleurs près du sol : les bombyles (*voir photo*). Leur longue langue leur permet de butiner à distance. Malgré leur apparence, ce sont des diptères, des cousins des mouches, et non des bourdons. Ils sont assez faciles à identifier.

À tester vous-même : Vérifier en quoi les fourmis ne sont pas « fleur bleue ».

Posez une fleur de couleur bleue sur le dôme d'un nid de fourmis rousses des bois. Elles vont attaquer ce corps étranger à l'acide formique, ce qui va décolorer la fleur en rose…

À QUATRE PATTES AU BORD DE L'EAU

Une simple mare représente un univers extraordinaire, un terrain d'exploration qui fascine les enfants. Les animaux qui s'y trouvent leur sont accessibles, et ces eaux troubles, primitives et insondables, possèdent quelque chose du mystère des origines. Au printemps, l'endroit grouille d'une vie intense : les insectes aquatiques se rencontrent partout, les amphibiens (grenouilles, crapauds, tritons) se montrent car c'est pour eux l'époque de la reproduction. Puis c'est la découverte si instructive de la métamorphose des têtards. Un petit matériel de base peut aider à observer tout ce joli monde : épuisette fine, bocal, pipette, guide(s) d'identification, à une seule condition : relâcher les bestioles après observation. Elles survivent difficilement en aquarium, et leurs lieux de vie disparaissent à la vitesse grand V. En un siècle, la France a perdu deux millions cinq cent mille hectares de ce que l'on appelle les zones humides.

Les oiseaux aquatiques

Le peigne du héron, ses produits de beauté

Depuis 1974, date à laquelle il a été intégralement protégé par la loi, le héron cendré est redevenu un oiseau commun, et c'est tant mieux. Ses ailes rondes et immenses, son vol lent de grand oiseau majestueux, ses affûts immo-

208

biles au bord de l'eau ou dans les champs manqueraient à nos promenades. Il est farouche, l'animal. Il m'agace quand il s'envole à mon arrivée, se délestant d'une fiente provocatrice, alors que l'instant précédent il se tenait tout près de pêcheurs indifférents ! Zut alors, j'ai pourtant ma carte de la LPO ! C'est comme s'il avait repéré à mes jumelles que j'allais oser jouer les voyeurs. En fait, pour observer un animal à découvert, il faut faire semblant de ne pas s'y intéresser.

Le héron est un méticuleux. Pour procéder à sa toilette, il possède un peigne : une griffe crantée sur chaque patte qui lui permet de se lisser les plumes. Comme tout oiseau qui se respecte, il possède des glandes uropygiennes à la base de la queue. Ce sont des réserves de graisse dans lesquelles il

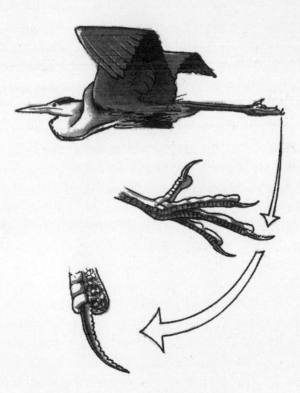

le doigt médian du héron est cranté :
l'oiseau s'en sert de peigne

puise avec son bec pour enduire et imperméabiliser son plumage, ce qui lui garantit un matériel de vol en bon état de marche. Sa survie en dépend. Il possède également, comme d'autres hérons, une poudre grasse sur le duvet de la poitrine et des flancs. Enfin, on pense que l'oiseau se sert d'une troisième crème de soins corporels : les matières visqueuses qui recouvrent les écailles des poissons...

Le héron ne fait pas le poids

Le héron nage très rarement : il ne peut donc pas pêcher plus loin que la hauteur de ses pattes. Il se cantonne généralement au bord de l'eau, à une profondeur ne dépassant pas trente centimètres, et attrape de préférence des poissons très courants ou malades. Il joue ainsi un rôle sanitaire non négligeable : c'est le médecin de l'étang. On l'observe de plus en plus en train de muloter en plein champ (*voir photo*), car il se nourrit aussi de petits rongeurs, principalement en hiver. On ne doit donc pas voir en lui un redoutable éliminateur de poissons. Rappelons que le héron cendré, malgré une envergure de presque deux mètres (c'est plus grand héron d'Europe), pèse moins de deux kilos ! Il ne peut guère ingurgiter que deux cent trente à deux cent cinquante grammes de nourriture quotidienne en moyenne.

Comme tous les grands oiseaux, le héron connaît désormais un problème majeur avec les lignes électriques, qu'il percute en plein vol. Malgré beaucoup de promesses aux associations et quelques opérations locales judicieusement médiatisées, EDF n'agit pas sérieusement contre cette gigantesque menace, qui œuvre comme une toile d'araignée géante sur tout le territoire. La destruction d'espèces protégées (les rapaces sont aussi touchés) est pourtant passible de sanctions... Ce qui n'empêche pas de constater aussi que 60 % des hérons retrouvés morts en France ont été tués par des chasseurs, sans doute également amateurs de pêche, et ne supportant pas la « concurrence » de la nature.

la danse nuptiale des grèbes huppés

La danse nuptiale des grèbes huppés

Dans nos régions, le spectacle de la nature à ne pas manquer, parce qu'il est beau et facile à voir, est la parade amoureuse des grèbes huppés. Promettez-moi d'aller les voir au printemps, je vous assure que vous ne le regretterez pas. D'abord, le show est comique. Ces deux oiseaux qui se font des « non » mécaniques de la tête, l'un en face de l'autre comme des jouets déréglés, sont irrésistibles. Ensuite, il y a des phases romantiques : les grèbes plongent pour amasser des plantes aquatiques puis se les offrent en guise de cadeau de noces. Enfin (ou surtout), il y a l'esthétique de ces oiseaux élégants dont le ventre clair illumine de loin la surface de l'eau. La huppe de plumes de séduction décorant leur tête en période nuptiale ajoute une note raffinée à leur silhouette gracieuse. Les grèbes huppés sont fréquents partout où se rencontrent des surfaces d'eau un peu importantes, même en zones périurbaines, il y en a donc forcément près de chez vous. Dès le mois de février, le ballet nautique vous attend.

Un peu plus tard, le spectacle a évolué, mais vaut toujours le déplacement : les petits sont nés et se laissent transporter sur le dos de leurs parents. La méthode est efficace contre les gros brochets et autres prédateurs des étangs. On peut aussi assister aux becquées. Détail étonnant : les adultes commencent par donner à leur progéniture de petites plumes à avaler, qu'ils s'arrachent de la poitrine ou qu'ils recueillent sur l'eau. En tapissant l'estomac, les plumules le protègent contre les parties dures des insectes et autres proies. Les grèbes avalent des plumes protectrices toute leur vie. Amateurs de petits poissons et de proies vivantes, ils plongent à leur recherche entre trois cents et cinq cents fois par jour, ce qui les maintient quotidiennement de trois à quatre heures sous l'eau !

À quoi servent les parades ?

Devant les danses absurdes des grèbes, on peut se poser la question. Les parades nuptiales servent d'abord à rassurer des animaux qui, souvent, vivent en solitaires. Leurs gestes amoureux ne sont pas agressifs. Pointer son bec vers l'autre étant un signe de menace, ce mouvement est évité : les goélands détournent la tête, les hérons pointent le bec vers le ciel, les cigognes renversent le leur en arrière. On trouve aussi dans les cours amoureuses beaucoup de postures infantiles (rappelez-vous les moineaux page 94) ou de soumission. Au cours de l'évolution, les gestuelles se sont ritualisées. Elles sont devenues de plus en plus précises, codées, obligatoires pour chaque espèce, quelquefois à la posture près. Ces cérémonies apparemment sans logique ont une autre fonction bien définie : éviter aux partenaires de se tromper d'espèce. Chaque geste agit comme un mot de passe, un code d'accès vers le contact. Enfin, la parade amène les deux individus à synchroniser leurs mouvements, ajuster leurs rythmes biologiques pour parvenir au même moment à la pulsion de l'accouplement.

Les « mots de passe » existent aussi entre parents et enfants. Si un héron adulte oublie le rituel de pacification quand il rentre au nid, il se fait arroser par des jets de fiente et de nourriture liquide lancés par ses propres petits (« propres » étant une façon de parler).

Le bonnet d'évêque des canards colverts

L'hiver, de nombreux oiseaux nordiques viennent chez nous fuir les rigueurs du climat (*voir calendrier page 276*). On les appelle donc des hivernants. La majorité sont des canards, et la variété de leur plumage nous dévoile à quel point on connaît peu, finalement, les oiseaux qui nous entourent : nettes rousses, sarcelles d'hiver, fuligules morillons, milouins et milouinans, canards souchets, siffleurs, colverts, chipeaux, pilets, etc. Il faut un guide d'identification pour les déterminer, ce qui est assez facile quand il s'agit de mâles. Pour commencer par le plus simple, on peut d'emblée distinguer deux grandes catégories de canards : les barboteurs, ou canards de surface, et les plongeurs. Le plus connu des canards, le colvert, est un barboteur de surface. Il ne plonge pas pour trouver sa nourriture, mais immerge sa tête et l'avant de son corps, ne laissant dépasser que son arrière-train (que l'on appelle alors un « bonnet d'évêque ») (*voir photo*). Le canard de surface amerrit ou décolle facilement hors de l'eau avec un trajet relativement vertical et direct. Moins habile dans les airs, mais meilleur nageur, le canard plongeur doit marcher et prendre son élan. Il a les pattes situées plus en arrière du corps, car elles lui servent de propulseurs. Cela lui donne une allure plus verticale au sol. L'élégant canard pilet, le souchet au long bec plat et les sarcelles sont des canards de surface. Les eiders, les garrots et les fuligules sont des plongeurs. À vos jumelles !

Papa poule d'eau

La poule d'eau est l'un des oiseaux les plus répandus au monde. Elle n'a aucun rapport avec la poule domestique (pour être « ornithologiquement correct », on devrait aujourd'hui l'appeler *gallinule poule d'eau*), mais elle lui ressemble beaucoup quand elle broute sur les pelouses. Elle est présente quasiment partout où il y a de l'eau, jusqu'au cœur des villes : aux Pays-Bas, on en a vu se réfugier des intempéries sous des abribus ! Comme la poule domestique, la poule d'eau vole mal, en tout cas en dehors des migrations, car certaines parcourent des centaines de kilomètres. On a souvent d'elle la vision d'un oiseau voletant affolé au ras de l'eau vers une touffe de végétation protectrice, son derrière blanc bien visible s'agitant nerveusement. Comme chez les lapins et les chevreuils, cette tache claire est un panneau d'avertissement de danger. Cet arrière blanc distingue la poule d'eau de la foulque, autre oiseau aquatique noir. La poule d'eau porte également un bec rouge vif à la pointe jaune, qui lui sert dans la communication visuelle au cours des disputes ou des parades.

Pour son exercice de séduction, le mâle construit des plates-formes de parade nuptiale. Les futurs parents érigent le nid ensemble, et peuvent produire plusieurs couvées. S'il y en a une seconde, le mâle s'occupe des premiers-nés, et tout le monde avec lui : les jeunes de la première couvée nourrissent les oisillons de la suivante. L'instinct parental est très développé dans la famille poule d'eau. Les poussins font quelquefois semblant de couver, et apportent même de la nourriture aux adultes ! L'instinct d'imitation est lui aussi développé. Pour les inciter à en faire autant, les adultes picorent devant leurs petits.

Comme des mouettes dans l'ascenseur

La mouette rieuse n'a rien de particulièrement drôle. Son cri ressemble bien à un rire, mais pas plus que bien d'autres oiseaux de mer. Oiseaux de mer ? Pas si sûr : certaines mouettes n'ont jamais vu l'océan (cela a été constaté en Suisse, par exemple). Elles nichent dès mars-avril dans les étangs et les marais d'eau douce. Elles portent alors leur masque de séduction noir (les puristes diront : brun chocolat) (*voir photos*). L'hiver, elles planent au-dessus des villes, et se disputent la nourriture que l'on donne aux canards ou aux pigeons. Leur masque nuptial a disparu, seule reste une petite tache derrière l'œil.

L'union fait la force. Les mouettes nichent en colonies, ce qui leur permet de mieux repousser leurs ennemis. Agressives, elles attaquent et harcèlent en groupe les prédateurs jusqu'à ce qu'ils se découragent, qu'ils soient hérons, renards ou rapaces. D'autres oiseaux (canards, grèbes) profitent de cette défense collective pour nicher au voisinage des mouettes, quitte à supporter leur mauvais caractère. Justement, ce tempérament acariâtre n'est pas toujours compatible avec la promiscuité. Chaque oiseau a besoin d'un espace inviolable autour de lui, une sorte de bulle invisible de sécurité. Si la limite est franchie, c'est la bagarre. On observe le phénomène chez d'autres oiseaux, comme les hirondelles posées sur un fil : l'équivalent d'une aile tendue doit séparer chaque individu. L'humain a lui aussi besoin d'une telle bulle infranchissable qui correspond, selon les cultures, à un ou deux bras tendus (distance de non-agression). Quand nous prenons l'ascenseur à plusieurs, la proximité avec des inconnus rend vite la situation gênante. Ce rapprochement réservé aux rapports intimes ou aux bagarres met alors les voyageurs trop serrés dans l'embarras, en témoignent les conversations contraintes et les gestes de dérivation : grattage de nez, détournement de regard, fixation subite des chaussures, consultation refuge de la montre… Les gestes de dérivation s'observent également chez les oiseaux, les chats, les chiens et autres animaux en cas de conflit interne : grattage, autoléchage, curiosité soudaine pour un événement sans intérêt, etc.

Le noir et le blanc

Pour séduire, la mouette rieuse – qui est un oiseau blanc – porte du noir sur la tête. Le grand cormoran – tout noir – fait le contraire : il porte en période nuptiale de belles taches blanches qui contrastent avec le reste de son plumage. Le fait que les cormorans se nourrissent de poisson pose, il est vrai, quelques problèmes locaux dans certaines piscicultures, et bien qu'ils soient protégés par la loi le tir en a été autorisé. Des études néerlandaises montrent que dans la nature ces oiseaux ne mettent aucune espèce de poisson en danger et sont même bénéfiques pour l'écosystème aquatique. Mais, comme une autre « bête noire », le loup, le cormoran semble bien être le bouc émissaire des difficultés d'une profession. D'après le calcul d'un scientifique, notre pays compte un couple de cormorans pour vingt et un mille Français. Aux yeux de certains, c'est encore trop…

Majestueux, le cygne blanc semble surgi d'un conte de fées et de princesses. Le cygne tuberculé (c'est son nom : il porte un tubercule sur le bec) inquiète les ornithologues, car il s'installe dans tous les milieux aquatiques et, très agressif, il empêche d'autres oiseaux de nicher. Mais il est décoratif et ne provoque pas de rejet. Protégé par sa familiarité, ou par sa blancheur ?

Des pistes d'atterrissage

Ces fleurs apparemment banales, les ombellifères (ou apiacées), se rassemblent afin de former des pistes d'atterrissage pour les insectes. Les carottes sauvages offrent même une petite balise rouge pour les guider !
À côté de la balise butine un syrphe ; une mouche déguisée en guêpe.

Les butineurs attirent des prédateurs : la mante religieuse ou la minuscule araignée-crabe, au camouflage parfait, qui a attrapé un papillon.

D'autres vivent de meilleurs moments, comme ces strangalies en plein accouplement.

Les ballots de foin

À l'aube, le renard
« mulote ». Dès qu'il
entend un rongeur,
il fait un bond caractéristique,
et il l'immobilise
avec les pattes avant.
Pour la buse variable,
le ballot de foin est
un excellent poste d'affût.
Lourds de quatre bons kilos,
les lièvres n'ont pas grand-
chose à craindre du renard
(six kilos) et de la buse
(en moyenne moins
de un kilo !).

Le chevreuil se montre quelquefois en plein jour,
c'est le plus gros mammifère que nous ayons
la chance d'observer assez facilement.

Il est de moins en moins rare de rencontrer
un héron cendré en plein champ,
occupé à muloter.

Les étourneaux, eux, se régalent de graines
et d'insectes, et ils forment des troupes
très bruyantes.

Dans les prés

Si un pré n'est pas (mal)traité aux insecticides, c'est un vrai palais de la Découverte. Les argus sont généralement bleus quand ils écartent les ailes, et ponctués quand ils les ferment.

Moins colorés, de petits papillons s'envolent à vos pas : des crambus, dont la technique de défense contre les prédateurs consiste à se poser la tête en bas dans les hautes herbes.

La belle argiope fasciée attend patiemment qu'une proie se jette dans sa toile. C'est souvent un criquet.

© V. Munier

Cela n'est pas rare, et en voici la preuve : le chevreuil n'hésite pas à poursuivre le renard ! C'est l'herbivore qui tient tête au petit carnassier.

Le printemps
Le « crachat de coucou »
ne vient pas de l'oiseau,
mais d'une larve d'insecte,
qui bat son urine en neige.
Elle est ici en train d'émerger
vers sa vie d'adulte.

La mouche
de la Saint-Marc
n'est visible qu'autour
du 25 avril.

Cette femelle de
papillon aurore dresse
son abdomen et diffuse
au mâle des phéromones
sexuelles.

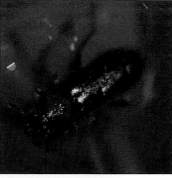

Un petit coup d'œil sur des renoncules :
ici un clairon, scintillant comme un bijou,
là une émergence de coccinelles.

Le bombyle est une mouche originale :
il butine en volant sur place, à distance
des fleurs grâce à sa longue trompe.

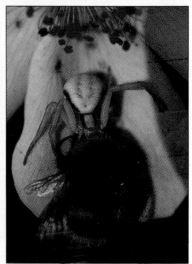

Sur un églantier
La haie de rosiers sauvages attire
de nombreux insectes. Le mâle
de l'œdemère (en haut) a
d'étonnantes cuisses bodybuildées.
Le bourdon n'a pas vu l'araignée-
crabe à l'affût.

© V. Munier

C'est une minuscule guêpe qui a provoqué
cette excroissance chevelue de la plante :
le bédégar. À l'intérieur vivent ses larves.

Le troglodyte aime se cacher
dans les haies. Celui-ci est en train
de construire un de ses nids.

La forêt
Moins faciles
à observer que
les chevreuils,
les cerfs et les biches
sont très craintifs
et beaucoup
plus forestiers.

Avec son bec solide, le pic épeiche
possède un outil efficace
pour décortiquer les noisettes.

Le geai des chênes peut transporter ses réserves
de glands dans une poche spéciale.

Ces billes ne sont pas dues à une maladie du chêne.
Comme beaucoup d'excroissances végétales,
elles sont causées par des piqûres de guêpes parasites.

Quelquefois, le grillon des bois devient fou :
il se suicide. Mais pourquoi ?

La vie autour de l'eau

Ce martin-pêcheur va nourrir ses petits. On le devine parce qu'il tient son poisson à l'envers : le repas glissera la tête la première dans le gosier des oisillons, et ainsi les arêtes ne s'y ficheront pas.

Quand il est amoureux, le mâle de l'épinoche a les yeux bleus, et il rougit...

Au printemps, les animaux portent leur costume de noces : le triton alpestre hisse alors ses couleurs orange. Puis il rejoint les mares, où on peut l'observer.

Comme l'hippopotame, la grenouille porte bien en hauteur ses organes des sens : avec les yeux montés à la manière des périscopes, ces animaux amphibies peuvent surveiller leur environnement sans sortir de l'eau.

Chez les crapauds, on pratique l'amour en groupe. Les femelles sont plus grosses que les mâles, et heureusement : elles doivent affronter beaucoup de prétendants très, très frénétiques...

© V. Munier

© V. Munier

© V. Munier

Le cadeau de noces

Chez les mouettes rieuses, le masque noir qui apparaît à la fin de l'hiver est un outil de séduction. La femelle tourne autour du mâle avec de petits cris, elle se pressera contre lui et le harcèlera jusqu'à ce qu'il lui offre un petit poisson. Après son cadeau de mariage, elle sera prête à l'accouplement.

© V. Munier

© V. Munier

© V. Munier

Haro sur le faucon

Repéré par deux pies bagarreuses, ce jeune faucon crécerelle ne sait plus où se réfugier. Il sera obligé de battre en retraite. Même les chats fuient devant des pies déterminées…

Le cygne est l'un des oiseaux volants les plus lourds du monde (il peut dépasser une quinzaine de kilos), et il a beaucoup de mal à décoller. Il est obligé de courir sur l'eau à la vitesse de quatorze mètres à la seconde avant de pouvoir s'élever dans les airs. Le bruit de ses ailes puissantes s'entend de loin.

La démocratie chez le martin-pêcheur

Croiser un martin-pêcheur est toujours un bonheur, comme un message coloré de bienvenue. Cet oiseau de bon augure niche dans des terriers horizontaux (légèrement inclinés vers l'eau), creusés avec le bec dans des talus. Les nids sentent très fort l'ammoniac quand ils sont occupés. Il est donc prudent de ne pas les approcher afin ne pas importuner les oiseaux. Quand les oiseaux pêcheurs ont attrapé un poisson, ils veillent à l'avaler la tête la première afin que les arêtes ne les blessent pas en glissant dans le tube digestif. Si vous voyez un martin avec son poisson à l'envers, c'est qu'il s'apprête à nourrir ses petits. Les oisillons se tiennent dans une chambre au bout d'un long tunnel, et un seul d'entre eux aura accès à la nourriture. Pour beaucoup d'espèces d'oiseaux, les plus forts accaparent la nourriture, quitte à affamer leurs frères et sœurs. Pas chez les martins. Les petits font une rotation devant l'entrée de leur chambre, et chacun a le droit de se rassasier quand son tour est venu. Un exemple à méditer…

Sur les berges

Les roseaux sont des tueurs !

Les massettes, ou typhas, sont faciles à reconnaître : en sommet de tige, l'épi mâle surmonte un long cylindre brun foncé très visible et caractéristique, l'inflorescence femelle. Quand elle est mûre, elle éclate et laisse s'envoler des millions de graines au gré du hasard. Bien que pour un botaniste le terme ne soit pas tout à fait exact, on appelle généralement ces plantes des roseaux. Entre elles et leurs concurrentes, c'est la guerre chimique. Pour s'imposer, les massettes sécrètent des substances herbicides qui empêchent les autres espèces de pousser[1] !

Ces plantes tueuses sont aussi des refuges de vie. La base des massettes des phragmites ou des roseaux sert de point d'attache aux nids des grèbes, des canards, des poules d'eau et des butors. Les fauvettes aquatiques tissent le leur au milieu des tiges, les araignées y dressent leurs toiles, et les oiseaux chanteurs se perchent au sommet. Des animaux aussi massifs que les chevreuils viennent se cacher ou se reposer dans les roselières. Hélas, la manie de « nettoyer » la nature fait souvent disparaître toute plante de ce genre dans beaucoup de plans d'eau, qui n'offrent plus aucun refuge à des oiseaux sauvages, lesquels se raréfient.

Le ragondin, le papillon et les dominos

Régulièrement, lorsque j'organisais des sorties nature, quelqu'un s'écriait « oh, un castor ! » en voyant plonger un mammifère. Le castor ne se trouve pas partout, il est plutôt nocturne et discret. Bien que connue de tous, la loutre est encore plus difficile à rencontrer (qui peut se vanter aujourd'hui d'avoir longuement observé des loutres sauvages en France ?). En fait, il s'agit le plus souvent d'un ragondin ou d'un rat musqué. Le ragondin peut dépasser un mètre de long, queue comprise, et pèse jusqu'à neuf kilos ; le rat musqué n'atteint pas soixante-dix centimètres pour moins de deux kilos. D'origine américaine, ces deux rongeurs font aujourd'hui partie de notre faune, avec les inconvénients dus aux espèces introduites. Les prédateurs naturels du ragondin sont le jaguar et l'anaconda, dont l'extrême rareté dans nos régions laisse le rongeur pulluler sans frein. En Brenne, par

---

1. On trouve des phénomènes semblables avec les racines des renoncules (les boutons-d'or) ou les feuilles de pissenlit, qui produisent du gaz éthylène inhibant la croissance des plantes voisines.

exemple, les ragondins sont responsables de la disparition d'un papillon de plus en plus rare, le cuivré des marais, parce qu'ils broutent sans restriction les joncs dont la chenille se nourrit (encore l'effet domino). Parfaitement adaptée à la vie aquatique, la femelle ragondin possède des mamelles placées assez haut sur les flancs pour que les petits puissent s'y accrocher en nageant sans se noyer. Le ragondin est assez facile à voir un peu partout où il y a de l'eau, même en plein jour (*voir dessin p. 240*). Sud-américains, les ragondins ont plus de mal à s'adapter aux hivers rudes que les rats musqués, que l'on rencontre beaucoup plus au nord. La saison froide n'est quand même pas celle des frivolités pour le rat musqué : les testicules du mâle sont alors très réduits, et le vagin des femelles est clos. Cela ne les empêchera pas, une fois la chaleur revenue, de se montrer très prolifiques...

Amies du diable et du serpent

Les libellules nous viennent de loin. À l'ère carbonifère ont volé des espèces géantes. L'une d'elles, grande comme une oie, atteignait presque un mètre d'envergure ! Au Moyen Âge, les libellules étaient considérées comme des mouches géantes, des suppôts de Satan[1]. On les traitait de « sorcières », de « putains du dragon », voire d'« amantes lesbiennes de la femme du diable » ! Elles étaient censées prévenir les serpents – autres créatures de l'enfer – en cas de danger, et même les guérir. On croyait encore que ces « creveuses d'yeux » piquent ou mordent, ce qui est sans fondement, soyez tranquille.

Les libellules sont des as du vol, capables de voler sur place ou à reculons, et de filer à quinze mètres à la seconde pour les grandes espèces. Certaines volent une journée entière

---

1. Les mouches, qui bourdonnent autour des morts et tiennent compagnie aux cadavres, étaient vécues comme des créatures du diable. La libellule, redoutable mouche géante, était comparable aux reptiles et aux dragons (en anglais, libellule se dit *dragonfly*, la mouche-dragon). De plus, les marais qu'elle fréquente étaient réputés maléfiques.

sans se reposer. L'œil composé de la libellule, qui compte jusqu'à trente mille facettes, lui donne la vue nécessaire pour repérer ses proies, qu'elle attrape dans les airs, avec les pattes. Ces pattes très en avant, adaptées à cette fonction, sont incapables d'assurer une locomotion correcte. C'est la raison pour laquelle on ne voit pas marcher les libellules.

Le *Kama-sutra* des demoiselles... et des messieurs

Il existe chez nous deux grandes sortes de libellules : les plus grosses, autrefois appelées « monsieur », et les plus fines, les fameuses demoiselles, qui ont eu l'honneur de faire le titre de cet ouvrage[1]. Qu'elles soient « monsieur » ou « demoiselle », quand elles s'aiment les libellules font les jolis cœurs. Dignes du *Kama-sutra*, leurs acrobaties amoureuses ont pour cause la curieuse anatomie de leurs organes sexuels...

Le pénis du mâle est situé au milieu de son corps, sous son ventre, c'est assez classique. Ce qui l'est moins, c'est que l'orifice qui sécrète le sperme se trouve à l'autre bout de son très long abdomen, aux antipodes dudit pénis ! Le mâle est donc obligé, avant toute chose, de se plier assez pour que le bout de sa queue touche le milieu de son ventre, afin de transférer sa semence vers le réservoir de son pénis. Après cette petite séance d'échauffement, monsieur demoiselle (ou monsieur monsieur) est prêt à passer à l'acte.

La femelle aussi est une originale : son orifice génital est également situé au bout de sa queue. On est comme ça, chez les libellules. Pour l'accouplement le mâle, très directif, saisit sa partenaire solidement par la nuque, avec une pince spéciale qu'il possède à l'extrémité de l'abdomen. Résultat :

---

1. Pour être un poil plus précis, il s'agit des deux sous-ordres des zygoptères et des anisoptères. Les zygoptères (qui signifie « ailes jointes »), dont font partie les demoiselles, ont le corps fin, les yeux bien écartés, et se posent presque toujours ailes rassemblées au-dessus du dos. Les anisoptères (ou « ailes différentes »), plus épais, ont d'énormes yeux qui leur couvrent quelquefois la tête comme un casque intégral, et se posent toujours ailes étalées.

celle-ci, la tête rivée au bout de la queue de son partenaire, doit alors courber son corps vers l'avant pour que son orifice sexuel atteigne le pénis, et les deux tourtereaux forment ainsi le dessin d'un cœur. Poétique, certes. Mais pourquoi tant de complications ? La forme particulière des organes sexuels de ces insectes fonctionne un peu comme une clé et une serrure : seuls le mâle et la femelle de la même espèce sont vraiment adaptés l'un à l'autre, ce qui empêche toute confusion. Pour rester dans la mécanique, on pourrait aussi comparer cette chorégraphie amoureuse au système d'amarrage de deux vaisseaux spatiaux.

Chez beaucoup d'espèces, la femelle est très volage. Avant de la féconder, certains mâles actionnent leur « zigounette à balayette », un outil haut de gamme destiné à « faire le ménage » dans l'intimité de leur partenaire, de façon à éliminer les semences provenant d'accouplements précédents. Pour s'assurer de leur paternité, les mâles de plusieurs espèces restent d'ailleurs agrippés à la nuque de leur fiancée en position de garde-à-vous vertical jusqu'à la ponte, qui intervient rapidement après la fécondation. D'autres font des pirouettes autour de la femelle pour l'inciter à pondre où ils le veulent. Qui croirait, en voyant voleter ces jolis insectes, qu'ils ont une vie aussi compliquée ? Regardons-les donc de plus près...

Regarder vivre les libellules

En se tenant près de l'eau, éventuellement avec des jumelles, on peut observer divers comportements des libellules : les vols territoriaux du mâle, qui chasse tous les intrus avant de revenir sur ses postes d'affût, la chasse aérienne, les vols nuptiaux, pendant lesquels il vole vers une femelle l'abdomen relevé, les accouplements posés ou en vol, et les différentes techniques de ponte. Beaucoup de femelles volent au-dessus de l'eau, et lâchent leurs œufs un à un en y plongeant rapidement l'abdomen. D'autres s'immergent pour pondre alors que le mâle est encore agrippé à leur cou.

Quand elles s'enfoncent trop profondément sous l'eau ils s'en détachent, mais continuent de voler au-dessus d'elles. D'autres encore sont plus voyageuses, et déposent leurs œufs un peu au hasard sur tout ce qui brille : dans des flaques d'eau, des bassines, des piscines, et même sur des pare-brise de voiture !

Quand la larve de libellule, redoutable carnivore aquatique, se métamorphose, elle laisse son ancienne peau (la mue, ou exuvie), sur le support aérien où elle a émergé. On trouve facilement ces exuvies, et on peut les collectionner sans dommage pour la nature. Il faut chercher sur les troncs et les joncs près des rives ou sortant de l'eau. Quand ces supports sont peu nombreux, on y trouve des exuvies par dizaines. Celles-ci permettent l'identification des espèces. Certaines sont rares et quasiment impossibles à voir à l'état adulte, notamment parce qu'elles volent vite et toujours loin des berges, et l'on ne connaît leur présence que par l'identification des exuvies. Nous avons encore beaucoup, beaucoup à apprendre, même sur des animaux qui vivent à notre porte.

La libellule déprimée annonce la couleur

Non, la libellule déprimée n'a pas le moral à plat, c'est son corps aplati qui lui a valu son nom. Au cours de sa vie, ce n'est d'ailleurs pas toujours le cas. Durant sa métamorphose vers le stade adulte, quand elle sort de son enveloppe larvaire, la libellule déprimée gonfle tellement son abdomen d'air qu'il ressemble à un ballon ! Cela lui permet de défroisser tous les faux plis contractés dans son ancienne peau, devenue trop étroite. Les femelles et les jeunes sont bruns. Les mâles annoncent la couleur : ils deviennent bleus quand ils sont sexuellement mûrs ! Comme la déprimée, plusieurs espèces de libellules portent une pellicule cireuse appelée pruine (elle rappelle celle des prunes), qui indique leur âge et leur « état civil » : apte à la reproduction, en post-reproduction, etc. Les libellules déprimées s'accouplent en vol, en moins d'une minute (chez d'autres espèces, l'acte dure plusieurs heures). Les adultes se déplacent beaucoup : on a observé des migrations de milliers de libellules déprimées, quelquefois mêlées à des espèces proches.

Grenouilles et autres amphibiens

Après la déprimée, la rieuse

Comme la mouette du même nom, l'appellation « grenouille rieuse » vient de son chant, ici celui du mâle, qui ressemble à un ricanement. Il n'y a pourtant pas de quoi se réjouir, car la grenouille rieuse est recherchée pour ses cuisses. Capable de faire des bonds de deux mètres de long, c'est en effet la plus volumineuse de nos grenouilles indigènes. Heureusement, tous nos amphibiens sont protégés par la loi : la chasse en est strictement réglementée et réservée à un usage familial. Ce sont d'utiles dévoreurs d'insectes, et la Chine, qui a longtemps massacré ses grenouilles pour en faire commerce, a été envahie de moustiques. Les usines à cuisses de grenouilles les tuent souvent de manière barbare, et beaucoup d'amoureux de la nature s'abstiennent d'en consommer.

Cette grenouille était la plus grosse d'Europe, avant que des inconscients n'introduisent la grenouille-taureau en France. Cette dernière fait des ravages en éliminant toutes nos grenouilles indigènes. Elle dévore les œufs, les têtards et les adultes de toutes les espèces qui lui passent à portée de gueule. C'est un fléau écologique, et les protecteurs de la nature ont le choix cruel entre la laisser tout détruire ou l'éliminer eux-mêmes.

La grenouille verte n'existe pas !

L'histoire de la grenouille verte est étrange, car, en tant qu'espèce, elle n'existe pas ! Elle est toujours issue d'un croisement entre une grenouille rieuse et une grenouille de

Lessona (ou petite grenouille verte). Cette hybridation est très particulière. D'abord, le croisement n'est possible que dans un sens : seuls les mâles de Lessona montent les femelles de rieuses (les mâles de rieuses sont trop gros pour les femelles de Lessona). Ensuite, dans le matériel génétique que l'hybride transmettra à sa descendance, celui de la Lessona est totalement éliminé : il est parasité par celui de la grenouille rieuse ! Le mécanisme et les raisons de ces phénomènes restent en grande partie un mystère, un de plus. Inutile de préciser que l'identification de toutes ces grenouilles de couleur verte est très délicate, à tel point que des analyses biochimiques sont nécessaires pour être sûr de bien les différencier.

Prince charmant, vraiment ?

En vérité, le crapaud des contes de fées est un rustre. Pas très sélectif en amour, il saute sur tout ce qui bouge, et s'accroche vraiment à n'importe quoi. Au printemps, il suffit quelquefois de remuer un peu la main dans l'eau pour qu'un crapaud s'y précipite. Il s'agrippe aussi bien à une main humaine, à une botte qu'au museau d'une carpe ! Heureusement, il n'insistera que si l'objet se cambre de la manière réglementaire, ce que seule Mme Crapaud sait faire. Hélas pour elle, il est capable de la serrer assez fort pour lui perforer le ventre. D'autres fois, la femelle peut être assaillie par tellement de prétendants – on peut en compter une dizaine – qu'elle termine noyée ou écrasée par leur masse (*voir photo*). Dans un autre cas de figure, fréquent, les amphibiens arrivent à l'eau déjà accouplés, le mâle scotché sur son imposante femelle comme un sac à dos. À la saison des amours, on distingue facilement le mâle à ses « pelotes nuptiales », des rugosités noirâtres qu'il porte sous les doigts, et qui servent à l'étreinte amoureuse, appelée l'amplexus axillaire. L'amplexus est un réflexe si puissant que l'on pourrait saisir les animaux accouplés sans qu'ils puissent se détacher, qu'ils le veuillent ou non.

Lazzaro Spallanzani revient avec des caleçons

Malgré un accouplement apparemment semblable à celui des mammifères, les crapauds et les grenouilles mâles ne pénètrent pas leur partenaire, qui ne portera pas les œufs : ils se reproduisent par fécondation externe, de la même manière que la majorité des poissons. Notre vieille connaissance, le cruel abbé Spallanzani, a fait une expérience célèbre à ce sujet, en enfilant des caleçons à bretelles à des crapauds (il a fait pire). Il constata que les caleçons ne s'imprégnaient de sperme qu'après la ponte de la femelle. Cela démontrait que les mâles attendaient la sortie des ovules pour éjecter leurs spermatozoïdes, et que cette synchronisation permettait la fécondation des œufs.

La fécondation externe et le fait que les amphibiens ne s'occupent pas de leurs œufs les obligent à en produire beaucoup, car la plupart seront dévorés à un stade ou à un autre par des prédateurs. C'est le prix à payer : les amphibiens dépensent leur capital énergétique à produire de plusieurs centaines à plus de dix mille œufs à chaque ponte, suivant les espèces. À l'opposé, d'autres animaux investissent leur énergie à s'occuper de leur progéniture. Ils leur donnent plus de chances de parvenir à l'âge adulte, et donc peuvent en produire moins. Beaucoup de mammifères n'ont des portées que de un ou deux petits, mais ils les soignent jusqu'à leur émancipation.

Astuce de terrain : on reconnaît les œufs des crapauds à leur disposition en chapelets, alors que les pontes des grenouilles forment de grosses masses gélatineuses. Chose étrange, la ponte de la grenouille est encore plus grosse qu'elle ! En fait, la gangue des œufs gonfle en quelques heures au contact de l'eau. Ceux de la grenouille rousse contiennent du noir, car cette couleur retient la chaleur comme un capteur solaire. Dans les régions froides, notamment en altitude, on trouve des œufs d'amphibiens entièrement noirs.

Séances de flagellation chez les tritons

Dès février, les tritons se réunissent dans les points d'eau pour leur grande fête nuptiale, occasion quasi unique de les observer (*voir photo*). Quand un mâle rencontre une femelle, il la flaire d'abord pour savoir si elle est réceptive. Si elle l'est, il se campe devant elle, l'empêchant d'aller plus loin, et lui fait son show. Il fouette alors l'eau avec sa queue, quelquefois violemment, pour lui envoyer des parfums stimulants. Chez certaines espèces, ces billets doux deviennent de véritables séances de flagellation de la femelle ! Puis le mâle dépose une capsule contenant son sperme sur laquelle se place sa partenaire, qu'il doit quelquefois aider.

La femelle triton pond ses œufs un par un, et enveloppe soigneusement chacun d'entre eux dans une feuille de plante aquatique. Comme elle peut en produire plus d'une centaine, la séance de ponte prend plusieurs semaines, et quelquefois même plus d'un mois ! À leur éclosion, les larves sont malhabiles, mais elles possèdent un menton adhésif qui leur sert à s'accrocher aux supports qu'elles rencontrent.

Malgré ses allures de lézard, le triton n'est pas un reptile mais un amphibien, comme les grenouilles et les crapauds. Comme eux, il passe sa vie adulte sur terre et se reproduit dans l'eau. Comme eux, il est capable de franchir mille obstacles pour atteindre ses lieux de reproduction. Comme eux encore, il doit traverser des routes toujours plus nombreuses, et trop souvent fatales.

Autour des nénuphars

L'aire de repos sent l'alcool

Les nénuphars jaunes et blancs, ainsi que des plantes aquatiques comme le potamot, possèdent à la fois des feuilles immergées souples et de grandes feuilles flottantes beaucoup plus solides. Comme bien des plantes terrestres, les nénuphars sont de petits écosystèmes à eux tout seuls. Ce sont des « siestodromes » pour les libellules, les grenouilles, et de nombreux insectes, notamment des papillons incroyables, qui méritent bien les quelques lignes qui ne vont pas tarder à suivre. Grâce à leurs longs doigts, les poules d'eau trouvent sur cette végétation des points d'appui suffisants pour ne pas s'enfoncer dans l'élément liquide. Des insectes aquatiques et même terrestres pondent sur ces feuilles, d'autres dessous. Chez le nénuphar, les longues tiges en flottaison n'ont pas besoin d'être rigides comme chez les plantes aériennes. Leur tissu spongieux contient des canaux remplis d'air, qui servent de réserves d'oxygène à de nombreuses bestioles ayant besoin de respirer. Des coléoptères les percent, certaines libellules pondent près des réserves d'air afin que leurs larves en soient pourvues. Bien qu'ils soient essentiellement aquatiques, les nénuphars sortent leurs fleurs dans les airs, prêts à recevoir la visite des insectes fécondateurs. Le nénuphar jaune dégage une odeur alcoolisée, mais son surnom anglais de « bouteille de Brandy » vient plutôt de la forme de son réceptacle de graines, un fruit flottant en forme de fiole. Avec ses douze centimètres de large, le nénuphar blanc est la plus grande fleur sauvage de France.

Les petites bêtes qui tournent, qui tournent

Ces minitoupies flottantes que l'on observe à la surface de l'eau sont des gyrins, ou tourniquets. Leur nom vient du grec *gyro*, qui signifie faire des cercles. Leur mouvement perpétuel aurait deux fonctions. Tout d'abord, grâce à ce balayage continuel de la surface, les insectes se donnent un maximum de chances de rencontrer leur nourriture, les petits animaux vivants ou morts dont ils nettoient la surface de l'eau. D'autre part, le fait que les gyrins ne se déplacent jamais en ligne droite ainsi que la rapidité avec laquelle ils se meuvent font que ces animaux sont presque impossibles à capturer. Cependant, les gyrins ne passent pas toute leur vie sur l'eau. Ils peuvent plonger en cas de danger, se tenir sur des plantes pour prendre le soleil et même, le soir venu, voler d'une mare à l'autre.

Merveille d'adaptation à leur forme de vie, les gyrins possèdent quatre yeux ! Plus précisément, chacun d'eux est divisé en deux parties indépendantes et spécialisées : l'une dirigée vers le bas pour voir sous l'eau, et l'autre vers le haut pour surveiller ce qui se passe à l'extérieur. De plus, pour localiser les proies et les obstacles, les gyrins possèdent des antennes particulières, en partie immergées et en partie hors de l'eau, qui leur permettent de percevoir les ondulations du liquide.

Les punaises patineuses

Les araignées d'eau qui patinent à la surface ne sont pas des araignées mais des insectes, des punaises aquatiques dont le vrai nom est « gerris ». Même s'il ne pèse qu'un centième de gramme, chaque gerris coulerait rapidement s'il était privé de sa protection huilée imperméable. Ses pattes sont fines, mais elles sont couvertes de poils huileux lubrifiés et ne portent pas de griffes : elles creusent le film superficiel de l'eau sans le percer. Des poils sensoriels permettent au gerris de détecter ses proies, qu'il capture avec ses pattes de devant. Il donne l'impression de ne porter que quatre longues pattes, et non six, car il tient constamment ses deux pattes avant pliées sous la bouche. Les deux pattes du milieu servent de rames, et les pattes arrière de gouvernail. En ramant, le gerris crée des tourbillons d'eau particuliers qui lui permettent d'avancer très rapidement.

Les mâles, généralement plus petits que les femelles, se tiennent souvent sur le dos de celles-ci sans qu'il s'agisse forcément d'un accouplement. Ils peuvent ainsi se faire véhiculer des journées entières ! En dehors de leurs mouvements typiques, des avancées rapides sur la surface de l'eau – qui peuvent atteindre un mètre de long en une poussée –, les gerris sont aussi capables de sauter. Quand ils se battent pour une proie, ils se renversent quelquefois sur le dos. L'insecte ainsi basculé fait en sorte de se rétablir rapidement.

L'araignée qui attrape des poissons

Un peu moins faciles à voir que les gerris, de vraies araignées, comme les dolomèdes et les pirates, sont parfaitement aptes à marcher sur l'eau. Leurs huit pattes bien visibles indiquent clairement qu'elles ne sont pas des insectes. Elles chassent en se servant de l'eau comme leurs cousines de leur toile : posées sur la berge, elles tiennent une ou plusieurs pattes sur la surface, à l'affût de la moindre vibration. Quand elles sont inquiétées, elles sont capables de plonger et de rester sous l'eau jusqu'à une demi-heure, car de l'air reste accroché à leur corps. Bien qu'elles ne soient pas d'agiles nageuses, elles peuvent attraper en plongée des têtards et même de tout petits poissons. Il ne faut pas confondre ces araignées de surface avec la très discrète mais très célèbre argyronète, qui construit sous l'eau une toile en forme de cloche qu'elle remplit de bulles d'air, et qui élève ses petits dans cet abri original. L'argyronète vit en permanence sous l'eau, c'est la seule de nos araignées aux mœurs entièrement aquatiques

Les chenilles qui se fabriquent des bouées

L'hydrocampe du potamot, discret papillon de la famille des mites, est assez courante autour de nos lacs ou de nos mares. Elle vole les soirs d'été au bord de l'eau, et on peut la remarquer sur les feuilles flottantes. La femelle pond sous les feuilles des nénuphars, des rubaniers ou des lentilles d'eau, mais surtout sur des potamots, comme son nom l'indique. Les chenilles vivent d'abord dans l'épaisseur des feuilles et respirent par la peau. Puis elles muent et respirent de l'air, et pour ce faire doivent se fabriquer des fourreaux retenant des bulles. Le papillon adulte éclôt donc dans l'eau, et remonte à la surface comme un bouchon, grâce à des bulles d'air du cocon stockées sous ses ailes ! Pendant cette montée vertigineuse, le papillon perd la couche cireuse qui le rend imperméable, et l'on peut suivre son ascension aux débris blancs de cette couche laissés derrière lui. Puis l'hydrocampe du potamot se hisse sur la berge, déploie aussitôt ses ailes et débute sa courte vie aérienne.

Les papillons aquatiques sont adaptés à la vie sous-marine à des degrés divers. Certaines chenilles vivent dans les tiges gorgées d'air des nénuphars et autres plantes aquatiques, et n'ont pas de contact avec l'eau. D'autres s'aménagent des berceaux garnis de bulles d'air. Pour se déplacer d'une plante à l'autre, les chenilles de plusieurs espèces de papillons aquatiques se construisent des bouées avec des morceaux de plante. L'une d'elles se fabrique même un petit bateau, avec une tige creuse refermée à chaque extrémité ! D'autres encore respirent directement l'oxygène de l'eau grâce à des sortes de branchies visibles autour de leur corps. Ces chenilles sous-marines se déplacent en rampant ou en nageant.

L'incroyable papillon aquatique

Pour ses adaptations à la vie aquatique, c'est sûrement l'hydrocampe neigeuse qui mérite la palme ; le mot est de circonstance. Ce papillon se trouve au bord des fleuves et des lacs d'Europe et d'Amérique du Nord. Protégée par ses écailles imperméables, la femelle pond des chapelets d'œufs sous l'eau, à environ un mètre de profondeur. Chez cette mite particulière, les femelles adultes peuvent prendre deux formes différentes : certaines portent des ailes et volent, et d'autres n'en ont pas. Les femelles aptères de ce papillon passent leur vie entière dans l'élément liquide, sans jamais en sortir ! Comme leurs chenilles, les femelles aptères respirent par la peau. Les chenilles descendraient jusqu'à trois mètres de profondeur. Les femelles adultes nagent avec leurs pattes et leurs moignons d'ailes en forme de rames. Alors que la plupart des papillons ne mouillent leur abdomen que pour pondre, les femelles sans ailes de l'hydrocampe neigeuse ne sortent le leur de l'eau que pour s'accoupler. Elles attirent les mâles en envoyant des phéromones dans les airs, et sortent leur abdomen au-dessus de la surface pour émettre ces parfums de séduction. Le mâle, qui arrive en volant bruyamment, aura ainsi un étrange contact en surface, avec une femelle si différente de lui qu'elle dessécherait à l'air. Heureusement pour lui, le mâle sait résister à l'immersion, car la femelle l'entraînera sous l'eau après l'accouplement. Une aussi parfaite adaptation à la vie aquatique ne permet pas à l'hydrocampe neigeuse de coloniser d'autres plans d'eau que le sien, ce qui explique sans aucun doute l'existence de femelles ailées, capables de pondre sur de nouveaux territoires. Cela permet le maintien de l'espèce dans un environnement évoluant sans cesse.

Sous l'eau

Le poisson pot de colle et les postiers

Mine de rien, l'épinoche à trois épines a eu une grande importance dans l'histoire des sciences (*voir photo*). Ce petit poisson, très répandu dans les cours d'eau et les étangs, est connu aussi bien des gamins jouant de l'épuisette que des scientifiques, tant les articles parus à son sujet sont nombreux. Au centre de tous les intérêts : ses parades nuptiales, étudiées par l'éthologue néerlandais Nikolaas Tinbergen. De mars à juin, période de la reproduction, le ventre de l'épinoche mâle rougit, ses yeux deviennent bleus. Elle construit alors un nid de débris végétaux, et, pour le consolider, elle joue les tubes de colle : elle y presse son abdomen pour en faire sortir une substance adhésive sécrétée par ses reins. Elle creuse un tunnel de ponte, puis va exécuter devant une femelle une danse nuptiale zigzagante, bouche ouverte et épines dressées, destinée à l'attirer dans le nid. Elle lui donne des petits coups de nez pour la pousser à pondre, dépose ensuite sa semence et chasse la femelle, prêt à recommencer avec une autre. Après la visite de quatre ou cinq partenaires, elle s'occupe de ses œufs, les oxygénant avec des mouvements de nageoires, et perd peu à peu ses couleurs. Après l'éclosion elle s'occupe de ses alevins, en les recueillant dans sa bouche quand ils s'éloignent trop, et en chassant les intrus.

Nikolaas Tinbergen, qui découvrit tout ce cycle reproductif, constata que tous les mâles d'épinoche de ses aquariums devenaient furieux, tous les jours, à heure fixe. Il comprit bientôt que cela correspondait au passage de la voiture des postes. Or les véhicules étaient du même rouge vif que le ventre des mâles en activité sexuelle : les poissons voyaient donc cette voiture de postiers comme un terrible rival ! Tinbergen mit en valeur l'importance des signaux visuels avec des tests simples – des leurres plus ou moins rouges – et vérifia que la couleur, plus que toute forme, stimulait l'agressivité des mâles et l'attirance des femelles prêtes à pondre. Si vous rencontrez ces petits êtres argentés, capables d'accélérations très rapides à votre approche, vous aurez vu des poissons qui ont fait avancer la science.

La moule, berceau pour petits poissons

La bouvière a un comportement nuptial proche de l'épinoche, mais une ponte encore plus originale. Elle se rencontre dans les lacs et les cours d'eau lents. Le mâle amoureux se pare de toutes les couleurs de l'arc-en-ciel, ainsi que de petits boutons blancs autour des yeux et de la bouche (une sorte « d'acné nuptial » visible chez plusieurs espèces de poissons, tels les goujons). Il choisit la femelle qui porte le plus long

la bouvrière inspecte l'anodonte

avec son tube de ponte,
la femelle dépose ses œufs

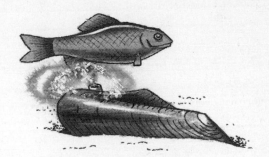

le mâle disperse sa semence
au-dessus de la moule qui l'aspirera

tube de ponte (celui-ci mesure environ six centimètres, soit la longueur de son corps) et la dirige vers des moules d'eau douce. Grâce à son long tube souple, la femelle dépose un ou deux ovules à l'intérieur même d'une grosse moule. Ensuite, le mâle dépose sa semence sur le mollusque, qui l'aspire en même temps que l'eau de sa respiration, et en assure la fécondation. Puis le manège recommence, avec la même femelle ou avec une autre, sur différentes moules, que le mâle de bouvière défend farouchement contre ses concurrents. La moule est donc le berceau d'incubation des œufs du poisson. Elle leur fournit de l'oxygène, les garde à l'abri des prédateurs et de la sécheresse. Ils ne semblent pas gêner leur hôtesse, et en sortiront quand ils seront capables de nager. Les mollusques sont nécessaires à la reproduction des poissons, car ces derniers ne sont stimulés sexuellement *qu'en présence des moules*.

Parasitées par des poissons, les moules savent renvoyer l'ascenseur. Certaines expulsent des centaines de milliers de larves, munies de crochets, qui vivront en parasites sur les branchies des poissons et leur suceront le sang. On peut en compter de quatre mille à cinq mille sur le même hôte.

Jules César et les moules d'eau douce

On trouve quelquefois de grandes coquilles nacrées sur les rives des lacs et des rivières. Ce sont des valves de moules d'eau douce. On peut aussi remarquer le sillon que tracent leurs déplacements dans la vase, car elles fouillent le substrat. Elles filtrent les particules et jouent un grand rôle dans la qualité des eaux qu'elles fréquentent. Lors d'une expérience, une espèce américaine filtra quarante-deux litres en une seule heure ! Les moules d'eau douce vivent longtemps, jusqu'à deux cents ans. Il en existe différentes espèces, souvent de belle taille. La mulette des peintres, qui atteint treize centimètres, a jadis été appelée ainsi parce que sa coquille servait de godet aux aquarellistes. Les anodontes sont encore assez courants. Plus connues mais de plus en plus rares, les mulettes perlières fabriquent des perles que l'on a récoltées en Europe jusqu'au XVIIe siècle. Jules César aurait envahi les îles Britanniques principalement pour la récolte de ces perles précieuses. Pour le baptême de son fils, Marie de Médicis a porté une robe brodée de quelque trente-deux mille perles d'eau douce ! On ne peut récolter une perle que tous les six ans, il faut donc imaginer les gisements géants de centaines de milliers de moules perlières, aujourd'hui disparus, qui étaient disponibles pour de telles moissons.

Hélas pour elles, les moules ne font pas la distinction entre les particules nutritives et les produits toxiques. Elles sont très sensibles à la pollution. Les mulettes perlières ne pourraient pas se reproduire dans des eaux en bouteille qui vantent pourtant les mérites de leur pureté à grand renfort de spots publicitaires, car elles dépassent un taux de 1,7 mg/l de nitrates. On ne rencontre plus de mulettes perlières que dans quelques cours d'eau préservés des Vosges, du Limousin, d'Allemagne et d'Écosse, où vit encore le dernier ramasseur de perles.

La vie des mares

Mais d'où viennent les animaux des points d'eau ?

Même dans des mares ou des lacs de montagne, isolés de tout, on trouve des poissons bien incapables de sortir de l'eau et de se promener. Mais (en dehors des manipulations humaines, bien sûr) comment sont-ils arrivés là ? Ce sont leurs œufs, très collants, qui voyagent, accrochés aux pattes et aux becs tachés de boue des oiseaux. Des graines de plantes aquatiques, des œufs de poissons, d'insectes, de daphnies (des crustacés surnommés « puces d'eau »), des mollusques, et des tas d'animaux microscopiques voyagent ainsi à « patte de canard » ou à « dos de ragondin ». On trouve dans nos cours d'eau une méduse d'eau douce, la minuscule *Crapedacusta*, inoffensive pour l'homme. Connue dans le Yang-tseu-kiang, elle a été découverte dans la Seine par Théodore Monod en 1970. Le chercheur l'a dénommée la méduse volante, car elle voyage elle aussi collée aux pattes des oiseaux aquatiques. Les plantes sans attache, comme les lentilles d'eau, prennent également le taxi. Une seule suffit pour bourgeonner et se multiplier jusqu'à coloniser tout un plan d'eau, le remplissant de clones.

Bien qu'on ne les rencontre quasiment que dans les mares, la plupart des insectes adultes qui s'y trouvent sont très capables de voler. Le soir venu, les dytiques, les gyrins et les notonectes peuvent s'envoler de leur point d'eau pour en trouver de nouveaux. Leurs yeux, très sensibles aux surfaces brillantes, leur permettent de les repérer de loin. Des libellules comme l'aeschne bleue migrent sur des kilomètres.

Quelques poissons particuliers, comme les anguilles, peuvent se déplacer hors de l'eau en cas de besoin pour trouver un lieu de vie. La carpe elle-même survit assez longtemps dans les herbes humides (jadis, la possibilité de la transporter dans des paniers a permis son introduction dans presque tous les plans d'eau disponibles).

Les tritons, les grenouilles ou les ragondins rejoignent les mares à pied…

Comment respirent les animaux aquatiques

Les animaux les plus adaptés à la vie aquatique, les poissons, respirent directement l'oxygène de l'eau grâce à leurs branchies (et ils s'asphyxient hors de l'eau, ils se « noient » à l'air libre ; allez expliquer ça à un enfant…). Les larves de grenouilles et de libellules respirent de la même manière, alors qu'au stade adulte elles mèneront une vie terrestre.

D'autres animaux captent l'oxygène de l'air, et pour cela tous les moyens sont bons. Certains insectes, comme la nèpe, ou scorpion d'eau, se tiennent la tête en bas sous la surface, et respirent à l'aide de la paille qu'ils ont dans le derrière ! D'autres emmènent de l'air avec eux, sous les ailes comme le dytique, ou accroché sous forme de bulles dans des poils autour de leur corps. La méthode rend la notonecte si légère qu'elle doit s'accrocher aux plantes pour ne pas remonter à la surface comme un ballon ! D'autres encore percent les tiges des plantes pour y respirer de l'air, s'en servant comme de gigantesques tubas.

le tube de respiration de la nèpe

Certains escargots ne sont ni terrestres ni marins. On les rencontre dans presque toutes les eaux douces. Les limnées, à la coquille pointue, respirent à l'aide de poumons. Une limnée peut quelquefois nager à l'envers, sous la surface de l'eau, ce qui lui permet de prendre de l'air. Elle le videra pour s'enfoncer dans l'eau. D'autres escargots d'eau douce, les planorbes, ont une respiration hybride : quand l'air manque, ou lorsque l'eau est recouverte de glace, ils se remplissent d'eau et leurs poumons se mettent à fonctionner comme des branchies. D'autres encore se contentent de respirer par la peau[1].

Y a-t-il une vie sous la glace ?

En hiver, que deviennent les plantes et les animaux aquatiques ? Les microscopiques amibes et les paramécies s'enkystent d'une enveloppe protectrice. Beaucoup d'inver-

---

1. Parmi eux, le spélerpès brun (ou spéléomante), un drôle d'amphibien proche des tritons, vivant dans les éboulis et les cavernes du sud-est de la France et en Italie. L'animal n'est pas aquatique et ne pond pas dans l'eau, mais sort volontiers quand il pleut. Toute sa vie, le spélerpès ne respire que par la peau et la muqueuse buccale, car il ne possède ni branchies ni poumons.

tébrés, comme les daphnies, meurent après avoir pondu des œufs de durée qui résisteront à l'hiver. Selon les espèces, les dytiques hivernent à l'état d'œuf, de larve ou d'adulte. D'autres animaux restent au stade larvaire pendant la saison froide, comme de nombreuses libellules.

Pendant les hivers très rigoureux, 90 % des martins-pêcheurs peuvent disparaître, faute de pouvoir se nourrir. Sous la glace, l'eau avoisine les quatre degrés, mais elle est plus chaude vers le fond qu'en surface. La plupart des poissons, comme les tanches, hibernent dans la vase des mares, leur rythme cardiaque étant alors extrêmement ralenti. Ce changement de rythme marque leurs écailles de stries annuelles qui indiquent leur âge. Beaucoup de grenouilles hibernent également dans la vase. La respiration par la peau leur suffit, alors qu'elles se noieraient en une heure ou deux pendant la période chaude.

Certains amphibiens peuvent congeler et décongeler sans dommage ! Des « antigels » empêchent les cristaux de glace de faire éclater leurs cellules. Comme mort, l'animal gelé ne bouge plus, ne respire plus, son cœur a cessé de battre et son sang ne circule plus. Avec la chaleur, il renaîtra doucement, comme si de rien n'était…

En automne, les plantes aussi se préparent à affronter le froid. Beaucoup produisent des bourgeons d'hiver contenant des réserves d'amidon. Les nénuphars s'enracinent profondément, les lentilles d'eau stockent de l'amidon, s'alourdissent et descendent au fond des eaux. Elles remonteront tout au long de la consommation de leurs réserves pour émerger au printemps. Elles feront le régal des canards, qui les engloutiront comme des aspirateurs…

Grenouilles à cinq pattes et verre d'eau médiatique

La loutre, la moule et bien des insectes sont considérés comme des indicateurs de qualité des eaux. Des spécialistes peuvent juger des caractéristiques et de la préservation d'un milieu rien qu'à la présence de certaines espèces. Leur disparition est toujours un avertissement.

Les phénomènes de grenouilles à cinq pattes et autres monstruosités ont plusieurs causes, où intervient un ver parasite favorisé par la pollution aux engrais et aux lisiers. Le rôle probable du trou dans la couche d'ozone et des UV dans la disparition actuelle des amphibiens du monde entier, en les rendant plus vulnérables aux maladies et aux pollutions, est un autre avertissement. C'est non seulement la biodiversité qui disparaît comme peau de chagrin, mais aussi nos ressources en eau potable. Les petites bêtes trinquent en premier, les plus grosses mettent un peu plus de temps... On continue d'assécher des zones humides, ou de les traiter comme des lieux sans intérêt, voire des décharges. Malgré leur image de lieux préservés, le Marais poitevin et la Camargue ne sont pas épargnés par les destructions diverses (drainage pour l'agriculture, pression de chasse trop forte, structures routières, urbanisation, etc.[1]). L'agriculture consomme 70 % de l'eau douce, contre 20 % pour l'industrie et 10 % pour les usages domestiques. Dans les grandes plaines céréalières, les cultures sont arrosées en plein soleil, vidant les nappes phréatiques au moment où l'évaporation est au maximum. Un gâchis aussi inconséquent, si facile à éviter, est inadmissible. Aujourd'hui encore, des hommes se font la guerre pour de l'eau, et on peut parier que ce n'est pas fini.

Dès 1974, l'écologiste René Dumont, en brandissant un simple verre d'eau à la télévision, nous avait prévenus : l'eau potable deviendra de plus en plus précieuse. Ses réflexions n'ont cessé de se confirmer. La vie vient de l'eau, l'eau est indispensable à la vie.

À tester vous-même : Mettez le feu à la mare !

La fermentation des matières en décomposition provoque la remontée de bulles de méthane, un gaz inflammable.

---

1. La Camargue a perdu quarante mille hectares de milieux naturels en quarante ans, et les destructions continuent. Espace protégé, vraiment ?

Vous pouvez, en prenant les précautions qui s'imposent, allumer une longue allumette (type allumette pour cigare) à la surface de l'eau, de préférence à la tombée de la nuit : effet surréaliste et magique garanti.

LES PETITES BÊTES QUI GRATTENT

Ouille, ça se termine en gratouilles ! En Afrique, certains scientifiques se laissent piquer volontairement par des moustiques, pendant des soirées entières, pour étudier leurs habitudes et faire avancer nos connaissances. C'est courageux. Cependant, même pour le plus passionné des naturalistes, certains animaux sont de sacrés casse-pieds. La nature a des aspects impitoyables...

Quelques insectes piqueurs

Des vols impressionnants d'insectes (notamment de moustiques), quasiment épais comme une purée, se rencontrent quelquefois dans des zones humides comme la Camargue[1]. Cela effraie les touristes, mais pas les autochtones : ils savent qu'il n'y a pas de piqûre à craindre. Il s'agit d'essaims nuptiaux exclusivement composés de mâles. Quand une femelle entre dans la danse, elle est aussitôt poursuivie. L'accouplement ne dure que les quelques secondes de chute vers le sol. C'est après qu'il faut se méfier : ce sont les femelles fécondées qui piquent, pour acquérir les protéines nécessaires à leur ponte, et c'est leur salive anticoagulante qui provoque les démangeaisons. Les mâles n'ont pas de pièces buccales aptes à piquer et visitent les fleurs, se nourrissant de nectar. Chez certaines espèces, ils ne s'alimentent pas du

---

1. Bien plus loin, au Niagara en 1962, après un tel rassemblement, les corps des moustiques jonchaient le sol sur une épaisseur de un mètre !

tout. Comme chez les guêpes, il existe des hyperparasites : les femelles de minuscules mouches, des cératopogonides, volent à des moustiques le sang qu'ils ont ingurgité !

Les tiques (qui sont des acariens) et les puces (des insectes proches des diptères, qui ont perdu leurs ailes) sont des parasites suceurs de sang. Une puce peut vivre dix-huit mois sans manger, et sauter une longueur supérieure à cent fois sa taille, l'équivalent d'environ cent soixante-dix mètres pour l'humain. Les tiques, qui s'accrochent à l'homme, peuvent transmettre des infections, comme la maladie de Lyme, auxquelles les médecins ne pensent pas toujours parce qu'elles ne sont pas courantes. Une tique doit s'accrocher à trois victimes au cours de sa vie avant de pondre, et elle peut attendre des années (dix-huit ans en laboratoire) ! Les aoûtats ne prélèvent pas de sang, mais comptent parmi les plus sans-gêne, puisque les larves de ces gros acariens entrent sous la peau. Plus on se gratte, et plus ça gratte !

Les guêpes, les abeilles et les bourdons, quant à eux, ne piquent que pour se défendre ou protéger leur colonie. Il n'y a rien à en craindre à partir du moment où l'on ne les approche pas de trop près. Là aussi, ce sont les femelles qui piquent (en général, des ouvrières stériles) : le dard est une tarière de ponte modifiée

Le fabuleux destin des parasites

La moitié des animaux sont des parasites. Ceux qui les hébergent constituent l'autre moitié. Les premiers sont moins connus, mais ils suivent des destins aussi aventureux que fabuleux (on l'a vu avec le ver qui pousse le grillon à se suicider, et avec bien d'autres exemples tout au long de ce livre[1]).

---

1. Les acariens sur les mouches, les mouches sur les hirondelles, le « pou des abeilles » qui mange dans la bouche de l'insecte, le coucou, le bourdon coucou, le papillon qui se fait élever par les fourmis, l'araignée qui tisse un cocon pour sa mouche parasite, cette étonnante diversité de guêpes provoquant des galles ou pondant à l'intérieur d'autres insectes, le poisson qui dépose ses œufs dans la moule d'eau douce, la moule qui se venge, etc. Voir à ce sujet l'étonnant livre de Claude Combes : *Les Associations du vivant*, dans la bibliographie.

Les bactéries parasites *Wolbachia spp.* changent le sexe de leur hôte quand il s'agit d'un mâle, car ils ont besoin de se développer sur les œufs des femelles. Elles stérilisent aussi bien des moustiques que des cloportes, des papillons ou des guêpes. Un ver trématode parasite (*Dicrocoelium*) passe par trois animaux très différents au cours de son cycle de vie : un escargot, une fourmi et un mouton. Pour passer de l'escargot à la fourmi, il provoque l'émission de petites gouttelettes de mucus. La fourmi est attirée par la friandise, l'ingère et se fait contaminer. Elle change alors complètement de comportement : son ennemi intérieur va la pousser à se faire manger par un mouton. Elle se tient donc au sommet d'un brin d'herbe, agrippée par les mandibules, tête en bas, attendant que l'herbe soit broutée par l'herbivore… Le mouton lui-même peut être victime d'un autre parasite, *Multiceps multiceps*, qui se loge dans son cervelet et l'oblige à tourner en rond : exactement ce qu'il faut faire pour attirer et se laisser attraper par des canidés (loups ou meutes de chiens divagants). Le parasite *Toxoplasma gondii*, quant à lui, bogue le cerveau du rat et lui fait oublier toute prudence, au point qu'il se jette sous les griffes des chats.

Certains parasites se trompent d'adresse, comme ces curieux organismes, des schistosomes, qui sortent des escargots d'eau douce, et cherchent ensuite à envahir des canards. Ils entrent quelquefois par erreur dans la peau des baigneurs, ce qui provoque des rougeurs et quelques irritations, appelées la dermatite des nageurs.

Il y en aura pour tout le monde

On trouve des puces sur des animaux de toutes les tailles, de la souris à l'éléphant. En général, chaque espèce de puce a une victime de prédilection, mais certaines s'adaptent à plusieurs hôtes. La puce de l'homme se retrouve sur le blaireau, le renard ou le porc (*voir dessin p. 246*). Elle est en voie de disparition dans les pays riches, mais celle du chat nous a adoptés. Quasiment tous les mammifères ont leur sorte de pou, un insecte sans ailes, qui n'aime qu'eux. Il y a celui du chien, du sanglier, du lapin, du cheval, etc. On trouve même des poux particuliers, qui ne vivent que dans le nez du phoque. Quand l'animal plonge, ils restent à l'abri, enfermés dans ses narines !

On parle souvent de la baleine bleue comme du plus grand animal de tous les temps, mais on oublie de citer les vers solitaires des baleines (*Polygonoporus* et *Tetragonoporus*, si vous tenez à être présentés), qui atteignent quarante mètres, et qui sont encore plus longs qu'elles[1] ! Qui s'intéresse à eux ?

On pense ingénument que le mal vient toujours des autres, mais des études récentes montrent que c'est l'homme qui aurait transmis le ver solitaire aux porcs domestiques, et non l'inverse... Cependant le ver, qui n'est pas toujours solitaire, nous venait lui-même d'hyènes et de félins africains. On a passé le relais... N'oublions pas non plus que le parasite, ou plutôt le profiteur d'une association, n'est pas forcément le plus gros. Nous ne pourrions pas vivre sans les bactéries que nous retenons prisonnières dans notre estomac, et qui nous permettent de digérer[2].

---

1. La baleine bleue peut atteindre environ trente mètres pour cent cinquante tonnes. Le plus long animal connu se rencontre en bord de mer : c'est un némerte, c'est-à-dire un ver plat, appelé ver ruban. Ces vers rubans se nouent en boules gélatineuses, formant des masses de dix centimètres de diamètre. Mais si l'on déroulait l'une de ces boules, un animal prodigieusement long apparaîtrait. L'un d'eux, une espèce fréquentant le littoral européen, mesurait soixante mètres de long, soit la longueur de deux baleines bleues ! Cet animal fragile, qui se casserait si on le touchait, est probablement le plus long animal que la Terre ait porté.

2. D'autre part les mitochondries, petites structures de nos cellules leur permettant de respirer, ont pour ancêtres lointains des bactéries qui ont fini par perdre leur individualité. Et l'homme compte plus de cent mille milliards de cellules ! Un peu à l'image de la fourmilière, on peut voir chaque être humain comme un ensemble de micro-organismes, pour ne pas dire une colonie d'animaux...

Les parasites ont-ils façonné l'homme ?

Les carnivores abritent un plus grand nombre de parasites différents que les herbivores, et les espèces grégaires plus que les solitaires. Et qui détient le record de variété de parasites ? C'est l'homme ! Bien sûr, l'humain est l'espèce la plus étudiée par lui-même, ce qui explique en partie la richesse des gêneurs répertoriés. Une autre explication réside dans ses mœurs changeantes et vagabondes. Son passage de la vie arboricole vers les déplacements au sol, sa fréquentation des marigots, puis la colonisation de tous les milieux terrestres l'ont conduit à attraper une partie des parasites qui s'y trouvaient. Ses migrations elles-mêmes sont peut-être dues à des gêneurs : selon le biologiste Joseph Reichholf, l'homme s'est déplacé d'abord parce qu'il cherchait à fuir les mouches porteuses de maladies.

Depuis l'aube des temps, nous « coévoluons » avec nos parasites. Certains chercheurs pensent que la reproduction par la sexualité, qui mélange l'ADN hérité des deux parents, donc qui diversifie le patrimoine génétique, est un moyen de répondre en partie aux mutations des parasites. Mais dans cette « course aux armements » entre eux et nous, nous avons de sacrées longueurs de retard. Si l'homme se reproduit environ tous les trente ans, une bactérie se divise... toutes les trente minutes, ce qui donne, pour une vie humaine moyenne, quelque un million cinq cent mille générations de bactéries ! D'autres chercheurs pensent que notre peau imberbe serait un effet de la sélection par rapport à nos parasites. L'invention du vêtement et l'utilisation du feu ont rendu notre fourrure inutile pour lutter contre le froid. Une peau peu poilue aurait aussi permis de montrer au partenaire que l'on n'est pas ou peu parasité de puces ou de poux... Les individus les moins poilus se seraient reproduits et auraient transmis leur physionomie. Cependant (excepté les cheveux pare-soleil et la barbe, à fonction de différenciation sexuelle), les aisselles et le pubis sont restés fournis. Moites, chaudes et pourvues en glandes émettrices de sueur, ces zones auraient gardé leur intérêt dans la transmission des odeurs à caractère sexuel.

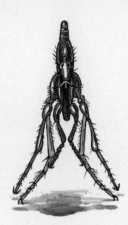

NOS AMIS LES HUMAINS

Pour le biologiste français François Jacob, lauréat du prix Nobel, le cerveau humain est comparable à « un ordinateur monté sur une charrette à cheval[1] ». Nos prouesses intellectuelles (dues au néocortex, « l'ordinateur »), cohabitent avec des pulsions sexuelles ou des rapports de compétition hiérarchique dus au rhinencéphale, notre cerveau primitif quasi reptilien (la charrette). Le vernis social dont nous nous parons est trop récent à l'échelle de l'évolution pour être solide. Nos ancêtres sommeillent encore en nous, nos racines frétillent...

Le singe nu

Paru en 1967, *Le Singe nu* du zoologiste Desmond Morris[2] reste, selon le primatologue Frans De Waal, « le plus grand best-seller scientifique de tous les temps ». À la fois argumenté, provocant et plein d'humour, ce livre pionnier

---

1. « Évolution et bricolage », articles parus dans *Le Monde* des 6, 7 et 8 septembre 1977, cités par André Langaney dans *Le Sexe et l'Innovation* (voir bibliographie). Le « bricolage de l'évolution » est une image célèbre formulée par François Jacob.
2. Né en Grande-Bretagne en 1928, Desmond Morris a travaillé avec Nikolaas Tinbergen. Ce personnage original fut également directeur du zoo de Londres où il s'improvisa, tout comme son homologue allemand Bernhard Grzimek, pionnier de la télévision animalière, avec des bêtes incontrôlables invitées sur le plateau. Peintre lui-même, il fut aussi directeur de l'Institut des arts contemporains, et auteur de nombreux ouvrages innovants (voir bibliographie), dont *La Biologie de l'art* (Stock, 1961), épuisé, que je recherche désespérément (annonce personnelle).

très accessible osait regarder le primate humain (le fameux singe nu) comme n'importe quel autre animal, avec des analyses très séduisantes. Pour Desmond Morris, les conversations anodines et sans intérêt entre voisins sont des « discours de toilettage », comparables aux toilettages des autres primates : des activités sociales aux mêmes fonctions apaisantes. Le foot, où des groupes de mâles poursuivent un symbole rebondissant, serait un substitut de la chasse. Quand nous décorons notre bureau, nous marquons notre territoire à notre manière. Nos rapports hiérarchiques sont proches de ceux des loups ou des singes, chez lesquels croiser le regard du chef est un signe de défi : soutenir trop longtemps le regard de quelqu'un reste en effet un geste agressif, qui met vite dans l'embarras.

Notre physionomie est également passée au crible. Morris rappelle que des singes comme le gélada ou le mandrill, qui se tiennent souvent en position assise, « imitent » sur leur poitrine ou leur visage leurs attributs génitaux désormais cachés (ils présentent les mêmes couleurs selon le même agencement). D'après la même logique, les seins perpétuellement gonflés de la femelle humaine sont des rappels de la forme des fesses, et sont devenus bien plus des attraits sexuels que des organes fournisseurs de lait. Le nourrisson qui les tète est d'ailleurs gêné par leur belle rondeur…

La gestuelle du bébé

À sa naissance, le petit humain se dirige d'instinct vers le sein de sa mère. Comme les autres mammifères, il communiquera avec elle par des odeurs et par des gestes que personne ne lui a jamais appris. Cet instinct ne disparaît pas quand il grandit. Tous les enfants du monde savent se comprendre entre eux grâce à des postures et des mimiques, quelles que soient leurs origines et leur culture, même s'ils viennent de tribus isolées. Le sourire, la moue boudeuse, la crispation de la colère, et bien d'autres, font partie de ces signaux visuels. Preuve de leur caractère programmé : les jeunes aveugles en affichent également !

Les enfants encore à l'âge de la communication non verbale nous en apprennent beaucoup sur la force de nos instincts et leur universalité. Ils sont étudiés depuis plusieurs décennies, notamment par le professeur Hubert Montagner, pionnier des études sur le comportement de l'enfant. Évidemment, l'adulte continue de communiquer par les gestes et par les grimaces, même si le langage semble les reléguer à l'arrière-plan. Observez une personne qui parle au téléphone : elle bougera les sourcils et fera des moulinets avec les mains comme si son interlocuteur pouvait la voir.

Les humains, de bons sujets d'étude

Le livre de chevet de Louis de Funès a longtemps été les *Souvenirs entomologiques* de Jean-Henri Fabre. L'acteur comique s'intéressait à l'éthologie, particulièrement aux rapports entre dominants et dominés, qui ont beaucoup inspiré sa gestuelle : mimiques outrageuses, courbettes hypocrites (quand il jouait les soumis) ou coups de gueule hargneux (quand il se faisait petit chef)... D'après un de ses fils, interviewé à ce sujet[1], il aimait observer les humains comme Jane Goodall étudiait les chimpanzés.

Il est toujours intéressant de constater des similitudes entre certains gestes des singes et les nôtres : chez les chimpanzés aussi, tendre la main en avant est un signe d'apaisement... On ne peut pas s'empêcher de jouer à chercher des points communs entre hommes et bêtes, par exemple en comparant des mondains autour d'un buffet à des vautours se disputant une carcasse, ou bien des danseurs à des oiseaux en parade nuptiale. C'est souvent très drôle. À condition de ne pas confondre ces analogies spontanées avec de véritables travaux scientifiques, scruter les agitations de nos contemporains est toujours captivant...

---

1. *Louis de Funès ou le pouvoir de faire rire*, documentaire d'Éric Delacour et David Hover, 2003.

À tester vous-même : Fermer le son de la télévision pendant un débat (par exemple), pour mettre en valeur le langage non verbal humain. Étudier les signaux échangés par les intervenants : les rapports de forces, les gestes de séduction, les mimiques de gêne, etc.

CONCLUSION(S)

Des bestioles aux machines folles

Observer des bestioles, en chemin ou à quatre pattes dans son jardin, ce n'est pas regarder le monde par le petit bout de la lorgnette. Bien au contraire ! Cette saine activité peut amener à comprendre des lois universelles, ou à réagir à des phénomènes qui dépassent largement la clôture du jardin. La manière de penser d'un biologiste peut nous donner de l'espèce humaine une lecture fort instructive[1]. Chaussons donc les lunettes du chercheur ou de la chercheuse, et prenons du recul. Beaucoup de recul.

Vu de l'espace, l'être humain se développe à la surface de la Terre comme une moisissure sur la peau d'une orange. Or, nous l'avons vu avec les pucerons, les campagnols et de bien plus grosses bêtes : dès qu'une espèce animale prolifère, on trouve toujours un concurrent, un parasite ou un prédateur pour l'empêcher d'envahir l'écosystème. Mais est-ce valable pour nous-mêmes, qui avons jugulé la nature ? Est-ce que l'expansion accélérée d'*Homo sapiens* est sans fin, jusqu'à épuisement des ressources, ou bien un événement viendra-t-il l'équilibrer, et de quel genre ? Dans le concours d'horreurs de ce que l'on peut envisager (accident nucléaire, guerre planétaire, virus galopant, bouleversements climati-

---

1. Après tout, biologie (du grec *bios*, vie, et *logos*, science) veut dire « science du vivant », rien de moins !

ques colossaux, fin du monde et autres réjouissances), je vous propose une hypothèse qui mérite réflexion : c'est l'être humain lui-même, prédateur parmi les prédateurs, qui s'est sans doute fabriqué son propre superprédateur. Oui, mais lequel ?

Avant de rompre cet insoutenable suspens, il faut se rappeler la théorie célèbre du « gène égoïste », de Richard Dawkins. Situant les mécanismes de l'évolution dans l'infiniment petit, le sociobiologiste britannique Richard Dawkins ne voit dans tout être vivant qu'une « machine à survivre » inventée par ses gènes, et gouvernée par eux pour qu'ils se multiplient. Inutile de préciser que cette théorie très jusqu'au-boutiste, nous concédant juste le rôle de marionnettes esclaves de nos molécules internes, a provoqué des débats houleux. Mais gardons l'idée en tête, et revenons à nos analyses.

Dans son livre *Des baleines, des bactéries et des hommes*, Robert Barbault[1] compare les rapports entre les sociétés humaines avec ceux des différentes espèces animales entre elles, qui entraînent des stratégies de compétition, de coopération ou d'exclusion. Il écrit : « L'espèce humaine organisée en groupes sociaux, en groupes professionnels, en nations, donne l'impression de fonctionner parfois comme un système plurispécifique (*système comprenant plusieurs espèces différentes, ici des espèces animales, N.d.A*). La sélection n'est plus, à proprement parler, la sélection naturelle. Les mécanismes sont différents : c'est la sélection économique. » Le nouveau régulateur d'humanité s'appelle donc la logique économique, et fonctionne d'une manière quelquefois semblable aux stratégies naturelles, avec tous les aspects inhumains, impitoyables, de ce que l'on appelle la loi de la jungle. Un exemple : quand une entreprise licencie le personnel de son secteur déficitaire pour être plus compétitive, donc

---

1. Robert Barbault (professeur et directeur du département « Écologie et gestion de la biodiversité » au Muséum d'histoire naturelle de la ville de Paris) : *Des baleines, des bactéries et des hommes* (*cf.* bibliographie), p. 280 et 312.

mieux cotée en Bourse, Claude Combes[1] compare le processus avec la disparition, au cours de l'évolution, d'un organe devenu inutile ou trop coûteux en énergie. Le problème, c'est qu'il s'agit ici d'individus humains jetés à la rue au nom de la rentabilité. Notre superprédateur est bien le diktat du commerce.

Robert Barbault poursuit : « Ainsi, de même que l'organisme animal a pu être considéré par Richard Dawkins, selon une lecture darwinienne imagée, comme une machine inventée par le gène pour l'aider à mieux se multiplier, l'homme de demain pourrait être considéré comme une créature destinée à multiplier des francs, des dollars ou des écus. » L'argent « égoïste », qui ne fonctionne plus pour le bien de l'humanité, mais pour se développer lui-même, a pris le rôle du « gène égoïste ». La logique économique mondiale s'est substituée aux lois de la nature, et détruit peu à peu le vivant avec la ténacité aveugle d'un robot incontrôlable.

Le loup et la pervenche

Mais au fait : pourquoi faudrait-il protéger la nature ? Se poser une telle question, c'est déjà oublier que la nature n'est pas qu'un lieu de promenade ou de loisirs : c'est la source même de notre vie, de la vie. Comme n'importe quel autre animal, nous avons besoin de nous nourrir de ses fruits. Les milliers d'espèces animales et végétales vivant sur la planète pourraient un jour sauver l'humanité de la famine. La forêt tropicale, par exemple, contient des bananes, du café, des kiwis, etc., encore à l'état sauvage ; ailleurs se trouvent le blé ou le riz à l'origine de toutes nos céréales cultivées. En cas d'épidémie dans nos récoltes, ces plantes, plus robustes que les variétés domestiques, pourraient alors être exploitées. Cette biodiversité représente un précieux patrimoine génétique.

---

1. Claude Combes (professeur à l'université de Perpignan, où il a fondé le laboratoire de biologie animale du CNRS) : *Les Associations du vivant* (*cf.* bibliographie), page 56.

Dans ces mêmes forêts, au fond des océans, mais aussi tout près de nous, vivent des animaux et des végétaux aux propriétés inconnues qui deviendront peut-être, si on les étudie, les médicaments de demain (d'ailleurs, l'industrie pharmaceutique ne se prive pas de spolier les peuples indigènes de leur savoir et de leurs médecines traditionnelles). Ainsi, la petite pervenche rose de Madagascar, souvent citée par le botaniste Jean-Marie Pelt. Cette fleur, qui a failli disparaître, est utilisée depuis des années pour soigner une forme de leucémie des enfants, et elle sauve des vies. Se préoccuper « des petites fleurs et des petits oiseaux » n'est donc pas tout à fait anodin.

D'autre part, l'homme ne devrait pas détruire ce qu'il est incapable de créer lui-même, car il commet l'irréparable. Il est comptable de la moindre mouche devant l'évolution, dont il coupe des branches à chaque disparition d'espèce.

La vie sauvage elle-même, qui nous manque tant, peut trouver une rentabilité salutaire : au Kenya, on a calculé qu'un éléphant en vie rapporte trente fois plus, grâce au tourisme, qu'un éléphant mort pour son ivoire. On fait le même constat avec les loups du parc de Yellowstone (où le canidé a été réintroduit volontairement), et il pourrait en être de même avec nos loups alpins et nos ours pyrénéens. Ces fauves majestueux pourraient faire vivre nos montagnes, si seulement nous pouvions faire évoluer les mentalités moyenâgeuses…

À ceux qui demandent encore « à quoi ça sert un ours ? », on a coutume de répliquer « et la *Joconde*, à quoi sert-elle ? ». Au-delà de toutes les raisons « utilitaires », la motivation la plus forte et la plus durable de protéger la nature est sûrement la plus désintéressée : il faut la préserver parce qu'elle est belle, prodigieusement belle. Car si demain il n'y avait plus sur terre de place pour le chant d'amour d'une baleine, le vol d'un papillon ou la course d'un guépard, c'est la plus belle partie de lui-même que l'homme aurait perdue.

Le geai qui miaule, les yeux qui piquent

Paris au mois de mai. Je suis avec Bernard Morin, le réalisateur de nos émissions, à la recherche d'un geai qui miaule comme un chat… L'oiseau ne nous fera pas l'honneur de montrer le bout de son bec à la caméra. Nous sommes en 2004. Il fait une chaleur bizarrement estivale, lourde, étouffante. Un rappel de la canicule de l'été précédent, une démonstration de plus de bouleversements climatiques mondiaux qui, selon toute vraisemblance, ne font que commencer. Les yeux nous piquent, l'odeur des gaz d'échappement est réellement suffocante. Nous sommes en voiture, bloqués derrière des livreurs qui visiblement vont nous faire attendre un bon moment. Autour de nous, *personne* n'a l'idée de couper son moteur. Sans que cela ait l'air de les perturber en quoi que ce soit, ces conducteurs sont en train de s'asphyxier eux-mêmes, en toute sérénité. Aucune réglementation n'a restreint la circulation ce jour-là, ni les suivants. Est-ce que tout le monde s'en fout ? Nous terminerons à pied, avec l'impression amère de ne pas y changer grand-chose. Mais comment expliquer cette suicidaire indifférence ?

Iceberg en vue !

Coupé de la nature, privé de repères authentiques, les sens sous-développés par un environnement qui ne lui parle pas, l'*Homo modernicus* ne se rend plus compte de rien. Le pillage et la destruction de sa planète, les menaces directes de la pollution sur sa santé, sur celle de ses enfants, semblent n'avoir pas de prise sur lui. Coincé entre son téléphone mobile, sa voiture et son ordinateur, stressé par son travail (encore la pression économique), et surtout désinformé par des grands médias soumis aux lobbies (idem), l'*Homo modernicus* a d'autres soucis, d'autres intérêts en tête. Ne faisant le sacrifice ni de son confort ni de ses habitudes, il marche vers le sacrifice ultime. C'est le syndrome du Tita-

nic, dont Nicolas Hulot a fait le titre d'un livre sans détours :
pendant que le glorieux paquebot voguait vers la catastrophe, l'orchestre continuait de jouer, et les passagers se dis-
trayaient en toute insouciance. Il est bien dommage de
terminer cette promenade bucolique par une constatation si
négative, mais nous ne pouvons plus jouer les autruches, et
réciter « jusqu'ici tout va bien ». Non, tout ne va pas bien,
l'iceberg est en vue, et il faut regarder la réalité en citoyens
responsables. Ce n'est plus l'heure de se borner à traiter
d'alarmistes ceux qui tirent sur la sonnette, mais bien de se
renseigner sur pourquoi ils le font.

Résumé minuscule d'événements énormes

Juste quelques exemples : la plupart des stocks de
poissons marins sont épuisés, la morue (ou cabillaud) est
au bord de l'extinction, comme tant d'autres, car on en prélève beaucoup plus qu'il ne s'en reproduit. Des filets de
plus de cent kilomètres de long raclent les océans du globe,
tuant tout sur leur passage. La majorité des pêcheurs (et
surtout les gros industriels de la pêche) refusent d'écouter
les mises en garde des scientifiques, et menacent à la fois
leur propre avenir et celui des populations qu'ils nourrissent. C'est le règne de l'inconscience et du gâchis : parce
qu'ils ne sont pas commercialisables, on rejette à la mer le
tiers des poissons, morts, soit plus de *trente millions de
tonnes chaque année.*

Malgré leur immensité, plus de la moitié des forêts tropicales a déjà disparu, hommes et bêtes inclus, et le rythme
de déforestation s'accélère. Plus d'un milliard d'hommes
n'ont pas accès à l'eau potable, environ vingt-deux mille en
meurent *chaque jour* dans le tiers-monde : cela fait huit millions de morts par an, dont la moitié d'enfants ! Pourtant, les
ingénieurs et les banquiers auteurs du livre *Eau* (*voir bibliographie*), spécialistes de la question au niveau international,
estiment que nous avons les moyens financiers et techniques
de mettre fin à ce scandale. Si notre technologie ne sert pas

à ça, le mot « progrès » a-t-il réellement un sens ? Effet de serre et bouleversements climatiques, surpêche, déforestation, désertification, épuisement des ressources, gâchis et pollutions en tout genre, et même la plupart des guerres et des famines, rien de moins, tous ces problèmes sont liés, et ont pour seule cause le diktat de la croissance économique.

Selon le professeur Dominique Belpomme, 80 % à 90 % des cancers ont des causes environnementales, dues d'abord à une pollution grandissante et non maîtrisée. Le cancérologue prévient : « Notre siècle sera écologiste, ou nous ne serons plus. » On ne peut être plus clair.

C'est votre nature…

En observant la nature, je constate chaque jour la beauté du monde. Le moindre pas dans la neige ou les hautes herbes est un pur bonheur, un échantillon de paradis. Chaque jour, je constate aussi la destruction effarante de ce qui nous entoure, comme d'ailleurs tous mes collègues naturalistes, les scientifiques de terrain, et tous les promeneurs un peu attentifs : les rivières empoisonnées dans lesquelles il vaut mieux ne plus se baigner, la verdure si nécessaire à notre respiration grignotée partout par le béton, les menaces d'élimination des derniers espaces naturels, le bruit omniprésent, l'air puant, la disparition progressive de la vie. Tout dans la nature, jusqu'au plus petit des insectes, nous hurle d'ouvrir les yeux. Par ce livre, j'ai voulu vous distraire et vous intéresser aux animaux, nos frères de planète. J'aimerais surtout vous dire combien la planète en question a besoin de vous. Car l'avenir est entre *vos* mains. Dans vos gestes quotidiens, votre manière d'acheter, de jardiner, de recycler, d'économiser l'énergie, de vous renseigner auprès des associations, de les soutenir, de consommer, de parler, de lire, d'agir, et, surtout, de faire pression sur les responsables, vous avez des choix. Pour l'inertie, ou pour la vie.

Parole d'Indien

En 1854, un « homme sauvage », comme il se décrivait lui-même, prononça des mots illuminés de sagesse, de clairvoyance et noblesse. Ce sauvage, c'est le chef indien Seattle, de la Ligue Duwanish. L'homme fit au président des États-Unis d'Amérique un discours poétique et visionnaire, dont voici quelques extraits. Ces mots semblent surgir du fond des temps comme la voix même de la nature :

« Qu'est-ce que l'homme sans les bêtes ? Si tous les animaux disparaissaient, l'homme mourrait d'une grande solitude de l'esprit. Car ce qui arrive aux bêtes arrivera bientôt à l'homme. Toutes les choses sont liées entre elles [...] Nous savons au moins ceci : la Terre n'appartient pas à l'homme, l'homme appartient à la Terre. Ce n'est pas l'homme qui a tissé la trame de la vie : il n'en est qu'un fil, et tout ce qu'il fait à la trame, il le fait à lui-même [...] Continuez à souiller votre lit, et une nuit vous étoufferez dans vos propres immondices. »

Et maintenant, cherchez la petite bête

QUELQUES CONSEILS POUR OBSERVER LES ANIMAUX SAUVAGES

Découvrir la nature est à la portée de tous : il est inutile d'investir dans un matériel coûteux, et de ramper dans les campagnes déguisé en Indiana Jones ! L'essentiel est de se servir au mieux de ses yeux et de tous ses sens. Une paire de jumelles et un guide d'identification suffiront largement à enrichir vos explorations. Les quelques ruses de terrain qui suivent vous permettront d'éviter les pièges, et de profiter pleinement des merveilles qui vous entourent.

Les rendez-vous improbables

Les animaux sont volontiers routiniers, et avec un peu d'attention on peut favoriser les rencontres. Cependant, on ne peut jamais être certain de croiser telle ou telle espèce : il n'y a pas de rendez-vous avec la nature ! Le meilleur moyen de ne jamais revenir déçu d'une balade, c'est de s'intéresser à tout, car TOUT est intéressant : les traces, les plantes, les insectes, mais aussi – ou d'abord ? – ce délicieux sentiment d'être dans un lieu authentique, de humer l'air frémissant ou d'admirer les couleurs mouvantes de la nature.

Choisir l'heure et le lieu

Partir au petit matin dans un silence engourdi, quand les humains sont encore assoupis, vous donne l'impression que le monde vous appartient. C'est aussi le moment où vous avez un maximum de chances de croiser des mammifères et des oiseaux. Cependant, chaque heure de la journée vous offre un « programme » nouveau (*voir le calendrier page 269*).

Il existe quelques lieux où la nature est mieux préservée qu'ailleurs : les parcs nationaux, les réserves naturelles, etc. Il ne faut pas se priver de les visiter, de profiter des observatoires et autres facilités. Cependant, la nature présente partout un intérêt, même dans des zones apparemment banales. C'est celle qui fait l'objet de ce livre, car elle ne doit pas être négligée. Pour observer des espèces variées, essayez de visiter des milieux naturels différents, mais aussi les zones intermédiaires : lisières de forêts, bords de marais, etc., car ce sont les plus riches.

Comment se servir de jumelles

Pour l'animal sauvage, voir sans être vu est la condition même de la survie. Pour le naturaliste, c'est le principe numéro un à respecter. Le meilleur moyen pour observer les animaux sans les faire fuir est de les observer à distance, grâce à des jumelles. Un grossissement de huit fois (8 ×) est idéal, pour des raisons de maniabilité, de poids et de prix. Aux côtés du taux de grossissement, un deuxième chiffre est inscrit sur les jumelles. Il indique la luminosité, élément primordial pour des observations qui ont souvent lieu à l'aube ou au crépuscule. Préférez des 8 × 40, voire des 8 × 42, à des 8 × 20.

Avant de partir, entraînez-vous un peu au maniement de vos jumelles. Il ne faut pas fouiller le paysage avec, mais repérer d'abord son sujet, puis ajuster les jumelles dans l'axe de vision. Ensuite, il faut régler la mise au point grâce à la molette centrale, puis la molette d'un œil. Au besoin, aidez-vous d'un repère proche de l'animal (branche particulière, arbre, etc.) avant de diriger vos jumelles sur lui.

Vous pouvez également vous procurer une petite loupe de poche pliable, de grossissement 8 ×, très pratique pour découvrir les beautés secrètes des fleurs ou des insectes, et jouer les « microcosmonautes »…

Approcher les animaux

La silhouette verticale des humains effraie les quadrupèdes, et il faut s'accroupir pour les approcher. Chaque bête a une distance de fuite propre, c'est-à-dire une limite à partir de laquelle elle s'enfuira, et qu'il ne faut pas franchir. Elle est proportionnelle à sa grandeur (la distance de fuite d'un lézard est nettement plus courte que celle d'un cerf). Dès que vous sentez un raidissement dans le comportement de l'animal, vous l'avez atteint. N'allez pas plus loin.

Un oiseau qui vous « regarde de travers » est un oiseau inquiet : ses yeux placés sur le côté l'obligent à se mettre de biais pour vous surveiller. Les mammifères vivant dans un univers d'odeurs, il faut tenir compte du sens du vent pour aller à leur rencontre. En revanche, ils voient mal. Si vous marchez sans bruit, par à-coups, et droit vers lui pour ne pas dessiner de mouvement, vous pouvez approcher un chevreuil ou un lièvre à quelques mètres.

Essayez de ne pas vous mettre face au soleil pour éviter les contre-jours aveuglants. Mais ne faites pas d'ombre en approchant les insectes. D'autre part, il faut toujours ralentir à l'amorce d'un virage, ou quand on va apparaître sur un relief, pour ne pas faire fuir les animaux. Enfin, n'ayez pas l'air de vous intéresser de trop près à un animal : les hérons craignent moins les pêcheurs indifférents que les ornithologues bardés de jumelles. De plus, celles-ci – vues de l'animal – ont l'allure inquiétante d'un gros regard menaçant.

Safari sur un mètre carré

C'est une révélation ! Lorsque j'organisais des sorties nature pour les enfants, je leur proposais quelquefois un « safari sur un mètre carré », et le résultat était toujours intéressant. Il n'y a aucune raison de priver les adultes du même plaisir. Il s'agit d'une « antipromenade » : au lieu de parcourir beaucoup de territoire, sur lequel on passe peu de temps, on délimite un petit espace et l'on y reste longtemps. On découvre alors la vie miniature qui grouille à nos pieds : les insectes qui vaquent à leurs énigmatiques affaires, toujours pressés, les miniproies attaquées par de miniprédateurs, les amours et les drames quotidiens qui nous échappent habituellement. Après une telle expérience, on ne regarde plus un carré de gazon ou un bord de chemin de la même manière. La nature est un ensemble de millions et de millions de petits espaces comme celui que l'on vient d'observer, et l'on prend conscience de son infinie vitalité.

Ouvrir les oreilles

Il est difficile d'identifier les chants d'oiseaux, mais il n'est pas nécessaire de les connaître tous pour enrichir ses balades. Il ne faut surtout pas essayer d'en assimiler trop d'un coup. Certains chants sont très courants, quasiment partout : si vous parvenez à reconnaître celui du merle, du rouge-gorge et du pinson des arbres, vous aurez déjà de bonnes bases avant d'aller plus loin. Si cela vous tente, habituez-vous à leur musique grâce à des CD. Certains chants, comme celui du coucou, sont très faciles à reconnaître. Le plus fameux est celui du pouillot véloce, un minuscule migrateur très courant dans nos régions. Son nom français est un peu compliqué, alors que les Anglais l'appellent *chiffchaff*. Cela rappelle son chant : *tsip tsep tsep tsip tsep tsep…*

On peut également identifier les grenouilles ou les criquets à leur chant, mais cela est une autre histoire.

Un bon guide

Chacun sait que pour bien connaître les champignons, rien ne vaut un bon guide de terrain, un connaisseur ou une connaisseuse capable de transmettre son savoir. Il en est de même avec tout ce qui concerne la vie sauvage. N'hésitez pas à contacter les associations naturalistes, et à suivre quelques sorties. Les guides, généralement aussi passionnant(e)s que passionné(e)s, vous donneront des « trucs », une manière de voir qui vous servira par la suite. Les livres d'identification sont également très utiles. La bibliographie qui suit (*page 287*) vous présente une sélection des meilleurs ouvrages pratiques dans différents domaines.

Les « trésors de guerre »

On peut emporter chez soi des souvenirs de ses balades sans faire de tort à la nature : coquilles d'escargots vides, mues de reptiles ou d'insectes, pelotes de réjection, os, plumes, moulages d'empreintes, etc. Tout cela suffit largement à collectionner des trésors, sans passer par les bêtes naturalisées, les insectes épinglés, ou encore les coquillages, les coraux ou carapaces achetés dans le commerce. Quand on arpente régulièrement la nature, on s'aperçoit vite des brutalités que les activités humaines lui infligent, et il faudrait montrer une bonne dose d'inconscience ou d'égoïsme pour la piller, et donc occulter la nécessité de la préserver...

Les règles d'or du naturaliste : DRAP

Quel que soit le milieu naturel où vous vous trouvez, même sous l'eau, respecter ces principes de base vous permettra de mieux aborder la faune sauvage : D pour discret, R pour respectueux, A pour attentif, P pour patient. En bref, drapez-vous du DRAP !

D pour discret

Attention aux couleurs claires ou trop voyantes, à tout ce qui brille au soleil et aux mouvements brusques : montrer du doigt est un geste agressif qui fait fuir les oiseaux. Restez à l'ombre, longez les haies. La nature a besoin de silence : évitez les claquements de portières de voiture, les clés qui sonnent dans les poches, les vêtements qui crissent, et marchez en mettant les talons au sol en premier. Question discrétion, les feuilles mortes et sèches sont une calamité. En revanche, un bruit constant, comme une grosse pluie, peut camoufler les vôtres. Il m'est arrivé d'observer un renard le long d'un pré occupé par des chevaux si remuants que mon arrivée était passée inaperçue. Mais j'ai aussi manqué, en Suède, une belle rencontre avec un ours brun, à cause d'un téléphone mobile…

Se promener en groupe offre un avantage : chaque marcheur représente un regard supplémentaire susceptible de discerner des animaux. Mais le fait de parler les chasse tous, et les explorations seul ou en petit nombre sont les plus fructueuses. Attention aux chiens, qui peuvent perturber la faune.

R pour respectueux

Vous êtes censé aimer les animaux, ne les dérangez pas, ne forcez pas les distances de fuite. N'approchez pas une couvée de trop près pour faire une photo ou une observation, les parents pourraient l'abandonner et vous la mettriez en péril. Respectez la nature, mais également les terrains privés. Fermez bien les clôtures derrière vous, restez au maximum dans les sentiers balisés, ne laissez pas de détritus. Vous représentez « les » naturalistes, vous avez la responsabilité de notre réputation : montrez l'exemple !

A pour attentif, aux aguets

Soyez attentif comme si vous étiez vous-même un animal, constamment en alerte, tous les sens en éveil. Un peu comme un conducteur scrute sa route tout en guettant les dangers potentiels sur les côtés, dans la nature il faut regarder partout : à la fois très loin et très près. Généralement, avant de distinguer un animal, on perçoit d'abord son mouvement, ou une forme qui détonne sur son environnement : une tache anormalement claire dans un arbre, une forme différente parmi les feuilles, etc.

Sachez aussi ouvrir les oreilles. Un chant particulier, un silence soudain vous en apprendront beaucoup sur la vie qui vous entoure. Un signal d'alarme vous avertira de la venue d'un prédateur : rapace, renard, etc., qui se montrera peut-être à vous. Un frétillement de pattes sur le sol proviendra d'un lézard ou d'un mulot, mais un son comparable à celui d'un vêtement que l'on traîne à terre signifiera la fuite d'un serpent. Fermer les yeux pour mieux écouter et sentir l'univers est un excellent exercice d'éveil des sens.

P pour patient

Inutile d'espérer voir des animaux si vous marchez comme un athlète un jour de championnat. Le meilleur moyen pour les rencontrer est de vous arrêter, souvent, et d'attendre. Fouillez du regard le paysage, les fleurs, les feuillages et les buissons, penchez-vous sur les traces au sol. Restez un moment sans bouger. C'est le seul moyen de découvrir la richesse d'un lieu. Vous vous fondrez tout doucement dans la nature, jusqu'à en faire partie intégrante. Alors seulement, les oiseaux qui fuyaient à votre passage reviendront petit à petit, des bêtes sauvages rassurées par le silence s'approcheront de vous. Les animaux peuvent rester immobiles des heures. Inspirez-vous d'eux.

À tester vous-même : Les oreilles de lapin.

Un bon truc pour mieux percevoir l'environnement : augmentez le pavillon de vos oreilles en mettant les mains derrière chacune, comme deux paraboles. Cela multiplie les sons, vous renseigne mieux sur ce qui se passe, et vous donne une idée de ce qu'entendent les animaux sauvages qui vous entourent.

LES QUATRE SAISONS

Le déroulement des saisons est très peu sensible en ville, et les citadins n'en ont que peu d'indices. Sous nos climats, il entraîne pourtant des conditions de vie très différentes tout au long de l'année. Les animaux s'y adaptent au fur et à mesure des modifications extérieures, et se montrent (ou se cachent) sous des aspects variés. Bien que le plein été soit différent du cœur de l'hiver, les changements de l'un à l'autre sont subtils, progressifs comme un dégradé d'aquarelle. Chaque mois contient des souvenirs des événements récents, et des prémices de ceux qui s'annoncent.

Suivant les conditions météo, des pissenlits peuvent fleurir à n'importe quel moment de l'année. Au moindre réchauffement, des gendarmes montrent leurs couleurs et des lézards des murailles pointent le bout du museau. Les dates qui suivent sont donc des indications théoriques, car sujettes à des fluctuations dues à la latitude, à l'altitude, à la météo, et aussi, désormais, aux bouleversements climatiques. On peut rencontrer des hirondelles à Noël…

Beaucoup de naturalistes notent leurs observations de terrain sur des carnets, en mentionnant la date et les conditions atmosphériques. Ces notes ne manquent pas d'intérêt, et elles apportent souvent des surprises : j'ai quelquefois relevé le même événement (première hirondelle, écureuil visitant le jardin, etc.) plusieurs années de suite, exactement à la même date !

Petit calendrier
d'événements nature

Janvier

L'hiver est une excellente saison pour observer les oiseaux. Ils sont moins farouches quand il fait froid, et plus faciles à voir car les arbres n'ont plus leurs feuilles. Leurs nids sont également bien exposés, et vous pouvez repérer ceux de la saison passée.

C'est aussi une bonne période pour apprendre les chants des oiseaux, car peu d'entre eux se font entendre. Seuls ou presque, le rouge-gorge, l'accenteur mouchet et le troglodyte donnent de la voix. Les mangeoires les attirent près des fenêtres, c'est l'occasion de les identifier. Dans la nature, la nourriture est rare, et les corbeaux, les buses et les hérons peuvent se battre pour une misérable charogne.

Vêtus de leur fourrure la plus épaisse, les mammifères sont magnifiques. Pour les écureuils, c'est le début de la saison de reproduction. Les mâles, attirés par l'odeur d'une femelle en chaleur, se rassemblent quelquefois et la suivent pendant des heures.

En scrutant les feuillages, les mousses ou les écorces, on peut voir des groupes de coccinelles réunies pour hiverner. Les années douces, on observe des insectes en activité. Dès la mi-janvier, la reine des abeilles peut se remettre à pondre. Les perce-neige sortent leurs feuilles puis fleurissent, montrant déjà le chemin du printemps.

Février

Déjà, des migrateurs dessinent des V dans le ciel. Il faut donc lever les yeux, mais aussi se pencher vers le sol : les traces de pas sont bien imprimées dans la neige et dans la boue. C'est le moment de mouler des empreintes. Autour des conifères, les oiseaux insectivores (mésanges, roitelets…)

traquent les bestioles cachées dans ces arbres, qui gardent leurs aiguilles toute l'année.

Les feuilles de nombreuses plantes sortent du sol. Celles des arums perforent les feuilles mortes des arbres dans leur montée vers la lumière, s'y étranglent et les traversent avec une persévérance qui ressemble à de la volonté. De petits champignons rouge vif, les pezizes écarlates, se font remarquer sur le bois mort.

Les pics tambourinent : on délimite son territoire avant la reproduction. Pour ces piètres chanteurs, l'appel amoureux se fait au roulement du tambour. Ceux qui ne trouvent pas d'arbre creux se rabattent sur les volets en bois ou les pylônes électriques métalliques, qui font d'excellentes caisses de résonance.

Les premiers tritons se déplacent, les orvets sont de sortie. Les chevaux commencent à perdre leur poil d'hiver, comme tant d'autres mammifères. Cette mue tombe à pic : les poils et les crins vont servir à tapisser les nids des oiseaux.

Mars

Partout, de gros bourdons sortent de terre, encore engourdis : ce sont des femelles fécondées, prêtes à fonder une colonie après l'hibernation. Les reines mères reprennent des forces sur les chatons des saules. Les bombyles, ces gros insectes velus volant sur place, butinent près du sol les fleurs précoces avec leur longue trompe.

C'est le moment de réviser ses chants d'oiseaux ! Premier migrateur arrivé, le pouillot véloce, grâce à son chant simple, nous propose de débuter par la leçon la plus facile. Les hirondelles suivent de près, elles chassent le moustique près des points d'eau puis filent vers le nord. Un masque nuptial noir apparaît sur la tête des mouettes rieuses. Les grèbes huppés dansent sur les étangs, les buses et les milans royaux sillonnent les airs, les grenouilles et les crapauds traversent les routes pour se rencontrer dans les mares.

Parades, accouplements, naissances, la reproduction bat son plein. De nombreux oiseaux ont déjà pondu, comme les mésanges, mais aussi des insectes et des poissons. Les lièvres « bouquinent », ils se livrent à leurs combats de boxe particulièrement pendant le printemps.

C'est la « période jaune » de la nature, avec les pissenlits, les ficaires, les tussilages ou encore les citrons, ces papillons annonciateurs des premiers beaux jours.

Avril

Avant que les feuilles des arbres leur cachent la lumière, les fleurs des forêts se dépêchent de pousser : jacinthes, pervenches, primevères, anémones sauvages décorent les sous-bois. Ensuite, les petits arbres verdiront, puis les plus hauts jetteront leur ombre sur le sous-bois. Les arbres fruitiers explosent de couleurs.

On peut observer les becquées des oiseaux qui ont déjà mené à bien leur première nichée de l'année. Le chant du coucou résonne comme une menace sur les couvées. D'un niveau musical nettement supérieur, le rossignol virtuose fait son show de jour comme de nuit. La traversée du Sahara, puis de la Méditerranée, ne semble pas l'avoir fatigué.

Les limaces, les escargots et les loirs sortent de leur hibernation. Les premières orchidées sauvages hissent les couleurs, les arums ouvrent leurs cornets piégeurs de mouches. Les champignons des beaux jours apparaissent, comme la morille, le tricholome de la Saint-Georges ou la mortelle amanite printanière.

Autour des arbustes tournoient de petits papillons brillants aux antennes démesurées : les adèles. Noires et maladroites, les mouches de la Saint-Marc volent en masses éphémères à la fin du mois, les butineurs vrombissent dans les fleurs.

Mai

C'est la razzia sur le muguet sauvage, qui subit les assauts des promeneurs et des vendeurs. La plante est toxique, et certains romantiques se sont suicidés au muguet.

Tout aussi toxiques, mais plus fréquentes, les renoncules accueillent de nombreux insectes. Il n'est pas rare d'y surprendre une abeille solitaire endormie.

Les derniers migrateurs arrivent : tourterelles des bois, martinets noirs, etc. Les hirondelles prélèvent de la boue pour construire ou réparer leur nid, ce qui leur demande une semaine de travail avant la première ponte. Un ornithologue a compté plus de mille voyages pour une construction.

C'est la pleine saison des crachats de coucou, que l'on observe sur les ronces et bien d'autres végétaux. Plusieurs espèces d'orchidées ont déjà poussé : orchis mâle, orchis pourpre, orchis verdâtre, céphalanthère pâle, etc.

Le parfum des aubépines emplit les campagnes. Les carpes fraient, les coccinelles s'accouplent. Beaucoup d'oiseaux éclosent : chouettes, faucons, hérons... Les biches mettent bas leur faon, tandis que les renardeaux sortent de leur terrier. Tous ces bébés naissent quand il fait chaud et que la nourriture abonde.

Juin

Sous les nénuphars en fleur, des têtards achèvent leur métamorphose. Non loin de là, de jeunes grèbes prennent le taxi sur le dos de leurs parents. Libellules, papillons, lézards, musaraignes sont en pleine activité, les cigales entonnent leur chant mécanique.

Dans les haies, les insectes volants se chauffent sur les feuilles. On peut rechercher la mouche scorpion, qui doit son nom à la queue recourbée du mâle. Dans les campanules c'est le mâle de l'abeille *Melitta haemorrhoïdalis* qui peut se laisser surprendre au matin, endormi à l'intérieur d'une fleur.

Sur les terrains sableux, de petites abeilles, les halictes, rejoignent leur terrier les pattes chargées de pollen. Elles ont creusé de petits trous dans le sol. Il suffit d'attendre quelques minutes devant le terrier pour en voir sortir ou rentrer.

Les nuits sont les plus courtes de l'année. Il arrive que les nocturnes sortent alors qu'il fait encore jour. Le soir à peine tombé, le renard chasse en lisière de forêt, les jeunes chouettes et hiboux poussent des *tss tsss tss*, les hannetons de la Saint-Jean bourdonnent autour des arbres.

Juillet

Tôt le matin, en bordure de forêt, on peut repérer des chevreuils ou les entendre bramer. Pour eux, juillet et août représentent la période du rut. Les mâles se livrent parfois des combats. Ils en oublient d'être farouches.

Le long des chemins, différentes ombellifères (*voir page 159*) font le bonheur des insectes. Une foule d'abeilles, de mouches, de papillons et de coléoptères divers s'y rencontrent pour se nourrir de nectar, chasser ou s'accoupler. La moindre carotte sauvage se fait encyclopédie d'entomologie. Explorez également les orties et les chardons, très attractifs pour les insectes.

Quand il fait chaud, insectes et oiseaux vont s'abreuver à la moindre flaque d'eau. Les buses et les milans tournoient dans les courants ascendants. De petits oiseaux en plumage juvénile découvrent la vie. Le jeune rouge-gorge, encore tout tacheté de gris, a déjà sa silhouette d'adulte.

Des miniatures de grenouilles sautent dans les prés. Elles étaient têtards il y a peu, et vivent leur première saison. Le soir, dans les plaines céréalières, les cailles font entendre leur cri, qui sonne comme ces mots : « Paye tes dettes, paye tes dettes ! »

Août

Qui dit août dit aoûtats, ces petits acariens rouges dont les larves entrent sous la peau. Mais ils sévissent aussi dès juillet et jusqu'en septembre. Sur les premières mûres se tiennent des punaises. L'alternance de la chaleur et des orages provoque des poussées de champignons : bolets, amanites tue-mouches, coulemelles…

Prolifiques, les lapins forment maintenant des familles nombreuses. Pas toujours bien prudents, les lapereaux attendent le dernier moment pour décamper devant le promeneur, puis s'arrêtent, curieux, avant même d'être à couvert. Les jeunes animaux ne savent pas encore que la chasse existe, ni que les prédateurs rôdent...

Les martinets s'en vont. Les mouettes rieuses perdent leur masque nuptial, la majorité des oiseaux ont fini leur période de reproduction. Ils chantent moins, les insectes ont pris la relève : presque tous les criquets et les sauterelles ont maintenant atteint leur forme adulte. Le soir, on peut s'amuser à distinguer combien d'insectes différents stridulent.

Le crépuscule scintille de la féerie des vers luisants le long des chemins, et des étoiles filantes dans les cieux. Autour des lampadaires, les chauves-souris pourchassent les papillons nocturnes. Les hérissons reniflent sans discrétion dans la nuit.

Septembre

Colchiques dans les prés, c'est la fin de l'été. Les hirondelles se rassemblent pour le grand voyage. Quelques-unes ont tenté une troisième ponte tardive. Premier migrateur arrivé, dernier parti, le pouillot véloce chante encore à tue-tête.

Les papillons et les abeilles butinent les fleurs tardives du lierre. Vulcains, robert-le-diable, paons du jour et autres vanesses profitent de la manne. D'autres se repaissent des fruits mûrs tombés au sol. Des tipules, ces gros moustiques inoffensifs, se montrent par dizaines.

Les oiseaux et les mammifères font des provisions de graisse avant d'affronter l'hiver. Ils se goinfrent de baies : sorbier, sureau, prunes, mûres, etc. Mélange exotique de rugissement de lion et de meuglement de vache, le brame du cerf fait trembler la forêt.

Le soir, les lérots font entendre leurs chuintements dans les buissons. Au mieux de leur forme, ils sautent de branche en mur et de toit en tronc, vifs et acrobates. Quand il pleut, la salamandre sort dans l'obscurité. Il faut la chercher à la torche.

Octobre

C'est la pleine saison des champignons, plus nombreux que le reste de l'année. Les épeires diadèmes sur leur toile prouvent qu'il y a encore des insectes à attraper. En laissant sécher une paroi de mucus, les escargots ferment la porte de leur coquille pour l'hiver. Ne pas déranger SVP.

Aux animaux affamés, l'automne offre ses fruits : châtaignes, noix, noisettes, faines… Geais des chênes, écureuils et sangliers se régalent de glands. Les geais et les écureuils cachent des provisions. On peut chercher les galles (*voir pages 165 et 199*), désormais plus visibles sur les églantiers, ou les boules fixées aux feuilles de chêne tombées à terre.

Les hirondelles que l'on rencontre encore ont un vol droit, décidé, dirigé vers le sud. Les oiseaux migrateurs passent les cols des montagnes. Partout, des coups de feu claquent à nouveau dans les campagnes. « La chasse gâche mes automnes », disait Marguerite Yourcenar…

Les mulots se carapatent sous les feuilles mortes. Immobile dans le ciel, le faucon crécerelle vole sur place, guettant le rongeur qui se mettra à découvert. Attentive aux mêmes mouvements, la buse à l'affût se perche sur des branches ou des piquets.

Novembre

Les jours raccourcissent, les températures descendent. Des grues, des canards et des oies passent au-dessus de nos têtes vers des régions moins froides. Des vanneaux huppés se posent par centaines dans les champs. Ils se montrent partout plus nombreux, et apparaissent maintenant dans les quelques régions du Sud ou de l'Ouest où ils étaient absents.

Dans les labours, les corbeaux freux extirpent des larves d'insectes. Nombreuses sont les petites bêtes à passer la « mauvaise » saison sous la terre. En jardinant, on peut tomber sur une chrysalide de papillon, étrange et belle comme une momie égyptienne, mais prête à renaître un jour. Les vers de terre, eux, s'enfoncent plus profondément pour fuir le froid.

Quelques guêpes attardées prennent un dernier repas, des bousiers et des scatophages s'affairent encore sur les crottes et sur les champignons. Dans les ruches, des abeilles ouvrières battent des ailes pour réchauffer la colonie.

Les feuilles des arbres roussissent et tombent. On peut regarder les mousses et les lichens de près, tenter d'en identifier quelques-uns. Le soir, les étourneaux et les pinsons du nord se rassemblent en dortoirs bruyants. Dans les grands arbres, les effraies chuintent.

Décembre

Des oiseaux nous ont quittés pour l'Afrique ; d'autres, venus du nord, viennent hiverner chez nous. Parmi eux, de nombreux canards, d'où l'expression « un froid de canard ». Quand la météo annonce une chute de température, les ornithologues vont admirer sur les étangs les sarcelles, les fuligules, les harles et les garrots à œil d'or. Les mouettes rieuses se montrent jusqu'au cœur des villes.

Les rouges-gorges gonflent leur plumage comme une doudoune pour s'entourer d'une couche d'air chaud. Ils sont alors ronds comme des balles de ping-pong. Quand il gèle, pensez à leur fournir de l'eau douce. Le salage des routes entraîne la mort de nombreux volatiles chaque année par l'ingestion de sel. Ce même sel brûle les coussinets plantaires des chiens dans les villes, et pollue les nappes et les cours d'eau.

Le bombyx du peuplier se montre encore, mais la plupart des insectes sont cachés. Merles et grives remuent bruyamment la litière de feuilles mortes à leur recherche. Plus haut, les mésanges font la « ronde » : différentes espèces, mêlées à d'autres petits passereaux, se rassemblent pour dénicher en groupe quelques graines et bestioles.

Les oiseaux disséminent les graines contenues dans leurs fientes, et plantent pour le printemps. Rouge et vert, le houx symbolise Noël et ses décorations. Visible sur de nombreux arbres, le gui en bouquets fête le jour de l'an.

Une belle journée d'été

Voici le déroulement d'une journée type, un beau jour de juillet. À chaque minute, les sons et les couleurs changent subtilement. Des animaux différents se montrent ou se font entendre…

4 heures

À l'aube, les mammifères se profilent dans la brume avant de disparaître. C'est le meilleur moment pour apercevoir le dos droit et la queue en panache du renard. Dans la mare fumante de vapeur, on entend des canards.

6 heures

Le jour se lève. Les chouettes poussent un dernier hululement. Les uns après les autres, les oiseaux diurnes se mettent à chanter. La rosée fait briller les toiles d'araignée, et révèle toute leur harmonie.

9 heures

Le soleil commence à chauffer la campagne. La rosée s'évapore et fait disparaître les toiles pièges, maintenant efficaces. Les insectes diurnes s'activent, bourdonnent et vrombissent, les oiseaux se taisent. Place à l'équipe de jour…

11 heures

Le soleil est maintenant chaud, le jour est bien là. Les rapaces planent dans les courants d'air ascendants. Les reptiles désengourdis se montrent, sauf en cas de canicule : les pierres brûlent, les serpents ne veulent pas jouer les merguez sur le grill…

14 heures

La nature fait la sieste, on n'entend que les mouches voler. C'est peut-être l'heure de chercher les hiboux endormis, bien cachés entre de hautes branches, à condition de ne pas les perturber…

21 heures

Le soleil décline, la fraîcheur revient. Les animaux du matin sortent de leur torpeur et réapparaissent. Les nocturnes volants et trottinants repartent en chasse, les hululements reprennent. Le monde s'éveille.

23 heures

Tous les chats sont gris. Nos pauvres yeux de primates diurnes ont du mal à distinguer les crapauds, les hérissons, les escargots, les fouines, les chouettes et les criquets. Des bruits anonymes jaillissent de partout. C'est l'heure envoûtante du mystère, le moment que je préfère. Mais pourquoi ne dit-on pas : « belle comme la nuit » ?

à vous de jouer !

QUELQUES BONNES ADRESSES

Cette liste, non exhaustive, rassemble quelques lieux, sites Internet et organismes qui mériteraient d'être mieux connus, et qui proposent des découvertes, des services ou des achats originaux et réellement intéressants. Les associations à but non lucratif publient en général des catalogues de vente par correspondance pleins d'objets utiles, beaux et garantis respectueux de l'environnement, qu'on ne trouve pas ailleurs. Fondées sur le bénévolat, ces associations ne subsistent souvent que grâce à l'usage de leur catalogue. N'hésitez pas à le leur demander…

À pas de loup, des volontaires pour la nature : cette association propose des séjours d'écovolontariat en France et à l'étranger : 18, allée des Promenades, 26220 Dieulefit. Courriel aplfrance@lemell.fr

Aspas, Association pour la protection des animaux sauvages : très active sur le plan juridique, lutte pour la sauvegarde des espèces (loups, renards, oiseaux migrateurs…) et le respect des lois, mène de nombreuses campagnes de sensibilisation (pour l'arrêt de la chasse le dimanche, pour le jardinage biologique…). BP 505, 26401 Crest. Tél. : 04 75 25 10 00, Site www.aspas-nature.org

Conservatoire du littoral et des rivages lacustres : cet organisme d'État, créé en 1975, a pour mission d'acquérir, de réhabiliter et d'ouvrir au public des espaces naturels définitivement interdits à la construction. Le Conservatoire est devenu, en vingt ans, le premier propriétaire foncier des côtes françaises. Site www.conservatoire-du-littoral.fr

Chauves-souris : tout sur les mammifères volants, avec les spécialistes du Muséum d'histoire naturelle de Bourges : site www.museum-bourges.net

Clubs CPN : connaître et protéger la nature. Ces clubs destinés aux enfants organisent de nombreuses activités très intéressantes, et publient des brochures très bien faites pour des découvertes sur le terrain, ou pour fonder un club CPN… Fédération des clubs CPN, 08240 Boult-aux-Bois, tél. : 03 24 30 21 90, www.fcpn.org

L'École du chat, association entièrement fondée sur le bénévolat pour soigner, tatouer et opérer des chats abandonnés. Il en existe plusieurs en France. Pour Paris : BP 184, 75864 Paris cedex 18, tél. : 01 42 23 21 16. www.lecoleduchat.com

Écopôle du Forez : des observatoires et des parcours de découverte au bord de la Loire, sur d'anciennes carrières remarquablement réhabilitées et mises à la disposition des oiseaux sauvages et des visiteurs, tél. : 04 77 27 86 40

Espace Réaumur : un endroit unique à visiter pour découvrir *in situ* des nichoirs, des mares, des spirales à insectes et autres installations destinées à protéger l'entomofaune : 75, chemin de la Grotte à Calvin, 86000 Poitiers, tél. : 05 49 45 22 60.

Ferme de Sainte-Marthe, pour commandes de graines, plants de fleurs et légumes oubliés et autres produits biologiques, catalogue, BP 10, 41700 Cour-Cheverny, tél. : 0 820

203 868, renseignements, tél. : 02 54 44 20 03, www.fermede-saintemarthe.com

Ferme de Sainte-Marthe, pour recherche d'emploi dans le bio, stages, conseils de culture, de jardinage, chambres d'hôte, etc., 41200 Millancay, tél. : 02 54 95 45 04 ; fax : 02 54 95 45 01, info@intelligenceverte.org

Festival international du film ornithologique de Ménigoute : plus qu'un festival, c'est le rendez-vous de tous les acteurs de la protection de la nature en France. Pendant le festival, tout le village vibre aux couleurs de l'oiseau, que les commerçants dessinent sur leur boutique. Les visiteurs qui le veulent sont logés chez l'habitant : 16 bis, rue de Saint-Maixent, BP 5, 79340 Ménigoute, tél. : 05 49 69 90 09, courriel mainate@menigoute-festival.org site www.meni-goute-festival.org

JNE, Journalistes/écrivains pour la nature et l'écologie : association regroupant plus de trois cents professionnels spécialisés de tous médias. Édite un journal (*Le Canard Sauvage*) et diffuse de nombreuses infos de première main sur son site, tél. : 01 40 15 09 08, courriel association.jne@free.fr site www.jne-asso.org

LPO, Ligue pour la protection des oiseaux, une des plus grosses associations de France, gère des espaces naturels. Ses délégations régionales organisent des sorties sur le terrain un peu partout sur le territoire. La Corderie royale, BP 263, 17305 Rochefort cedex, tél. : 05 46 82 12 34, site www.lpo-birdlife.asso.fr

Nature et Découvertes : outre les objets nature en vente dans ses magasins, Nature et Découvertes propose des sorties sur le terrain, deux magazines (*Tortue* et *Canopée*) et une lettre Internet d'informations mensuelle intéressantes. Siège social : 1, avenue de l'Europe, 78117 Toussus-le-

Noble, tél. : 01 39 56 01 47, courriel nature@nature-et-decouvertes.com Site www.natureetdecouvertes.com

Nichoirs avec caméra incorporée (sites en anglais) : www.boxwatch.co.uk et www.eco-watch.com

Opie, l'Office pour les insectes et leur environne-ment, œuvre pour la connaissance et la protection des insectes sauvages, et propose des élevages à fonction péda-gogique. BP 30, 78041 Guyancourt Cedex, tél. : 01 30 44 13 43, courriel opie@insectes.org site www.insectes.org

Ponema : cette association envoie (dans la mesure de ses stocks disponibles) des graines de fleurs sauvages et aide à la protection des bourdons et autres insectes. Site www.ponema.org

Robin des Bois : association indépendante comparable à Greenpeace, a révélé des affaires de bois tropicaux dans des édifices publics, des décharges de mazout illégales et autres pollutions, 15, rue Ferdinand-Duval, 75004 Paris, tél. : 01 48 04 09 36.

SPA, la Société protectrice des animaux est connue, mais n'oublions pas que les milliers d'animaux recueillis dans ses refuges attendent d'être adoptés. Ils sont tatoués, opérés et vaccinés, 39, boulevard Berthier, 75017 Paris, tél. : 01 43 80 40 66.

Terre vivante, centre de découverte de l'écologie pra-tique : vingt-cinq hectares au sud de Grenoble, bâtiments et jardins à la gestion exemplaire, conférences hebdomadai-res. Architecture bioclimatique de bois et de terre crue, bassin d'épuration autonome par filtres à roseaux, toilettes à compost, énergies renouvelables, espace enfants, libre-service bio… Domaine de Raud, 38710 Mens, tél. : 04 76 34 80 80, fax 04 76 34 84 02, www.terrevivante.org, cour-riel terrevivante@wanadoo.fr

Village des tortues : on y découvre des animaux sauvages, mais c'est le contraire d'un zoo. Les tortues du village, dans la plaine des Maures, ont été recueillies (chez des particuliers, aux douanes, etc.) pour être ensuite relâchées dans la nature. Maquettes d'animaux préhistoriques, animations, centre de soins. Soptom, BP 24, 83590 Gonfaron, tél. : 04 94 78 26 41.

Vincent Munier, le talentueux photographe qui nous a fait l'honneur de participer à ce livre : son site est un véritable voyage dans le beau. www.vincentmunier.com

Revues

Quelques journaux spécialisés disponibles sur abonnement.

BBC Wildlife Magazine, à ma connaissance l'une des meilleures revues nature du monde. Mais c'est en anglais... Abonnements : *BBC Wildife Magazine*, PO Box 279, Sittingbourne, Kent ME9 8DF, tél. 0870 444 7013, fax 0870 444 2565. Courriels rédaction wildlifemagazine@originpublishing.co.uk et abonnements wildlife@galleon.co.uk

Le Courrier de la Nature, revue très instructive de la Société nationale de protection de la nature, avec des dossiers sérieux hors des sentiers battus. SNPN, 9, rue Cels, 75014 Paris, tél. 01 43 20 15 39, courriel snpn@wanadoo.fr, site www.snpn.com

L'Écologiste, édition française du fameux *The Ecologist*, quatre numéros par an, avec des dossiers consistants et de nombreuses informations introuvables ailleurs sur des sujets variés ayant trait à l'environnement, 25, rue de Fécamp, 75012 Paris, tél. : 01 46 28 70 32, courriel contact@ecologiste.org site www.ecologiste.org

La Hulotte, « le journal le plus lu dans les terriers », « irrégulomadaire » sur les animaux de nos régions. Célèbre depuis longtemps pour son savoureux mélange d'informations et d'humour, avec Pierre Déom au texte et aux dessins : 08240 Boult-aux-Bois, tél. : 03 24 30 01 30, www.lahulotte.fr

Insectes, trimestriel édité par l'Opie : parle beaucoup d'élevages, mais aussi des insectes sauvages. BP 30, 78041 Guyancourt Cedex, tél. : 01 30 44 13 43.

L'Oiseau Magazine, la très belle revue nature de la Ligue pour la protection des oiseaux, avec des dossiers, des informations, une rubrique identification, les observations exceptionnelles, des conseils, etc., tél. : 05 46 82 12 34.

Les Quatre Saisons du jardinage, édité par l'association Terre vivante, plein de trucs et d'astuces respectueux de l'environnement sur le jardinage, l'habitat, la santé, etc. Domaine de Raud, 38710 Mens, tél. : 04 76 34 80 80, fax : 04 76 34 84 02, www.terrevivante.org, courriel terre-vivante@wanadoo.fr. Belgique : Nature et progrès, rue de Dave, 520, B5 100 Jambes, tél. : 0032/ 81 30 36 90.

La Salamandre, journal nature suisse d'origine, avec une illustration très soignée. Rue du Musée 4, CH-2000 Neuchâtel, tél. : 0041 32 710 08 25, courriel info@salamandre.ch site www.salamandre.net abonnements en France, tél. : 05 61 72 76 57.

La Tortue, luxueuse revue pour les fans des tortues du monde, édité par l'association Soptom (Société de protection des tortues des Maures), BP 24, 83590 Gonfaron, fax 04 94 78 26 41, www.tortues.com

Sans oublier les excellentes revues de vulgarisation scientifique disponibles en kiosque : *Pour la science*, *Science et Vie*, *Science et Avenir*, *La Recherche*, etc., ainsi que les magazines traitant en partie de nature et d'animaux : *Terre sauvage, Géo, National Geographic, Grands Reportages, Forêts, Ça m'intéresse, 30 Millions d'amis, Cheval Magazine*, etc., et pour les enfants *Wapiti* ou *Image Doc*.

BIBLIOGRAPHIE

Petit guide des guides d'identification

Voici une sélection de manuels fiables et pratiques sur le terrain, avec quelques commentaires. Les meilleurs guides sont illustrés par des dessins, car seul le dessin sélectionne les informations les plus importantes dans la même illustration (anatomie complète sans décor, postures caractéristiques, couleurs typiques ou non, comparaisons entre espèces proches, etc.). Cependant, pour mieux cerner un problème d'identification, il est utile de comparer plusieurs livres, dont certains peuvent montrer des photos. Les ouvrages présentés ici sont à la fois assez clairs pour faire de bons outils d'initiation et assez sérieux pour rester des références aux naturalistes confirmés.

Insectes et araignées

CHINERY Michael, *Insectes de France et d'Europe occidentale*, Grenoble, Arthaud, 1988.
C'est de loin le meilleur des guides généralistes d'identification des insectes, car il montre les animaux tels qu'on les rencontre sur le terrain (les papillons ne sont pas représentés épinglés ailes ouvertes, par exemple). La sélection proposée permet de retrouver sinon l'espèce, au moins le genre de l'insecte rencontré (aucun guide ne pourrait représenter toutes les espèces).

D'autres guides sont utiles pour des groupes particuliers d'insectes. Les éditions Delachaux et Niestlé en proposent sur les chenilles, les papillons, les libellules avec des dessins, les mouches, les abeilles, les araignées, les grillons et saute-relles avec des photos. Ces derniers ne sont pas des ouvrages clairs d'identification.

Pour les papillons :

ALBOUY Vincent, *Les Papillons par la couleur*, Minerva, 2001.

NOVÁK Ivo, SEVERA Frantisek, LUQUET Gérard, *Papillons d'Europe*, Paris, Bordas, multiguide nature, 1983.

Amphibiens et reptiles

ARNOLD Nicholas et OVENDEN Denys, *Le Guide her-péto*, Paris, Delachaux et Niestlé, remis à jour en 2004. Ce guide d'identification présente l'avantage (et l'inconvénient) de montrer toutes les espèces européennes. Très pratique quand on voyage, mais un peu plus difficile pour se repérer dans des illustrations rassemblant des salamandres ou des lézards de nos régions avec des animaux n'existant, par exemple, que dans une seule île grecque. Les dessins sont excellents, c'est un ouvrage de référence.

Oiseaux

Il existe plusieurs guides d'oiseaux de grande qualité, le choix est difficile. Voici une sélection qui commence par les trois « incontournables ».

PETERSON, MOUTFORT, HOLLOM, GÉROUDET, *Guide des oiseaux de France et d'Europe*, Paris, Delachaux et Niestlé (éditions régulièrement réactualisées depuis 1954). C'est le fameux « Peterson » (du nom du dessinateur), qui fut la bible des ornithologues pendant des années. Il reste clair et remar-quablement didactique, grâce aux espèces représentées dans la même position (ce qui fait que seules les vraies différen-ces apparaissent), avec des flèches qui montrent les détails notables de différenciation. Idéal pour débuter, et même pour continuer.

JONSSON Lars, *Les Oiseaux d'Europe, d'Afrique et du Moyen-Orient*, Paris, Nathan, 1994.

Les illustrations de Lars Jonsson ont un réel intérêt artistique, et présentent chaque espèce sous tous ses plumages (d'hiver et d'été, des juvéniles, etc.), ce qui n'est pas le cas du précédent. Les textes et les cartes de répartition sont en regard, ce qui est plus pratique de maniement que le Peterson. Le livre est lourd, ce qui peut représenter un inconvénient sur le terrain.

MULLARNAY, SVENSSON, ZETTERSTRÖM, GRANT, *Le Guide ornitho*, Paris, Delachaux et Niestlé, 1999. La finesse et l'exactitude des dessins atteignent des sommets. Pour les ornithologues confirmés, c'est le meilleur et le plus complet des guides. Cependant, la vaste étendue géographique étudiée (de l'Afrique du Nord à la Laponie) fait qu'un grand nombre d'espèces sont représentées sur une même page. Certaines ne se rencontrent pas chez nous, bien qu'elles soient difficiles à distinguer des nôtres, et le débutant aura beaucoup de mal à se repérer.

HAYMAN Peter, HUME Bob, *Reconnaître les oiseaux sans peine*, Paris, Nathan.

HUME Bob, LESAFFRE Guilhem et DUQUET Marc, *Oiseaux de France et d'Europe*, Paris, Larousse.

Ces deux guides présentent l'originalité de proposer à la fois des dessins et des photos, ce qui conviendra à ceux qui ne veulent pas se passer de ces dernières. Ils offrent donc le réalisme des clichés et la vue sélectionnée des dessins.

Il faut également citer HEINZEL Hermann, *Oiseaux d'Europe*, Paris, Delachaux et Niestlé, 1996. Remarquable ornithologue qui a étudié sur le terrain toutes les espèces, et même les sous-espèces, des oiseaux qu'il a lui-même dessinés dans ce guide très complet.

Les Oiseaux de France, Guide vert Solar (régulièrement

réédité) a été rédigé par Jean-Claude Chantelat, qui a également photographié toutes les espèces présentes dans ce guide tout en photos, ce qui représente un autre exploit.

Mammifères

Rien d'idéal depuis le guide illustré par Paul Barruel, publié autrefois chez Delachaux et Niestlé, mais épuisé aujourd'hui et non réédité. Les mammifères sont difficiles à voir, et un guide de terrain réaliste reste à inventer.

D. MACDONALD et P. BARRET, *Guide complet des mammifères de France et d'Europe*, Paris, Delachaux et Niestlé, 1995. Aux côtés des dessins en couleur de chaque espèce figurent des illustrations en noir et blanc des traces, terriers, etc.

Traces

BANG Preben, DAHLSTRÖM Preben, *Guide des traces d'animaux*, Paris, Delachaux et Niestlé, 1974.

BOUCHNER Miroslav, *Guide des traces d'animaux*, Paris, Hatier, 1982.

Deux guides illustrés à la fois de photos et de bons dessins pour identifier les traces sur le terrain.

Des livres que j'ai particulièrement aimés

COMBES Claude, *Les Associations du vivant, l'art d'être parasite*, Paris, Flammarion, 2001.

CYRULNIK Boris, PICQ Pascal, DIGARD Jean-Pierre, MATIGNON Karine Lou, *La Plus Belle Histoire des animaux*, Paris, Le Seuil, 2000.

CYRULNIK Boris (sous la direction de), *Si les lions pouvaient parler, essais sur la condition animale*, Paris, Gallimard, « Quarto », 1998.

De Waal Frans, *Quand les singes prennent le thé, de la culture animale*, Paris, Fayard, 2001.

Despret Vinciane, *Quand le loup habitera avec l'agneau*, Paris, Les Empêcheurs de penser en rond, 2002.

Farrachi Armand, *Les poules préfèrent les cages, quand la science et l'industrie nous font croire n'importe quoi*, Paris, Albin Michel, 1999.

Jouventin Pierre, *Les Confessions d'un primate, les coulisses d'une recherche sur le comportement animal*, Paris, Belin, « Pour la science », 2001.

Morris Desmond, *La Fête zoologique*, Paris, Calmann-Lévy, 1980 (épuisé).

Morris Desmond, *Le Singe nu*, Paris, Grasset, « Le Livre de poche », 1968.

Reeves Hubert, De Rosnay Joël, Coppens Yves et Simonnet Dominique, *La Plus Belle Histoire du monde, les secrets de nos origines*, Paris, Le Seuil, 1996.

Terrasson François, *La Peur de la nature. Au plus profond de nos inconscients, les vraies causes de la destruction de la nature*, Sang de la terre, 1988.

Sources bibliographiques
pour en savoir plus

Collectif :
La Vie secrète de la nature en France, douze volumes, Paris, Atlas, 1987.

Inventaire de la faune de France, Muséum national d'histoire naturelle, Paris, Nathan, 1992, 1995, etc.

La communication animale, Belin, « Pour la science » hors série n° 34, janvier/avril 2002.

Le comportement des animaux, Belin, « Pour la science », 1987 à 1993.

Paroles animales, Sciences et Avenir, hors série n° 131, juin/juillet 2002.

ALBOUY Vincent, *Le Jardin des insectes*, Paris, Delachaux et Niestlé, 2002.

ARON Claude, *La Sexualité, phéromones et désirs*, Paris, Odile Jacob, 2000.

ARTHUR Laurent, LEMAIRE Michèle, *Les Chauves-Souris, maîtresses de la nuit*, Paris, Delachaux et Niestlé, 2005.

ATTENBOROUGH David, 1998, *La Vie des oiseaux*, Paris, Delachaux et Niestlé, 2000.

ATTENBOROUGH David, 1984, *La Planète vivante*, Paris, Delachaux et Niestlé, 1985.

BAILEY Gwen, *Que veut dire mon chat ? Le guide du comportement animal*, Paris, Gründ, 2002.

BAILEY Gwen, *Que veut dire mon chien ? Le guide du comportement animal*, Paris, Gründ, 2002.

BARBAULT Robert, *Des baleines, des bactéries et des hommes*, Paris, Odile Jacob, 1994.

BELLMANN H, *Guide des abeilles, bourdons, guêpes et fourmis d'Europe*, Paris, Delachaux et Niestlé, 2005.

BERTRAND Bernard, *Les Secrets de l'ortie*, ouvrage auto-édité, Le Terran, 1996.

BERTRAND Bernard, *Mon pote le moineau*, Le Terran, 1996.

BLACKBOURN Denis-Richard, *Le Renard roux*, Belin, « Éveil nature », 1999.

BLONDEAU Gérard, *La Macrophotographie au fil des saisons*, VM, 1999.

BOUISSOU Marie-France, LEBLANC Michel-Antoine, *Cheval, qui es-tu ?, l'éthologie du cheval : du comportement naturel à la vie domestique*, Paris, Belin, 2003.

BROSSUT Rémy, *Phéromones, la communication chimique chez les animaux*, Belin, « La Croisée des sciences », 1996.

BURGAT Florence, DANTZER Robert, *Les animaux d'élevage ont-ils droit au bien-être ?*, Paris, INRA 2001.

CAHEZ Fabrice, *Terre de renard*, Gérard Louis éditeur, 1993.

CAMDESSUS Michel, BADRÉ Bertrand, CHÉRET Ivan et TÉNIÈRE-BUCHOT Pierre-Frédéric, *L'Eau*, Paris, Robert Laffont, 2004.

CAMPBELL Neil A., REECE Jane, *Biologie*, Éditions du renouveau pédagogique (Québec, Canada), De Boek (Afrique, Europe), 2004.

CARRUETTE Philippe, ÉTIENNE Pascal et MAILLER Marc, *Le Chevreuil*, Paris, Delachaux et Niestlé, 2004.

CHINERY Michael, *Le Naturaliste en son jardin*, Paris, Bordas, 1986.

COREN Stanley, *Comment parler chien*, Paris, Payot, 2001.

CORNELL Joseph 1979, *Vivre la nature avec les enfants*, Paris, Jouvence, 1995 (épuisé).

COUZENS Dominic, *Birds by behaviour,* Collins, 2003

DARWIN Charles, *L'Expression des émotions chez l'homme et les animaux*, Paris, Rivages Poche, Petite Bibliothèque, 2001.

DE SAINT VAULRY Véronique, *Communiquer avec son cheval*, Maloine, 1999.

DUBOIS Philippe J., LEFÈVRE Pierre, *Un nouveau climat, les enjeux du réchauffement climatique*, Paris, La Martinière, 2003.

FABRE Jean-Henri, *Souvenirs entomologiques*, Paris, Robert Laffont, « Bouquins ».

FITTER Alaster, CUISIN Michel, *Les Fleurs sauvages*, Paris, Delachaux et Niestlé, 1988.

FRÉDÉRIC Lionel, *Le Martinet noir*, Belin, « Éveil nature ».

GÉROUDET Paul, *Les Passereaux d'Europe*, Paris, Delachaux et Niestlé, 1951 (constamment réédité).

GOLDBERG Jacques, *Les Sociétés animales*, Paris, Delachaux et Niestlé, 1998.

GOULD Stephen Jay, *La vie est belle, les surprises de l'évolution*, Paris, Le Seuil, « Points science », 1991.

GRZIMEK et FONTAINE, *Le Monde animal*, treize volumes, Stauffacher, 1972 (épuisé).

GUYOMARC'H Jean-Charles, *Éthologie*, Masson, 1995 (attention, vocabulaire difficile et préoccupations pointues).

HAINARD Robert, *Mammifères sauvages d'Europe*, Paris, Delachaux et Niestlé, 1988.

HUET Philippe, *Animaux sauvages de nos contrées, les mammifères dans leur milieu*, Paris, Arthaud, 2002

HUET Philippe, *La Coccinelle*, Le Terran, 2004.

HULOT Nicolas, *Le Syndrome du Titanic*, Paris, Calmann-Lévy, 2004.

ISENMANN Paul, *Le Merle noir*, Paris, Belin, « Éveil nature », 2000.

ISENMANN Paul, *Le Rouge-gorge*, Belin, « Éveil nature », 2003.

JACQUART Albert, *Halte aux jeux*, Paris, Stock, 2004.

JEAN Alain, *Les Palombes, histoire naturelle d'une migration*, Sud-Ouest, 1996.

JOLIVET Pierre, *Curiosités entomologiques*, Chabaud, 1991.

LANGANEY André, *Le Sexe et l'Innovation*, Paris, Le Seuil, « Points sciences », 1979.

LAUROY Nicole, *Le Jardin sauvage*, Paris, Nathan.

LEGROS Dr G.-V., *La Vie de J.-H. Fabre*, Sciences nat, 1996.

LESAFFRE Guilhem, *Le Manuel d'ornithologie*, Paris, Delachaux et Niestlé, 2000.

LINSENMAIER Walter 1972, *Insectes du monde*, Paris, Stock, 1973 (épuisé).

MARTIN Gilles, LOAËC Ronan, *La Macrophotographie*, Paris, La Martinière, 2002.

MONESTIER Martin, *Les Mouches, le pire ennemi de l'homme*, Paris, Le Cherche Midi, 1999.

MORRIS Desmond, *Des animaux et des hommes, partager la planète*, Paris, Calmann-Lévy, 1992.

MORRIS Desmond, *Le Chat révélé*, Paris, Calmann-Lévy, Le Livre de poche, 1986.

MORRIS Desmond, *Le Cheval révélé*, Paris, Calmann-Lévy, 1989.

MORRIS Desmond, *Le Chien révélé*, Paris, Calmann-Lévy, Le Livre de poche, 1987.

MORRIS Desmond, *Les Animaux révélés*, Paris, Calmann-Lévy, 1990.

MORRIS Desmond, *Parlons chat !*, Paris, Calmann-Lévy, « Presses Pocket », 1988.

MORRIS Pat et BERTHOUD Guy, *La Vie du hérisson*, Paris, Delachaux et Niestlé, 1987.

MOUSSAIEFF Masson Jeffrey, MCCARTHY Susan, *Quand les éléphants pleurent, la vie émotionnelle des animaux*, Paris, Albin Michel, 1997.

NAULLEAU Guy, *La Vipère aspic*, Belin, « Éveil nature », 1997.

NOBLET Jean-François, *La Maison nichoir*, Terre vivante, 1994.

NURIDSANY Claude et PÉRENNOU Marie, *Éloge de l'herbe, les formes cachées de la nature*, Adam Biro, 1988.

NURIDSANY Claude et PÉRENNOU Marie, *Microcosmos, le peuple de l'herbe*, Paris, La Martinière, 1996.

OLIOSO Georges, *Les Mésanges*, Paris, Delachaux et Niestlé, 2004.

OZANNE Véronique, *Mon chien est malade, je me soigne ; tout ce que vous voudriez savoir sur votre chien avant d'en faire l'acquisition*, Paris, Marabout, 2003.

PACCALET Yves, *Le bonheur en marchant*, Paris, Jean-Claude Lattès, 2000.

PACCALET Yves, *Mes plus belles balades en France*, Paris, Jean-Claude Lattès, 2001.

PAGEAT Patrick, *L'Homme et le Chien*, Paris, Odile Jacob, 1999.

PELLERIN Pierre, *La Nature au fil des mois*, Paris, Nathan, 1991.

PELT Jean-Marie, *Les Langages secrets de la nature*, Paris, Fayard, Le Livre de poche, 1996.

RENCK Jean-Luc, SERVAIS Véronique, *L'Éthologie, histoire naturelle du comportement*, Paris, Le Seuil, « Points science », 2002.

Rogner Heidi et Manfred, *Le Jardin idéal des bêtes,* Terre vivante.

Terrasson François, *En finir avec la nature*, Éditions du Rocher, 2002.

Terrasson François, *La Civilisation antinature*, Éditions du Rocher, 1994.

Thévenon Emmanuel, Martin Gilles, *Les Libellules, la vie secrète des filles de l'air*, Paris, La Martinière, 1994.

Thorez Jean-Paul, *Le Petit Guide du jardinage biologique*, Terre vivante, 1992.

Tillier Simon (sous la direction de), *Encyclopédie du monde animal*, Paris, Bordas, 1992.

Tordjman Nathalie, Darnet Vincent, *La Communication animale*, Paris, Presses Pocket, Explora, 1992.

Veillerette François, *Pesticides, le piège se referme*, Terre vivante, 2002.

INDEX DES NOMS PROPRES

INDEX DES NOMS COMMUNS

Aspic (*Vipera aspis*) 158

Attélabe du chêne (*Attelabus nitens*) 164

Auroch (*Bos primigenius*) 131

Azuré du serpolet (*Maculinea arion*) 196

B

Bactérie (*Wolbachia sp.*) 243

Bactéries 198, 244, 245

Baleine bleue, ou rorqual bleu (*Balaenoptera musculus*) 244

Bécasse des bois (*Scolopax rusticola*) 77, 133

Bec-croisé des sapins (*Loxia curvirostra*) 202

Belette (*Mustela nivalis*) 56, 156, 163

Bélier (*Ovis aries*) 22, 134

Bergeronnette (*Motacilla spp.*) 171

Biche (*Cervus elaphus*) 154, 182, 186, 272

Biorrhiza pallida 199, 200

Blaireau d'Europe (*Meles meles*) 25, 77, 195

Blatte (*Blattella germanica*) 19, 25, 34

Bombyle (*Bombylius sp.*) 207, 270

Bombyx du chêne, ou minime à bandes jaunes (*Lasiocampa quercus*) 199

Bombyx du peuplier (*Poecilocampa populi*) 276

Bouquetin des Pyrénées (*Capra pyrenaica pyrenaica*) 12

« Bouquin », ou lièvre (*Lepus europaeus*) 175

Bourdon coucou 207, 242

Bourdons 34, 151, 160, 206, 207, 242, 270

Bousier 142, 143, 149, 192, 276

Bouvière (*Rhodeus sericeus amarus*) 232, 233

Bouvreuil pivoine (*Pyrrhula pyrrhula*) 51

Boxer (*Canis familiaris*) 88

Braula aveugle, ou « pou » des abeilles (*Braula caeca*) 140, 242

Brebis (*Ovis aries*) 22, 141

Bruant jaune (*Emberiza citrinella*) 168

Buffle d'Afrique (*Syncerus caffer*) 62

Busard 171

Busard cendré (*Circus pygargus*) 171

Busard saint-martin (*Circus cyaneus*) 168

Buse variable (*Buteo buteo*) 169, 170, 269, 270, 275

Butor 218

C

Cabillaud, ou morue (*Gadus morhua*) 256

Caille des blés (*Coturnix coturnix*) 273

Campagnol (*Clethrionomys, Microtus* et *Arvicola spp.*) 55, 56, 63, 120, 154, 156, 163, 170

Canard chipeau (*Anas strepera*) 213

Canard colvert (*Anas platyrynchos*) 123, 213

Canard domestique (*Anas sp.* et *Cairina sp.*) 123

Canard pilet (*Anas acuta*) 213

Canard sauvage 213, 214, 215, 218, 243, 275, 276, 277

Canard siffleur (*Anas penelope*) 213

Canard souchet (*Anas clypeata*) 213, 214

Cantharide (*ou téléphore*) fauve (*Ragonycha fulva*) 160

Carabe 66, 78

Carpe (*Cyprinus carpio*) 236, 272

L

Lampyre, ou ver luisant (*Lampyris noctiluca*) 66, 78, 274

Lapereau (*Oryctolagus cuniculus*) 169, 273

Lapin de garenne (*Oryctolagus cuniculus*) 127, 132, 155, 163, 173, 174, 175, 176, 196, 273

Lapin domestique (*Oryctolagus cuniculus domesticus*) 126, 127

Léopard, ou panthère (*Panthera pardus*) 29, 84

Lépisme, ou poisson d'argent (*Lepisma saccharina*) 35

Lérot (*Eliomys quercinus*) 42, 274

Levraut (*Lepus europaeus*) 175

Lézard 118, 157, 263, 272

Lézard des murailles (*Podarcis muralis*) 118

Libellule 219, 220, 221, 222, 227, 236, 238, 272

Libellule déprimée (*Platetrum depressum*) 222, 223

Lièvre brun (*Lepus europaeus*) 154, 173, 174, 175, 263, 271

Limace des jardins (*Arion hortensis*) 66, 271

Limace rousse, ou limace rouge (*Arion rufus*) 67

Limnée (*Limnea sp.*) 237

Lipoptène du cerf (*Liptotena cervi*) 140

Loir (*Glis glis*) 42, 78, 271

Lombric géant d'Australie (*Megascolides australis*) 76

Lombric, ou vers de terre (*Lombricus terrestris, Aporrectodea spp.*) 48, 74, 75, 76, 77, 169

Loméchuse (*Lomechusa strumosa*) 195

Loup gris (*Canis lupus*) 22, 26, 27, 28, 84, 85, 133, 183, 248, 253, 254

Loutre d'Europe (*Lutra lutra*) 218, 238

Louveteau (*Canis lupus*) 26

Lucane cerf-volant (*Lucanus cervus*) 198

M

Macaque (*Papio spp.*) 129

Machaon (*Papilio machaon*) 162, 172

Mandrill (*Mandrillus sphinx*) 248

Mante religieuse (*Mantis religiosa*) 178

Marcassin (*Sus scrofa*) 184

Marmotte des Alpes (*Marmota marmota*) 25

Martinet noir (*Apus apus*) 54, 71, 92, 95, 96, 272, 274

Martin-pêcheur (*Alcedo Atthis*) 238

Méduse d'eau douce (*Crapedacusta sowerbyi*) 235

« Méduse volante » 235

Mélophage du mouton (*Melophagus ovinus*) 139, 140

Merle blanc (*Turdus merula*) 103

Merle noir (*Turdus merula*) 50, 66, 74, 77, 93, 103, 172, 181, 182, 264, 276

Mésange (*Parus spp.*) 54, 71, 103, 172, 201, 269, 271

Mésange bleue (*Parus caeruleus*) 19, 71

Mésange charbonnière (*Parus major*) 71, 72, 93, 201

Mésange huppée (*Parus cristatus*) 202

Mésange noire (*Parus ater*) 53, 202

Microphorus 166

Milan (*Milvus spp.*) 169

Milan royal (*Milvus milvus*) 270

Mille-pattes 193, 195

Minime à bandes jaunes, ou bombyx du chêne (*Lasiocampa quercus*) 199

Ours brun (*Ursus arctos*) 11, 85, 183, 254

P

Palombe, ou pigeon ramier (*Columba palumbus*) 90, 91

Panda (*grand*) (*Ailuropoda melanoleuca*) 109

Panorpe, ou « mouche scorpion » (*Panorpa communis*) 166, 272

Panthère, ou léopard (*Panthera pardus*) 29, 84

Paon du jour (*Inachis io*) 41, 161, 274

Papillon 21, 34, 35, 41, 56, 57, 105, 108, 109, 160, 161, 162, 164, 176, 196, 198, 204, 218, 242, 243, 271, 272, 273, 274

Papillon aquatique 230

Paramécie 237

Perce-oreille commun, ou forficule (*Forficula auricularia*) 53, 54, 59, 78

Perdrix (*Perdrix perdrix* et *Alectoris rufa*) 161, 163

Perroquet 31, 100

Petit rhinolophe (*Rhinolophus hipposideros*) 44

Petite tortue, ou vanesse de l'ortie (*Aglais urticae*) 41, 161

Pholque (*Pholcus phalangioides*) 40

Phoque 244

Phoque veau-marin (*Phoca vitulina*) 184

Pic 198, 200, 201, 202, 270

Pic épeiche (*Dendrocopos major*) 201

Pic épeichette (*Dendrocopos minor*) 201

Pic vert (*Picus viridis*) 201

Pie bavarde (*Pica pica*) 50, 66, 100, 101, 139, 171

Piéride de la rave (*Pieris napi*) 162

Piéride du chou (*Pieris brassicae*) 67, 162

Pigeon (*Columba spp.*) 19, 50, 90, 91, 92, 93, 215

Pigeon « voyageur » (*Columba livia*) 93

Pigeon biset (*Columba livia*) 91

Pigeon colombin (*Columba oenas*) 201

Pigeon ramier, ou palombe (*Columba palumbus*) 90, 91

Pinson des arbres (*Fringilla coelebs*) 73, 96, 139, 172, 264

Pinson du Nord (*Fringilla montifringilla*) 276

Pintade commune (*Numida meleagris*) 122

Pipistrelle 55 kilo-hertz, ou pipistrelle pygmée (*Pipistrellus pygmaeus*) 45

Pipistrelle commune (*Pipistrellus pipistrellus*) 44, 45

Pique-bœufs (*Buphagus spp.*) 139, 201

Pisaure admirable (*Pisaura mirabilis*) 77

Planorbe (*Planorbis sp.*) 237

Poisson d'argent, ou lépisme (*Lepisma saccharina*) 35

Poney (*Equus ferus caballus*) 136

« Pou » des abeilles, ou braula aveugle (*Braula caeca*) 140, 242

Pou de l'homme (*Pediculus humanus*) 245

Pouillot véloce (*Phylloscopus collybita*) 96, 264, 270

Poule d'eau, ou gallinule (*Gallinula chloropus*) 214, 218, 227

Poule domestique (*Gallus gallus*) 77, 122, 123, 124, 125, 144

Processionnaire du pin (*Thaumetopoea pityocampa*) 153